1 MONTH OF
FREE
READING

at

www.ForgottenBooks.com

By purchasing this book you are eligible for one month membership to ForgottenBooks.com, giving you unlimited access to our entire collection of over 1,000,000 titles via our web site and mobile apps.

To claim your free month visit:

www.forgottenbooks.com/free1005683

ISBN 978-0-364-34310-4
PIBN 11005683

DU CARDINAL
DE
GRANVELLE,
ARCHEVESQUE DE BESANÇON,
VICEROI DE NAPLES,
MINISTRE DE L'EMPEREUR
CHARLES-QUINT,
ET DE PHILIPPE SECOND,
ROI D'ESPAGNE.

A PARIS,

Chez DUCHESNE, Libraire, rue S. Jacques,
au deſſous de la Fontaine S. Benoît,
au Temple du Goût.

M. DCC. LXI.
Avec Approbation & Privilège du Roi.

HISTOIRE
DU CARDINAL
DE
GRANVELLE,
MINISTRE DE L'EMPEREUR
CHARLES-QUINT,
ET DE PHILIPPE SECOND,
ROY D'ESPAGNE.

LIVRE PREMIER.

A mémoire du Cardinal de Granvelle paroît digne de passer à la postérité. Un Ministre qui a servi deux grands Princes avec succès, & dans des tems très-difficiles, mérite cette sorte d'immortalité que les hommes

A

peuvent donner. C'est sans doute une récompense bien foible pour de grands travaux; aussi l'on doit écrire l'Histoire, moins pour payer un tribut de louanges aux hommes illustres, que pour encourager les talens, pour exciter l'émulation de ceux qui ont à remplir de pénibles carrières, pour leur présenter des modeles qu'ils puissent imiter, souvent même des défauts dont ils doivent se garantir. C'est dans cet esprit de sincérité, que j'entreprends d'écrire l'Histoire du Cardinal de Granvelle; mais avant que de parler de ce qui lui est personnel, je dois faire connoître le Chancelier de Granvelle son pere, qui a été lui même un des plus grands Ministres que l'Europe ait eus.

Nicolas Perrenot naquit en 1486 à Ornans petite Ville située à quatre lieues de Besançon. Son pere étoit Pierre Perrenot, Juge Châtelain d'Ornans; sa mere s'appelloit Etiennette Philibert, elle étoit d'une famille noble de Salins. Perrenot se gradua en l'Université de Dole; & cette circonstance fut la source de toute sa fortune. Il y eut pour Professeur le célebre Mercurin de Gattinara, qui prétendoit être de l'ancienne Maison d'Arbois en Franche-Comté, qui fut ensuite seul Président du Parlement de Dole, puis Chancelier de l'Empereur Charles-Quint, Comte de Gattinara dans le Milanès, & enfin Cardinal. Gattinara connut l'application & les talens de Perrenot; c'est entrer heureusement dans le monde, que d'avoir le suffrage d'un génie si supérieur, & la protection d'un Ministre qui étoit honoré de toute la confiance de l'Empereur. Lorsque Gattinara quitta le Parlement de Dole, pour entrer dans le Ministére, il présenta Perrenot à Marguerite d'Autriche, Comtesse de Bourgogne. M. de Vergy, Gouverneur de la Province, lui rendit encore les témoignages les plus avantageux, & Marguerite le fit son Sécretaire : ce fut le premier pas qu'il fit dans le chemin de la fortune.

Marguerite d'Autriche étoit fille de l'Empereur Maximilien I. & de Marie de Bourgogne. Lorsque Philippe I. Roi d'Espagne, mourut, & qu'il laissa en bas âge ses fils Charles & Ferdinand, l'Empereur Maximilien se chargea de leur tutelle. Il nomma Marguerite d'Autriche sa fille,

alors veuve de Philibert II. Duc de
Savoye, Gouvernante des Pays-Bas;
& pour lui faire un établissement convenable à sa naissance, il lui donna
l'usufruit des Comtés de Bourgogne
& de Charolois. Cette donation étoit
nulle, un Tuteur ne peut aliéner même le simple usufruit des biens de son
Mineur; mais Charles devenu ma-
jeur, ratifia cette donation en faveur
de sa Tante; c'est par cette raison que
Marguerite prenoit le titre de *Comtesse de Bourgogne à via.* En choisissant
Perrenot pour son Sécretaire, elle lui
donnoit une place de quelque distinction dans sa patrie; cependant les
fonctions en étoient extrêmement
bornées. Tous les ordres importans
aux Provinces gouvernées par Marguerite d'Autriche, émanoient de la
Cour de l'Empereur; cette Princesse
n'eut d'autres occasions d'employer
Perrenot dans des affaires de conséquence, qu'au Congrès de Cambray,
où l'on fit le Traité qu'on a appellé
la Paix des Dames, & au renouvelle-
ment du Traité de neutralité, entre
le Duché & le Comté de Bourgogne.
C'étoit un Traité qui étoit d'usage,
& pour ainsi dire de stile; il conve-

noit trop à la France & à l'Espagne,
pour souffrir de la difficulté, & il ne
demandoit pas une grande négociation.

Perrenot alloit à une plus haute fortune. L'âge de la Comtesse de Bourgogne ne lui permettoit pas de conserver long-tems la place qu'il occupoit ; le théâtre lui paroissoit trop petit, & la fonction de Sécretaire étoit
trop subalterne, pour satisfaire son
ambition. En homme habile, il se
hâta de recueillir quelques bienfaits
de sa Maîtresse ; mais il profita de toutes les occasions qu'il eut de se faire
connoître à la Cour de l'Empereur,
avec cet avantage qu'il y avoit un Protecteur puissant dans la personne de
Gattinara.

D'abord Perrenot obtint une Charge de Conseiller au Parlement de Dole, où la vénalité des Charges n'étoit
pas connue alors, & où elle n'a été
introduite que long-tems après ; il
s'appliqua surtout à donner à Pierre
Perrenot, son pere, toutes les petites
décorations dont il étoit susceptible,
pour embellir leur naissance, & pour
s'élever au-dessus de la médiocrité.
Pierre Perrenot quitta les fonctions

de Juge - Châtelain d'Ornans, pour
exercer celles de Lieutenant des Salines, qui éto.ent alors subordonnées
à un Officier supérieur, qu'on nommoit *le par - dessus des Sauneries*. En
1524, son fils obtint pour lui des
Lettres de noblesse. En 1528 il acquit la Terre de Cromary près de Besançon, & dans la suite l'Empereur
lui accorda des Lettres de Chevalier,
qualité dont on a décoré son tombeau. Sa fortune n'alla pas plus loin,
il fut redevable de toutes ces graces
au crédit naissant de Nicolas Perrenot son fils. Ce détail étoit nécessaire
pour fixer la naissance des Perrenot,
dont les Historiens ont parlé bien différemment.

Dès que Nicolas Perrenot fut entré
dans le Parlement de Dole, sa cour-
se fut extrêmement rapide jusqu'aux
premieres dignités & aux plus grandes
richesses. En 1519, Charles-Quint
lui donna le titre de son premier Conseiller, & bientôt après il obtint celui de Maître des Requêtes de l'Hôtel
de l'Empereur. Ce fut alors qu'il acquit la Terre de Granvelle, dont il
prit le nom. En 1521, il y eut des
Conférences à Calais, pour traiter la

paix entre la France & l'Espagne. L'Assemblée fut nombreuse. Le Chancelier Duprat y assista pour François I, le Cardinal de Gattinara y assista pour l'Empereur, le Cardinal de Volsey exerçoit la médiation au nom du Roi d'Angleterre. Gattinara y appella Granvelle ; les Conférences ne réussirent pas pour la paix, elles servirent du moins à introduire Granvelle dans les grandes négociations. L'année suivante il obtint de l'Empereur l'expectative de Conseiller en son Conseil privé, avec l'agrément de prendre possession de cette place, sans provisions nouvelles, à la premiere vacance, qui arriva bientôt par la mort d'Antoine Lucquet originaire de Salins. Dès ce moment Granvelle ne quitta plus la Cour de l'Empereur ; par-tout il suivit ce Prince, en Espagne, en Afrique, en Italie, dans toutes les guerres qui étoient alors vives & fréquentes, à toutes les Dietes de l'Empire, où l'on délibéroit des plus grands intérêts de la Religion & de l'Etat ; chaque année même fut marquée par quelque nouveau bienfait de l'Empereur.

Ce Prince lui donna les Greffes du

Bailliage de Vefoul, & l'emploi de *par-deſſus des Sauneries*; dont Pierre Perrenot n'avoit été que Lieutenant. Il lui conféra la Commanderie de Calamea de l'Ordre d'Alcantara, & le titre de Chevalier de l'Eperon d'or; dont l'Ordre avoit été fondé par Charles d'Anjou, Roi des deux Siciles. Charles-Quint le conféroit en qualité de ſucceſſeur des anciens Rois de Sicile. Il permit encore à Perrenot d'acheter la Charge de Maréchal de l'Empire, dans la Ville de Beſançon, & cette Charge fut déclarée héréditaire pour toute ſa poſtérité; qui en prend encore le titre, quoique les fonctions en ſoient preſqu'entiérement ſupprimées. Il y a de ſemblables Charges dans toutes les Villes Impériales; leurs fonctions ſont d'exercer la haute Police, lorſque l'Empereur ou le Roi des Romains y font leur réſidence. Granvelle obtint en différens tems des penſions, juſqu'à la concurrence de trois mille ducats d'or; enfin il fut fait Chancelier de l'Empereur en 1530, & cette dignité lui donna la direction principale de toutes les affaires. Les Brevets de ces dons ſubſiſtent encore; ils ſont glo-

rieux au Chancelier, ils expliquent
même les motifs de tant de libéralités, faites par un Prince qui ne les
prodiguoit pas. Ces motifs font les
Négociations du Chancelier dans
l'Empire, en Italie & en Espagne,
ses voyages d'Afrique & de Provence
à la suite de l'Empereur, son ambassade en France, & la prison qu'il y
souffrit pendant la détention de François I. à Madrid ; en un mot tous les
services importans que l'Empereur
reconnoissoit avoir reçus de son Ministre.

Si la reconnoissance de l Empereur
eut quelque part à tant de bienfaits, il
faut dire aussi, que l'ardeur & les sollicitations vives de Granvelle n'y en
eurent pas moins. Dans l'instruction
que Charles-Quint donna par écrit à
Philippe son fils, en 1540, il dit de
son Chancelier, *il a quelques passions ;
entr'autres beaucoup d'envie d'élever sa famille, & de l'enrichir, aussi bien que ceux
qui lui sont attachés. Je lui ai témoigné que
je l'avois remarqué ; mais il faut dire que
ce défaut, qui est commun à plusieurs grands
hommes, est compensé d'un autre côté par
de grandes qualités & par des talens rares.
C'est pourquoi je juge que vous devez le*

A v

garder auprès de vous, *le placer au Conseil de Flandre, & prendre ses avis sur les affaires étrangères.* Il dit encore en parlant de l'avidité de Granvelle, *ce défaut est pardonnable à de semblables gens.* Il falloit que Charles-Quint eût été excédé des demandes de son Ministre, pour avertir ainsi son successeur d'être en garde contre tant de cupidité. Il falloit aussi que l'Empereur eût accordé cette multitude de graces, moins par générosité, que pour se délivrer des demandes importunes de Granvelle; un Prince peu libéral & un Ministre ardent sont mal assortis. Si ce reproche ternit un peu la réputation du Chancelier, le témoignage que son Maître lui rend, est bien honorable. Il le place au rang *des grands hommes;* il lui accorde *de grandes qualités & des talens rares;* il ajoute cet éloge, qui pourroit combler l'ambition de tout Ministre. *Je suis assuré que personne n'entend mieux les affaires de mes Etats, que Granvelle, particulièrement celles qui concernent l'Allemagne, la Flandre, la Bourgogne, & les Négociations à faire avec les Rois de France & d'Angleterre; il m'y a servi, & il m'y sert encore actuellement avec utilité.*

Pour juger encore mieux du mérite du Chancelier de Granvelle, il faut connoître le Prince qu'il servoit, les Peuples qu'il gouvernoit sous l'autorité de ce Prince, & les tems malheureux de son Ministére.

Charles-Quint avoit de grandes qualités, surtout de celles qui sont nécessaires sur le Trône ; beaucoup de pénétration, un jugement solide & juste, une mémoire prodigieuse, des vûes élevées & étendues, une éloquence naturelle, du courage dans les affaires, bien plus important à un Souverain, que la bravoure qu'il a rarement occasion d'exercer ; assez de netteté dans l'esprit, pour n'être pas embarrassé des plus grands détails ; assez de précision & de justesse pour se décider promptement dans les conjonctures imprévues. Un naturel si heureux avoit été cultivé par deux grands hommes, de Croy de Chièvres son Gouverneur, & Adrien Florent son Précepteur, qui fut Pape sous le nom d'Adrien VI. Son éducation avoit été sévére, & bien éloignée de la mollesse, où l'on éleve souvent ceux qui sont destinés à commander. Dans sa plus tendre jeunesse on l'avoit

Caract. de Charl. Quint.

A vj

obligé à s'occuper de ses affaires. Il
avoit été instruit des maximes du
Gouvernement, on lui avoit inspiré
le desir de répondre aux grandes espérances que les Peuples avoient con-
çues de son mérite & de sa puissance.
Chièvres & Florent lui formerent une
heureuse habitude au travail; ils ne
lui donnerent que des conseils de
probité, & des exemples de vertus;
ils s'appliquerent plus particulierement à lui inspirer du respect, du zéle
même pour la Religion, qui fut redevable à sa fermeté des décisions sages
du Concile de Trente.

Ce Prince eut de la bravoure, il
en donna des preuves au passage de
l'Elbe, qu'il traversa à la nage avec
sa cavalerie, pour aller attaquer l'E-
lecteur de Saxe dans ses retranchemens; & à la levée du siége d'Alger,
lorsqu'il commanda en personne son
Arrière-garde, pour soutenir les attaques des Maures, & pour éviter le
désordre toujours dangereux dans un
embarquement précipité. Charles-
Quint eut dans sa vie privée cette
douceur qui tempere la majesté du
Souverain, & de la décence dans toute sa conduite. Frugal, plus négligé

que modeste dans son extérieur, peut-être trop économe dans sa maison, & trop attentif à sa dépense domestique, il vouloit de la magnificence & de l'éclat pour tout ce qui appartenoit à sa dignité, pour les cérémonies, les fêtes qu'on lui donnoit, les entrées solemnelles qu'il vouloit qu'on renouvellât à chacun de ses voyages, quoique très-fréquens ; alors il exigeoit une profusion qui excédoit les forces de ses Peuples, & qui les épuisoit par un vain appareil ; il falloit ensuite les accabler pour les dépenses indispensables de l'Etat.

Il aimoit la justice, mais son caractere le portoit plus à la sévérité qu'à la clémence ; l'éducation austere qu'on lui avoit donnée, avoit encore fortifié son inflexibilité naturelle. Tous les Historiens lui rendent le témoignage, qu'il eut dans un degré supérieur le discernement le plus essentiel aux Souverains, le plus important pour leur réputation, le plus utile pour le bonheur de leurs Sujets, le discernement des hommes & de leurs talens, avec la prudence qui sçait les employer à

propos. Un Prince qui régne sur de
vastes Etats & sur des Peuples nombreux, ne peut connoître par lui-
même qu'une partie de ses intérêts;
quelque grand que soit son génie,
quelque forte que soit son application, il ne peut jamais embrasser toutes les branches du Gouvernement.
S'il a assez de lumieres pour former
des projets dignes de lui, il faut du
moins qu'il en abandonne l'exécution à ses Généraux & à ses Ministres;
ainsi ses succès sont toujours dans des
mains étrangeres, & tout dépend de
choisir des mains habiles. Charles-
Quint fut heureux, ou plûtôt il fut
sage dans le choix qu'il fit des hommes qu'il honora de sa confiance.
Son siécle a été appellé le siécle des
grands Capitaines. Les guerres continuelles qu'il fit naître, ou qu'on lui
suscita, en formerent une multitude;
elles ne lui laisserent d'autre soin, que
celui de les démêler dans la foule, de
les occuper selon leurs talens; & de
les animer par des récompenses. Pour
ses Ministres, il ne les prenoit qu'a-
près de longues épreuves; en forte
qu'il rassembloit toujours dans un
Conseil peu nombreux, les meilleurs

Généraux & les meilleurs Ministres.

Ceux qui connoissent les tems de Charles-quint ne m'accuseront pas d'avoir flatté ce portrait. Dans tout ce que j'ai dit, il n'y a rien dont il ne soit facile de donner des preuves ; mais c'est le sort de l'homme d'être toujours très-imparfait ; ceux même que nous honorons du nom de Grands Hommes, effacent souvent leurs bonnes qualités par quelques vices, ou du moins ils les ternissent par des défauts.

Charles-Quint se laissa quelquefois dominer par la colere, & dans ces occasions la résistance l'irrita, jusqu'à le rendre inhumain. On le vit abandonner Tunis à toute la fureur du soldat victorieux : & quoique Muley-Hassem, qu'il rétablissoit sur le Trône, le conjurât dans la posture la plus humiliante de lui conserver ses Sujets & sa Capitale, Charles-Quint fut inexorable ; sous prétexte de récompenser ses Troupes par quelque pillage ; il perdit ainsi tout le mérite de son bienfait, & il ne laissa au malheureux Muley-Hassem qu'un cadavre de Royaume, qui ne put résister aux efforts de Barberousse. Dans un

pareil tranfport, après la levée du
fiége de Metz, il fit détruire Thérouane de fond en comble, pour
venger fur une Ville foible l'affront
qu'il avoit reçu devant une Place forte & bien défendue. Sous fon régne
plufieurs autres Villes furent facca-
gées, & leurs Habitans furent paffés
au fil de l'épée, fur ce principe barbare, qu'on facilite les conquêtes,
lorfqu'on fait marcher la terreur devant foi, & qu'on punit une défenfe
glorieufe même & jufte, par toutes
les horreurs que produit la licence
du foldat.

Charles-Quint aimoit la gloire plus
qu'elle ne mérite d'être aimée. Souvent il la faifoit confifter à ne pas
abandonner des projets qui avoient
éclaté. Il croyoit avoir alors de la fermeté, & il n'avoit que de l'obftination ; il ne vouloit plus de confeils ;
fes Miniftres n'avoient alors que la liberté de propofer des expédiens pour
réuffir. Avant le fecond voyage qu'il
fit en Afrique, pour faire la guerre à
Barberouffe qui avoit ravagé impunément les côtes d'Efpagne & des deux
Siciles, Doria fon Amiral, tous fes
Généraux, Granvelle & fes autres

Miniſtres, le preſſerent de différer une entrepriſe ſi téméraire. Ils lui repréſenterent que le Roi des Romains, ſon frere, étoit en danger de ſuccomber en Hongrie, ſous les efforts de Soliman. C'étoit une expédition plus glorieuſe pour lui, & infiniment plus utile à la Religion, de faire la guerre au Turc, que d'aller attaquer en Barbarie un Corſaire, auquel il ne falloit oppoſer que ſes ſemblables. Tous les gens de mer l'aſſuroient de plus, que dans la ſaiſon où l'on étoit, il ne pouvoit mettre à la voile, ſans expoſer ſa perſonne, ſon armée & ſa flotte à un danger évident. On eut pour toute réponſe, *qu'on me laiſſe une fois agir en Empereur, & qu'on me permette de me ſatisfaire.* La traverſée fut terrible; les tempêtes firent périr plus de cent vaiſſeaux, tous les bâtimens chargés de vivres, & environ dix mille hommes, qui ne purent jamais débarquer. Le ſiége d'Alger commença ſous des auſpices ſi funeſtes; bientôt il fallut l'abandonner. Les Africains ne donnerent pas en Corps d'armée; mais les eſcarmouches furent vives & continuelles, & ſi la ruine de la Flotte Eſpagnole, que la

Mer engloutiſſoit ſous-leurs yeux,
ne les avoit jettés dans la ſécurité;
ils auroient pû facilement défaire le
petit nombre de Troupes qui ſe rem-
barquoient, & peut-être ſurprendre
l'Empereur qui commandoit ſon Arrière-garde. A la vérité il eut la mo-
deſtie d'avouer ſa faute, & de dire en
préſence de ſes Généraux & de ſes
Miniſtres : *Dieu a voulu m'humilier, pour*
m'apprendre à n'avoir pas tant de confiance
en moi, & pour me punir de ma préſomp-
tion. Le Vaiſſeau ſur lequel étoit Granvelle fut pluſieurs fois en danger de
périr ; ce n'étoit pas la place d'un
Chancelier ; du moins il ſçut en profiter, pour obtenir une nouvelle penſion.

L'autorité abſolue que Charles-
Quint exerçoit même dans ſon Conſeil, n'étoit pas encore ce qui rendoit
ſon ſervice plus difficile. Il contrac-
toit des obligations qu'il étoit réſolu
de ne pas remplir, dans l'eſpérance
que le tems lui donneroit les moyens
de s'en affranchir, où que ſon habileté & celle de ſes Miniſtres lui en
ſuggéreroit des prétextes. Ainſi la
mort du Duc d'Orléans, fils de François I. le dégagea de la parole qu'il

avoit donnée au Traité de Crépy, de lui céder le Milanès; mais il n'eut ni raisons ni prétextes pour se dispenser de restituer ce Duché, après la promesse qu'il en avoit faite, lorsqu'il passa par la France pour aller soumettre les Gantois. Le Chancelier de Granvelle fut envoyé à Loches, où la Cour de France étoit alors, pour demander la permission du passage, à la faveur de l'espérance positive qu'il donna, par ordre de son Maître, de restituer le Milanès. Charles-Quint n'hésita pas pendant son séjour en France, d'approuver les espérances que son Ministre avoit données. Lorsqu'il eut soumis les Gantois, il n'imagina d'autre expédient, pour ne pas rendre le Milanès, que de dire à l'Ambassadeur de France, qu'il n'avoit rien promis; de désavouer son Ministre, & d'assurer qu'il ne rendroit jamais un pays si nécessaire, pour lier ses Etats d'Italie avec l'Empire qu'il possédoit.

Il s'étoit formé une idée excessive des droits de l'Empire Germanique sur l'Allemagne & sur l'Italie; il auroit voulu être le successeur des anciens Empereurs d'Occident; cette

idée fut la source de plusieurs entreprises & de plusieurs guerres, dont la
justice étoit au moins très-équivo-
que. Ce fut par foiblesse & par un
défaut absolu de pouvoir, que l'Italie ne se souleva pas, lorsqu'elle vit
saccager Rome, & Clément VII. af-
siégé dans le Château Saint-Ange par
l'Armée Impériale, lorsque Charles
disposa en maître de la Toscane &
de la République de Sienne, lorsqu'il
obligea Farnèse même, son gendre,
à la défection, par le refus qu'il fit de
lui rendre Plaisance. Sa sévérité envers le Landgrave de Hesse, rendit
irréconciliables tous les Princes de la
Ligue de Smalcalde. Il obligea Maurice de Saxe, qu'il avoit élevé à l'Electorat, à lui déclarer la guerre, quoiqu'il fût son bienfaiteur, pour ne pas
laisser languir dans la captivité le
Landgrave son beau-pere. C'étoit à
Granvelle à dissimuler dans ces occasions, & à tâcher d'inspirer à l'Empereur les sentimens d'humanité &
de douceur dont il étoit pénétré lui-
même. Sleidan * rapporte la Lettre
que la Confédération de Smalcalde
lui écrivit au sujet de la prison du
Landgrave, elle lui rendit ce glorieux

* De statu
pol. & R. ip.
:ar. V. impe-
ante.

témoignage, *qu'il avoit employé tous ses soins pour procurer la paix à l'Empire, & qu'il n'avoit donné à l'Empereur, que des conseils remplis de modération & d'équité.*

Toute l'Europe étoit attentive aux démarches de ce Prince, elle se défioit de son ambition ; elle étoit allarmée de sa puissance & de son bonheur ; & la jalousie seule lui suscita beaucoup d'ennemis. Que n'auroit-il pas entrepris en effet, s'il n'avoit été arrêté à chaque pas par la bravoure de François I, par les forces de Soliman, par les intrigues de la Ligue de Smalcalde, souvent par le seul désordre de ses finances, que ses guerres continuelles dérangeoient, & que ses voyages fréquens achevoient d'épuiser ? Dans le Discours qu'il lut lors de son abdication, il dit, qu'il avoit passé sept fois la Mer, & que pour être présent à tout, il avoit fait une multitude de voyages, en Espagne, en Italie, en Allemagne, aux Pays-Bas. Il marchoit toujours en triomphateur ; son Chancelier le suivoit par-tout, & l'activité du Maître devoit rendre le travail du Ministre bien embarrassant.

Tel fut le Souverain que Gran-

velle fervit pendant vingt ans, fans
éprouver un feul inftant de difgrace;
exemple rare, & d'autant plus fur-
prenant, que Charles - Quint étoit
défiant, qu'il étoit inquiet dans les
affaires, & qu'il vouloit avoir la réputation de gouverner par lui-même;
cependant on difoit communément,
que Granvelle étoit Empereur & que Char-
les n'étoit que fon premier Miniftre. Il
fallut peut-être à Granvelle plus d'efprit & d'adreffe, pour cacher fon autorité à fon Maître, que pour l'exercer fur les Peuples.

Etendue de
la Domina-
tion de Char-
les-Quint.
S'il ne put fatisfaire un Prince fi
éclairé, fi abfolu, fi entreprenant,
qu'avec des lumieres fupérieures, &
par un travail infatigable, il étoit néceffaire qu'il eût, pour ainfi dire, toutes les fortes d'efprit, pour commander aux différentes Nations foumifes
à fon Gouvernement, qu'il connût
toutes leurs Loix & tous leurs intérêts, qu'il prît tous leurs différens caractéres. Peuples nombreux, éloignés de leur Souverain, difperfés dans
toute l'Europe & dans le nouveau
Monde. Peuples de mœurs, de gé-
nies, de fentimens auffi variés, que
les climats qu'ils habitoient. Peuples

belliqueux, & extrêmement jaloux des priviléges que leurs anciens Souverains leur avoient accordés. L'Empire, l'Autriche & les autres Pays héréditaires situés en Allemagne, l'Espagne, les deux Siciles, le Milanès, le Comté de Bourgogne, le Comté de Charolois, les dix-sept Provinces des Pays-Bas, des possessions immenses aux Indes orientales & occidentales formoient la domination de Charles-Quint. Il avoit des Colonies récentes à peupler, de nouveaux Pays à conquérir, des Sauvages à dompter, un commerce à établir ou à perfectionner, des Loix à prescrire à ses nouveaux Sujets, qui connoissoient à peine le Droit naturel ; la subordination à entretenir parmi les Espagnols, qui affectoient l'indépendance aux Indes, & qui sembloient être devenus plus féroces, que les Sauvages mêmes, à la vûe des trésors du Mexique & du Pérou ; jamais Souverain, jamais Ministre n'a eu d'administration plus variée, plus étendue, plus difficile.

Elle devint encore plus pénible par les séditions fréquentes qu'il falut réprimer ou dissimuler ; il est re-

marquable même, que de toutes les
Nations qui furent foumifes à Charles-Quint, il n'y en eut pas une feule
qui ne fe révoltât fous fon règne, fi
l'on en excepte la Franche-Comté,
toujours féconde en Nobleffe & en
Peuples guerriers, & toujours fidelle
à fes Maîtres. Auffi Charles-Quint la
diftingua parmi toutes fes Provinces,
& il répandit fur elle fes graces les
plus fignalées. Sa Nobleffe occupa de
grands Gouvernemens , & les premieres Charges de la Maifon de l'Empereur ; l Hiftoire la nomme dans
toutes les guerres, & dans toutes les
grandes entreprifes du tems. Ses Magiftrats furent dans le Miniftére, dans
les Ambaffades de France , d'Allemagne, d Angleterre , & dans le Confeil
d'Etat des Pays-Bas. Plufieurs Evêques
furent choifis dans l'Ordre Eccléfiaf-
ftique de la Province, & pour donner à la Nation une preuve de la confiance qu'il avoit en fa fidélité, Charles-Quint lui confia la garde de fa
perfonne.

Tous fes autres Sujets lui firent de
la peine, & une peine d'autant plus
fenfible, que jamais Prince ne défira
plus vivement que lui d'être maître

abfolu

abſolu dans ſes Etats. L'Eſpagne avoit
donné l'exemple de la déſobéiſſance;
Philippe I, pere de Charles-Quint,
n'avoit paru ſur le Trône que quelques inſtans. La domination de la
Maiſon d'Autriche étoit alors nouvelle pour les Caſtillans & pour les
Arragonois, ils ſe ſouleyérent, &
ils réduiſirent leur Reine, mere de
Charles-Quint, dans une ſorte de
captivité. Les Peuples des deux Siciles prirent les armes, ſur la ſeule propoſition qu'on leur fit, de les ſoumettre au Tribunal de l'Inquiſition;
il fallut céder & pardonner. Le Milanez ſuivit l'exemple que les Siciliens
avoient donné, & qui leur avoit
réuſſi.

· En Allemagne l'Autriche ſe révol-
ta. Les Electeurs firent une ligue défenſive, par la ſeule crainte que leur
avoient inſpirée le caractére & les for-
es de Charles-Quint. D'autres Prin-
es de l'Empire furent plus hardis,
: ils formerent une ligue offenſive
ontre leur Chef. L'Electeur de Saxe,
Landgrave de Heſſe-Caſſel, les
cs de Cléves, de Gueldre & de
rtemberg lui déclarerent la guerre;
mpereur ne put les réduire qu'en

B

les attaquant féparément ; & en fe
fervant à propos des efpérances qu'il
fçavoit donner, & des peines qu'il
pouvoit impofer.

En Flandre, les Gantois combattirent pour leurs priviléges ; ils n'auroient peut-être pas été domptés, fi
François I. n'avoit eu la générofité
de défapprouver leur révolte, & de refufer leur hommage. Dans les autres
Provinces des Pays Bas, la haute Nobleffe nombreufe, fiere, riche & aguerrie, prépara fous le régne de Charles-
Quint, une grande révolution. Les
Peuples féduits s'attachoient à cette
Nobleffe ; ils croyoient travailler pour
leur propre indépendance, & fans
s'en douter, ils travailloient pour un
petit nombre d'ambitieux, qui ne
vouloient fecouer le joug de l'Efpagne, que pour afservir leurs compatriotes. L'efprit de révolte pafsa jufqu'au Pérou ; fi cependant on peut
appeller révolte le défir naturel &
jufte que les Péruviens avoient de
conferver leurs biens, & la liberté dont tous leurs ancêtres avoient
joui. Charles-Quint ne put les pacifier, qu'en répandant beaucoup de
fang innocent, & en leur impofant

des Loix extrêmement sévéres.

La Religion même, qui ne respire que la charité, l'ordre & la paix, la Religion fut sous son régne, une source intarissable d'agitations & de guerres civiles. Luther établit ses nouveaux dogmes dans l'Empire, & ceux de Calvin firent des progrès rapides aux Pays-Bas. Les Diettes du Corps Germanique se passoient en vaines disputes, souvent on n'y prenoit aucun parti décisif, ou si l'on y portoit quelques Loix, c'étoit des Loix plus funestes que l'anarchie. Toute l'autorité de Charles-Quint, toutes les Négociations de ses Ministres, les Conférences publiques qu'il établit, les voies de douceur & de sévérité, la guerre, les victoires mêmes, les Décrets les plus équitables d'un Concile œcuménique légitimement assemblé, rien ne put arrêter le torrent des nouveautés, & assurer à l'ancienne Religion la supériorité & la soumission dont elle étoit en possession depuis tant de siécles. Les Luthériens battus à Mulberg, se relevérent de leur défaite avec une promptitude & une facilité surprenante; il s'en fallut peu, que l'Empereur qui venoit

d'en triompher en Saxe, ne fût leur
prifonnier à Infpruk.

· Pour comble d'inquiétudes & de
travaux, il ne pouvoit fe difpenfer
de donner quelques fecours à Ferdinand fon frere, Roi des Romains,
de Hongrie & de Bohéme. La Hongrie étoit prefque fubjuguée par Soliman, & peu affectionnée aux Rois
qu'elle n'avoit pas elûs. La Bohéme
réclamoit plus hautement encore
l'ancienne liberté de fes élections. La
Religion y étoit attaquée plus vivement, que dans aucun pays du monde, & Ferdinand étoit menacé des
plus grands malheurs. Il avoit été
d'abord avec l'Empereur dans l'intelligence la plus parfaite. Charles-
Quint l'avoit même fait Roi des Romains, prefque de fa feule autorité,
ou du moins malgré les oppofitions
de quelques Electeurs. Il lui avoit cédé les Provinces héréditaires que la
Maifon d'Autriche poffédoit en Allemagne ; il l'avoit marié à l'héritiere
de Hongrie & de Bohéme. Tant de
bienfaits exigeoient de la reconnoiffance, & Ferdinand en avoit ; mais
Charles fe repentit de lui avoir donné
l'expectative de la Couronne Impé-

riale, il prétendoit la reprendre, pour la donner à Philippe fon fils, & Ferdinand refufa de s'en dépouiller. Charles demanda du moins, que fon fils eût le Vicariat de l'Empire fur tous les Etats d Italie. Ferdinand le refufa encore, pour ne pas divifer l'autorité Impériale, & pour ne pas tranfmettre aux Rois d'Efpagne des pouvoirs qu'il auroit été difficile de leur enlever. Les efprits s'aigrirent ; la méfintelligence fubfifta jufqu'à l'abdication de Charles - Quint ; l'adminiftration de l'Empire n'eut pas cette vigueur, que l'unanimité de fes Chefs auroit pu feule lui donner.

Les Côtes d'Efpagne, celles de Naples & de Sicile étoient infeftées par Barberouffe, Dragut-Rays & Affen-Aga, Corfaires habiles, intrépides, inhumains. Henry VIII, Roi d'Angleterre, fut quelquefois pour Charles - Quint un Allié infidéle & inconftant ; mais plus fouvent il fut un ennemi déclaré, dont Charles reçut des outrages, & à qui il en rendit. François I. fçavoit fe faire redouter malgré fes malheurs. Il avoit commencé fon régne par les conquêtes les plus brillantes en Italie. Un excès

de bravoure le précipita dans la captivité ; cependant son courage ne fut
point abbatu, quoique de son aveu
même, *il eût tout perdu excepté l'honneur;* Charles-Quint ne put le désar-
mer qu'en le trompant. Entre ces
Princes les intervales de paix furent
très - courts, leurs guerres furent
toujours vives, & également funestes à l'un & à l'autre. La mort même de François I. ne put éteindre leur
haine, elle passa à Henry II. qui se
vengea de la perte du Milanez, par la
conquête des Trois-Evêchés.

· Il semble que l'Empereur & son
Ministre dussent être accablés du
poids & de la multitude de tant
d'affaires importantes. Charles forma encore de grands projets, il alla
chercher au loin de l'aliment à son
activité & à son ambition. Il voulut
fonder un Royaume en Afrique ; cet
établissement parut même si certain,
que Philippe son fils, alors Prince
d'Espagne, & très-impatient de régner, lui en demanda l'investiture,
avant qu'on pût s'assurer de conserver ce qui avoit été conquis sur les
Maures. Sous prétexte de la donation du nouveau Monde, que les

Papes avoient hafardée en faveur de Ferdinand & d'Ifabelle, ayeux maternels de Charles-Quint, & quoique perfonne de l'ancien Monde n'eût droit de difpofer du nouveau, au préjudice des Propriétaires légitimes, Charles fe propofa d'en exclure toutes les autres Puiffances de l'Europe; il auroit pû y réuffir, s'il avoit eu des forces navales proportionnées à un fi grand projet. Il vouloit rétablir Chriftierne II. fon beau-frere, Roi de Dannemark, que fes Sujets avoient détrôné pour fes cruautés. Pendant quelque tems l'Angleterre fut au nombre des Etats que Charles efpéroit de tranfmettre à fa poftérité, par le mariage de fon fils avec l'héritiere de cette Couronne. On l'a foupçonné d'avoir formé le deffein de fubjuguer l'Empire, & de réduire en une feule Monarchie toutes les Souverainetés qui le compofent; on a dit même qu'il afpiroit à la Monarchie univerfelle. A la vérité il y touchoit de plus près qu'aucun des Souverains qui ont régné en Europe depuis Charlemagne; mais il en étoit encore trop loin pour pouvoir s'en flatter; au tems de fon abdication, il pouvoit à peine défendre ses anciens Etats.

Une agitation si violente mit aux plus rudes épreuves le courage du Chancelier de Granvelle ; ses travaux le consumerent insensiblement, il mourut en 1550 à la Diette d'Ausbourg, âgé de soixante-quatorze ans. Charles-Quint lui fit un honneur que les Têtes couronnées ne font pas à leurs Sujets, il en porta le deuil ; cette marque de reconnoissance pour un bon Ministre, fit encore moins d'honneur à Granvelle, qu'à Charles-Quint. Ce Prince écrivit à Philippe son fils, *qu'ils perdoient l'un & l'autre un bon lit de repos.* De Thou * a dit de Granvelle, *que c'étoit un homme d'une haute prudence, qu'il avoit mérité que l'Empereur lui confiât ses intérêts les plus secrets, & qu'il avoit rempli toutes ses fonctions avec beaucoup de dignité.*

* *Thuan.*
9. Lib. 6.

1. Le Chancelier de Granvelle laissa une famille nombreuse, pourvue de grandes richesses & d'établissemens honorables. Il eut onze enfans de Nicole Bonvalot sa femme, originaire de Besançon. Son fils aîné fut Thomas Perrenot, Baron de Chantonnay, Seigneur de Granvelle & de

Mèche, Majordôme du Roi d'Espagne, Maréchal de l'Empire à Besançon, Ambassadeur en France, & ensuite en Allemagne. Il épousa Hélène de Brederode, d'une Maison illustre de Flandre; ses enfans n'ont point laissé de postérité.

Le second fils du Chancelier fut Antoine Perrenot, Cardinal de Granvelle, dont j'écris l'histoire; il naquit le 20 Août 1517.

. Le troisiéme fils fut Frederic Perrenot de Champagney, Gentilhomme de la Chambre du Roi d'Espagne, Gouverneur d'Anvers, & Surintendant des Finances aux Pays - Bas. Il fut marié à Constance de Berkem, dont il eut une fille qui épousa le Comte de la Baume-Saint-Amour; sa postérité subsiste encore en Franche-Comté.

Charles Perrenot, Abbé de Faverney, fut le quatriéme fils du Chancelier. Par le conseil du Cardinal son frere, il refusa l'évêché de Toul, puis il se repentit de l'avoir refusé, & il reprocha au Cardinal de lui avoir donné un conseil trop désintéressé. Le plus jeune des fils du Chancelier fut Jerôme Perrenot, qui épousa une

Princeffe de Bade , dont il n'eut point d'enfans. Il ne laiffa qu'un fils naturel, Capitaine de galére, qui périt dans le naufrage de la Flotte nommée l'Invincible, que Philippe fecond avoit armée contre l'Angleterre..

Les filles du Chancelier de Granvelle furent mariées dans la bonne Nobleffe de la Franche-Comté. Sa fortune étoit immenfe. Deux fiécles. fe font à peine écoulés, fon nom eft éteint , & il ne refte que de foibles traces de fes grands biens ; ces fortes d'exemples devroient corriger les hommes de l'ardeur qu'ils ont à former ce qu'ils appellent de grands établiffemens , & les détromper de la vanité de perpétuer leurs noms.

ducation de anvelle. Le Chancelier de Granvelle donna une attention particuliere à l'éducation d'Antoine Perrenot , qui fe deftinoit à l'état Eccléfiaftique. Padoue avoit alors une des plus célébres.Univerfités de l'Europe. Il faut rendre cette juftice à la République de Venife ; elle a été la premiere qui ait recueilli les Sçavans , que la Barbarie des Turcs avoient chaffés de Conftantinople & de toute la Grece , elle a ouvert le premier azile aux Sciences errantes & fugitives, elle a donné aux Médicis & à François I. l'exemple de les protéger, de les nourrir, de les encourager. Plusieurs Professeurs se distinguoient à Padoue, par leurs talens, & par leur érudition. Les hautes Sciences & la Littérature y étoient florissantes ; l'étude des Langues sçavantes faisoit une grande partie de l'éducation qu'on y donnoit ; la réputation de cette Université étoit si grande, qu'on y venoit étudier de tous les Pays de l'Europe ; on disoit Padoue la Sçavante, comme les Italiens disent encore, Rome la Sainte, & Gènes la Superbe.

Le Chancelier de Granvelle y envoya son fils, pour commencer ses études. Je ne dirai pas, qu'il y acquit beaucoup de science, quoique Sleidan, de Thou, & le Laboureur assurent, qu'il fut très-sçavant. Dans une si grande jeunesse on ne peut que jetter les premiers fondemens du sçavoir, & bientôt les affaires du Ministère ne permirent plus à Granvelle de suivre ses études, & d'approfondir ce qu'il avoit heureusement commencé. Je dirai seulement que dans l'Université de Padoue, il prit du goût pour

les Belles-Lettres, qu'il s'y livra en-
tiérément, & qu'il les protégea toute
sa vie; c'est ce qu'on exige avec justice
de ceux qui sont destinés au Gouvernement.

Il donna dès-lors des preuves de génie, & d'un courage capable de soutenir les plus grands travaux. Tous
les Historiens du tems lui accordent
une facilité surprenante, une éloquence mâle & naturelle, de la justesse, du goût, de l'élevation. Il étoit
d'un caractére hardi & même impé-
tueux, son émulation croissoit à me-
sure qu'il approchoit des honneurs.
Il avoit vu naître la fortune de son
pere, il la voyoit encore s'augmenter rapidement. Sa destination à tout
ce qu'il y avoit de plus grand dans
l'Eglise & dans l'Etat, n'étoit pas une
ambition déplacée, il avoit de quoi
la justifier, & la soutenir; dans l'âge
des plaisirs & de la dissipation, il fit
voir tout ce que le desir de s'élever
peut inspirer d'ardeur & de constance.

Pour servir l'Empereur dans le Ministére, il falloit être en relation avec
les Allemans, les Espagnols, les Italiens, & les Flamans. Granvelle apprit les Langues de ces Nations dif-

férentes, avec une facilité qui tenoit du prodige ; ce n'étoit même qu'un travail de furérogation ; le Grec, le Latin, & tout ce qui appartient à la Littérature, faifoit le fond de fes études. Le François étoit fa Langue maternelle, il la parloit avec autant d'exactitude, qu'on pouvoit parler alors ; les Lettres de Chantonnay, fon frere, font d'un ftile barbare en comparaifon des fiennes. Souvent il difoit avec complaifance, qu'il poffédoit fept Langues, & les Sçavans qui lui ont dédié leurs ouvrages, l'ont répété, pour applaudir à un talent rare parmi les hommes qui font chargés des plus grandes affaires.

A Padoue Granvelle fe fit des amis illuftres, dont l'érudition étoit le plus grand ornement de cette Univerfité. Ces tems étoient ceux de la renaiffance des Lettres. On n'étoit pas à la mode parmi les Sçavans, fi l'on ne tâchoit d'imiter le ftile de Ciceron, & le titre de Ciceronien étoit la dignité fuprême de la Littérature. Bembe & Sadolet avoient frayé la route, ils s'étoient formés fur ce grand modéle, & l'élégance de leur Latinité avoit déterminé le Pape Léon X. à

les choisir pour ses Sécretaires. Après
la mort de ce Pape, Bembe dégouté
de la Cour & des affaires, s'étoit retiré à Padoue, où il s'occupoit de son
Histoire de Venise, & d'autres Ouvrages également estimés, pour la
pureté du langage, en Latin, & en
Italien. Malgré la différence des âges,
Granvelle desira son amitié, & il la
mérita. Les lettres de Bembe sont ve-
nues jusqu'à nous ; on en voit une *,
où il parle à Granvelle avec cette familiarité & cette confiance, que des
liaisons intimes peuvent seules autoriser. Il lui recommande un de ses
amis, il le prie de le secourir lui mê-
même *dans le naufrage de sa fortune*, &
sans expliquer le sujet de sa sollicitation, dont le porteur de la lettre
devoit lui rendre compte, il assure
Granvelle, que sa prétention est ap-
puyée sur les loix, sur les bonnes
mœurs, sur la Religion même, & sur
l'équité. Il falloit que Bembe eût essuyé une de ces sortes de tempêtes si
fréquentes dans les routes de la fortune ; mais il étoit bien éloigné du
naufrage. La même année il fut nommé Cardinal par Paul III.

Sadolet avoit été fait Evêque de

* Card. Bem-
Epist. ad
amil. lib. 6.
kal. Octob.
39.

Carpentras par Léon X, il fut toujours
très-uni avec Bembe, & leur amitié
fit naître celle que Sadolet eut pour
Granvelle. C'étoit alors un usage reçu, que les Sçavans qui avoient de la
réputation, adressassent aux Souverains de l'Europe des éloges en prose,
ou en vers, lorsque ces Princes avoient
fait des actions dignes de la renommée. Charles-Quint venoit de conclure la Paix de Crépy. Sadolet l'en
félicita par un ouvrage semblable,
dit-il, à ceux que l'Antiquité avoit
présentés à Philippe de Macédoine,
à Alexandre, à Cœsar, à Trajan, à
Constantin. L'ouvrage fut envoyé à
Ferdinand de Gonzague, pour le présenter à l'Empereur. En même temps
l'Auteur écrivit à Granvelle, pour le
prier d'assister à la présentation; il lui
rappella l'intimité dans laquelle ils
avoient vécu à Padoue, & la satisfaction qu'ils eurent de se rencontrer à
Nice, à la suite du Pape & de l'Empereur. Sadolet lui dit, qu'il l'aimoit
pour son esprit, pour sa science, pour
l'inclination qu'il avoit à obliger. Ces
Lettes ont été écrites quelque temps
après le séjour de Granvelle à Padoue;
je les rapporte ici, pour prouver l'ef-

time qu'il avoit pour les Sçavans dès
fa plus grande jeuneffe, & qu'alors
même des hommes illuftres jugeoient
qu'il étoit déjà digne de leur amitié.
Le goût des Sciences avoit réuni Bembe, Sadolet & Granvelle; dans la fuite
la pourpre romaine les rendit égaux,
& récompenfa leur mérite.

Granvelle n'avoit que quatorze ans,
lorfque Clement VII. le fit Protono-
taire Apoftolique * ; c'étoit alors le
premier pas qu'il falloit faire, pour
arriver aux Prélatures. Il continua fes
études avec tant d'affiduité, que fa
fanté en fut altérée. Son pere le rappella aux Pays-Bas. Il étudia en Théologie dans l'Univerfité de Louvain;
époque heureufe pour plufieurs Profeffeurs célébres, qui, par fon fuffrage, furent élevés dans la fuite à l'Epifcopat, & comblés des bienfaits de
l'Empereur. A peine eut-il pris fes grades, que le Chancelier l'appella auprès de lui, pour l'initier dans les affaires du Gouvernement. Sa figure,
fon efprit, fon application prévinrent
favorablement l'Empereur; dans l'inftruction que ce Prince compofa pour
fon fils, & que j'ai déja cité, on voit
ce témoignage bien glorieux à un

* La Bulle
eft datée de
Cologne, aux
des de Dé-
cembre 1529.

jeune homme, qui ne pouvoit encore avoir aucune expérience, & qui n'avoit que des espérances à offrir; *je sçais*, dit Charles-Quint, *que Granvelle n'a rien oublié pour former son fils, & je compte que les soins qu'il a pris de ce jeune homme répondront à son attente*; mais Charles-Quint ne se borna pas à en donner une idée avantageuse à son successeur, il lui conféra l'Abbaye de S. Vincent de Besançon, & quoique Granvelle n'eût pas encore vingt-trois ans acomplis, il le nomma à l'Évêché d'Arras, vacant par la mort d'Eustache de Croy.

Dans le cours de cette Histoire, j'aurai rarement occasion de parler de ses fonctions Episcopales. Il résida peu à Arras, encore moins à Malines, où il fut transféré, lors de la création des nouveaux Evêchés de Flandre, & jamais à Besançon, dont il n'obtint l'Archévêché, qu'une année avant sa mort. Le desir qu'il eut d'obtenir de plus grands honneurs, l'espérance de bien servir son Maître, & le prétexte de soulager son pere accablé de travaux, purent dans sa jeunesse se déguiser sous l'apparence de la nécessité & de la vertu; dans la suite les emplois importans qui lui furent confiés, lui fervirent d'excufes, s'il en eft de légitimes pour un Evêque qui ne réfide pas, & fi l'on peut avec juftice s'abfenter de fon Evéché, pour donner tous fes foins au Gouvernement temporel.

Naiffance des Granvelles.

Ne cherchons pas à juftifier Granvelle fur l'ambition ; dans le commencement de fon Epifcopat, il en donna une preuve que je ne dois pas diffimuler. Sa naiffance étoit obfcure, il voulut l illuftrer ; mais il prit un moyen, que la prudence, autant que la modeftie & l'amour de la vérité, devoit lui interdire. Je ne dirai rien qui ne foit certain, & qui ne foit fondé fur des actes autentiques.

Les Hiftoriens ont parlé différemment de la naiffance des Granvelles; les uns l'ont avilie, les autres l'ont flattée. Aubery (1), dans fon Hiftoire des Cardinaux, dit, que le Chancelier de Granvelle étoit fils d'un Maréchal ferrant de Nozeroy, petite Ville de Franche-Comté; il ajoute d'après une Chronique des Provinces-Unies (2), que le Chancelier *avoit été fimple Clerc de Pratique, & depuis fubtil & cauteleux Procureur en la Cour de Parlement à Dole.*

(1) Aubery Hift. gén. des Card. tom. 5. pag. 58.

(2) Jean-Franc. le Petit, Chron. des Provinces-unies.

Strada (1) prétend qu'il étoit né à Befançon, & que fon pere étoit en effet
Maréchal-ferrant. De Thou (2) le fait
fils d'un Serrurier. D'autres ont dit,
qu'ils étoit né à Ornans, que fa famille y étoit connue depuis le quin-
ziéme fiécle, & *qu'elle étoit de ces familles qui font la pepiniere des Emplois
Militaires & de la Magiftrature*. On a été
plus loin, & pour décorer la naiffance
dont il s'agit, on a placé, fans aucune
preuve, parmi les Ancêtres du Chancelier de Granvelle, un Capitaine de
cent hommes d'armes, qui avoit fuivi
le Roi d'Efpagne à la guerre, & qui
en avoit reçu des marques de fon eftime; enfin on a profité de l'épitaphe
de Pierre Perrenot, pere du Chancelier, òù il eft qualifié *Chevalier, Seigneur de Cromary, Châtelain d'Ornans, &
Lieutenant des Sauneries*, & l'on a cru
éviter ainfi toute idée de roture.

La vérité eft, que le Chancelier de
Granvelle n'étoit pas fils d'un fimple
Artifan; il étoit d'une famille Bour-
geoife d'Ornans, fans nobleffe, & fans
autre diftinction, que celle de Juge
Châtelain de la petite Ville où il étoit
né. Guillaume Perrenot, fon bifayeul,
étoit Notaire à Befançon. On ne voit

(1) i
de Bello
gico.

(2) T
Hift. L

pas que son ayeul ait eu aucun titre; son pere n'avoit d'autres fonctions que celles de Juge d'Ornans, & de Lieutenant des Sauneries. Il faut même lever l'équivoque qu'on a affectée sur la qualité de Châtelain d'Ornans. Il y avoit autrefois dans les Châteaux forts deux sortes de Châtelains ; l'un commandoit la garnison du Château, & on le nommoit simplement Châtelain ; l'autre étoit Juge de la Terre dépendante du Château, on le nommoit Juge-Châtelain, & tel étoit incontestablement l'Office de Pierre Perrenot, pere du Chancelier de Granvelle ; s'il avoit été militaire, commandant la garnison du Château, il n'auroit pas accepté la Lieutenance des Salines, qui est un office de Judicature.

Le Chancelier ne fut anobli que par la charge de Conseiller au Parlement de Dole, que la Comtesse de Bourgogne lui donna en 1518 ; lui-même n'a pas craint de reconnoître publiquement cette vérité, & de l'avouer à l'Empereur, dans un temps où ce Prince l'honoroit déjà de sa confiance. Pour assurer à sa postérité une noblesse plus ancienne en appa-

rence que fa réception au Parlement
de Dole, mais en effet plus récente,
& pour l'augmenter d'un degré, il
obtint en 1524 des Lettres de Nobleffe, pour Pierre Perrenot fon pere;
Charles - Quint les accorda *en récompenfe des fervices du Docteur Nicolas Perrenot fon Confeiller*; ces Lettres exiftent
encore parmi les manufcripts des
Granvelles, elles font décifives fur
leur naiffance.

L'Evêque d'Arras alloit aux plus
grands Emplois de la Cour de l'Empereur; il voulut établir pour bafe de
fa fortune une naiffance plus diftin-
guée, & il demanda d'être reçu Chanoine au Chapitre de Liége. La preuve de nobleffe qu'il préfenta, ne doit
pas en impofer; elle eft plutôt un
monument de la médiocrité de fa
naiffance, qu'un titre capable de lui
affurer une nobleffe de nom & d'armes, telle que l'exigeoit l'ufage du
Chapitre de Liége. Si fa famille avoit
eu des titres honorables, il pouvoit
facilement les avoir, & dans cette
occafion il lui auroit été important
de les produire. Il n'en produifit aucun; on ne voit pas même qu'il ait
préfenté fon extrait-baptiftère, dans

la crainte que cet acte feul ne dévoi-
lât tout le myſtère. Les familles qui
n'ont pas de plus grandes diſtinctions,
ſont toujours attentives à exprimer la
qualité de Noble dans les Regiſtres
de baptême ; l'extrait - baptiſtère de
l'Evêque d'Arras ne lui donnoit pas
cette qualité, & en 1517 ſon pere
n'avoit d'autre titre, que celui *de Docteur ès Loix* ; il vaut mieux, dit la Loi
Romaine, n'avoir point de titre, que
d'en avoir un qui ſoit vicieux ; Granvelle ſupprima ſon extrait-baptiſtère,
qui l'auroit humilié, & qui auroit dé-
poſé contre lui.

Il eſpéroit tout du crédit de ſon
pére, alors premier Conſeiller de
l'Empereur. Il ſe flatta même de donner toute l'apparence de la juſtice à
la grace qu'il eſpéroit, & il propoſa
la preuve par Témoins, dont le Chapitre voulut bien ſe contenter. L'E-
vêque d'Arras obtint que Boiſſet, Ar-
chidiacre de ſa Cathédrale, fût nommé Commiſſaire pour faire l'information ; ſept Témoins furent entendus ;
à la vérité preſque tous gens de conſidération, mais leurs dépoſitions * ſe
bornèrent à des faits vagues & équi-
voques, bien éloignés de la certitude

* Cette in-
formation a été
tirée des Ar-
chives du Cha-
pitre de Liége.

nécessaire dans une preuve de Noblesse. Tout ce qu'on peut en recueillir, est que l'Evêque d'Arras étoit fils légitimé de Nicolas Perrenot, premier Conseiller de l'Empereur; que son ayeul avoit été Châtelain d'Ornans (on suprimoit toujours avec affectation la qualité de Juge) ; que les Perrenots vivoient noblement dans leur Province ; qu'ils étoient alliés à des familles nobles, & qu'ils étoient admis parmi la Noblesse aux Etats, & autres Assemblées générales du Comté de Bourgogne.

Cette derniere circonstance étoit sans doute importante. Il auroit été naturel de l'appuyer sur l'extrait des Régistres des Etats; on ne le fit pas, ce seul défaut devoit rendre toute l'information suspecte. Et comment les Ancêtres de Granvelle seroient-ils entrés aux Etats parmi les Nobles ? Comment Granvelle pouvoit il aspirer à une Noblesse ancienne ? Il étoit né en 1517; son pere fut anobli l'année suivante par sa Charge de Conseiller au Parlement de Dole; son ayeul n'obtint des Lettres de Noblesse qu'en 1524; l'Evêque d'Arras étoit donc né roturier; les titres mê-

mes les plus honorables à sa famille
le prouvoient invinciblement.

C'est une observation, où l'esprit
satyrique n'a point de part, elle étoit
due à la fidélité inviolable de l'Hi-
toire. Granvelle auroit été plus
grand, s'il eût avoué ingénument
qu'il étoit un homme nouveau ; la vérité & la modestie lui auroient fait
plus d'honneur qu'une Noblesse usur-
pée, & même que la Noblesse la plus
vraie & la plus illustre. Si cette foiblesse lui a été commune avec des
hommes célèbres ; s'il a craint que
l'obscurité de sa naissance ne le fît
méprifer au milieu des dignités mêmes & des richesses, il n'en fut pas
plus excusable, sa prétendue preuve
de Noblesse ne persuada personne.
Dans sa patrie, il étoit trop connu,
pour y être respecté par les Ancêtres,
lors même qu'on y admiroit ses talens, & qu'on étoit ébloui de sa
fortune ; loin de recueillir quelqu'avantage du titre de Chanoine
de Liége, souvent les Princes d'Allemagne & la Noblesse de Flandre,
indocile à ses ordres, lui reprochè-
rent l'obscurité de son origine ; il ne
lui resta d'autre parti à prendre, que
celui

celui du silence & de la modération.

Le temps où les travaux de Granvelle commencerent, fut pour l'Europe un temps de troubles & de confusion. Depuis que les Pays les plus
fertiles de cette partie du Monde
avoient été envahis par les Barbares
de l'Asie & du Nord, on n'y avoit pas
vu tant de désordres. Par-tout la Religion étoit attaquée dans sa foi, dans
sa discipline, dans sa morale. Les
grandes Monarchies étoient encore
dans l'accablement, où les guerres
précédentes les avoient réduites ;
l'ombre de paix dont on jouissoit,
depuis la trêve conclue à Nice en
1538 entre Charles-Quint & François I, étoit une paix armée, pleine
de jalousie & de défiance, & toujours
au moment d'expirer par la funeste
rivalité des Maisons de France &
d'Autriche.

Il y avoit long-temps que l'Italie
étoit le théâtre d'une guerre continuelle. Le Royaume de Naples & le
Duché de Milan avoient été enlevés
tour à tour par les François & les Espagnols. Les Italiens étoient extrêmement divisés entr'eux. Ils souf-

froient plus encore de leurs guerres
inteſtines, que des guerres étrangeres. Quelques Papes devenus guerriers, avoient épuiſé leur domaine
temporel, ou pour enrichir leurs familles, ou pour jouer le rolle humiliant d'auxiliaires, à la ſuite des grands
Princes, qui s'étoient diſputé l'empire d'Italie. Veniſe ſembloit n'avoir
pris aucun parti, & ne conſulter que
le moment préſent, dans chaque
événement de la guerre; des révolutions étonnantes avoient fait flotter
cette République dans une incerti-
tude apparente, quoiqu'elle ſe fût
toujours attachée fortement à ſon intérêt le plus preſſant, plutôt qu'à la
gloire des armes, & à la fidélité qu'on
doit à ſes engagemens. La liberté de
Gènes avoit ſuccombé ſous la puiſſance de Louis XII; celle de Florence
expiroit par la réſolution que Charles-Quint avoit priſe de lui donner
un Souverain, qui par intérêt & par
reconnoiſſance, fût entiérement dévoué à la Maiſon d'Autriche. Le Duché de Ferrare, le Piedmont, le Montferrat, le Marquiſat de Saluces avoient
été ravagés par les amis, autant que
par les ennemis. François I. avoit con-

quis plusieurs Places fortes dans le
Piedmont, il y avoit des garnisons &
une armée ; le Duc de Savoye n'avoit
d'espérance de recouvrer ses Etats,
que par un Traité de paix, qui paroissoit encore fort éloigné ; l'Italie entiere appauvrie & presque déserte, né
voyoit point de fin à ses malheurs,
tant que Charles - Quint refuseroit
avec obstination de rendre le Milanez, & que François I. feroit les plus
grands efforts pour le reprendre.

Etat pagne.

  L'Espagne concentrée en elle-même & désolée par les Maures, jusqu'au régne de Ferdinand & d'Isabelle, avoit acquis dès-lors beaucoup
de réputation. Ces Princes avoient
eu le bonheur de réunir par leur
mariage, les Royaumes de Castille &
d'Arragon. Si Ferdinand avoit à se reprocher d'avoir acquis par des voies
illégitimes les deux Siciles, la Navarre & le Roussillon, sa puissance étoit
beaucoup augmentée par l'acquisition de ces différens Etats, & la dé-
couverte du nouveau Monde lui
avoit fait espérer des richesses immenses, qui devoient le rendre redoutable à toute l'Europe. Il avoit
marié Jeanne sa fille unique, à Phi-

lippe Archiduc d'Autriche. Philippe
étoit mort à la fleur de son âge ;
Jeanne tombée en démence, portoit dans sa retraite le vain titre de
Reine, pendant que Charles-Quint
son fils, gouvernoit l'Espagne avec
une autorité absolue ; mais son Royaume étoit épuisé, par les victoires mêmes que les Espagnols avoient remportées sur les Maures, & par trop
d'empressement à peupler l'Améri-
que ; il supportoit impatiemment les
impositions excessives que Charles-
Quint exigeoit, & que la Nation
croyoit incompatibles avec ses anciens priviléges.

Etat d'Al-
magne.
L'Allemagne & tout le Nord étoit
en feu, à l'occasion de la révolte de
Luther contre l'Eglise. Cet Hérésiarque avoit été excommunié par
Léon X, & Charles-Quint l'avoit
mis au ban de l'Empire ; cependant
il vivoit & il prêchoit en liberté sous
la protection de Fréderic III, Electeur de Saxe ; il répandoit au loin ses
erreurs par ses Emissaires, & tous ses
Sectateurs avoient encore plus d'empressement à attaquer les biens, que
les dogmes de l'Eglise Catholique. Il
sembloit que Luther eût donné le

fignal, pour déclarer la guerre à la Religion dans tous les Etats de l'Europe. Les Hérétiques appellés Picards, demandoient hautement en Bohéme la liberté de confcience. Zuingle & œcolampade avoient féduit quelques Peuples d'Allemagne, & une partie des Cantons Suiffes. Dans la Weftphalie, les Anabaptiftes effayoient, non-feulement de fonder une Religion monftrueufe, mais encore une Monarchie nouvelle & ridicule, fous leur prétendu Roi Jean de Leyde, originairement Tailleur d'habits. Plufieurs Souverains d'Allemagne avoient choifi parmi les erreurs récentes celles qui leur étoient le plus commodes; ils paroiffoient même avoir voulu s'interdire toute efpérance de retour à l'Eglife, en ufurpant fes biens temporels, & en contractant l'obligation de reftituer, qu'on ne remplit prefque jamais. L'Electeur de Saxe, & le Landgrave de Heffe étoient à leur tête. La ligue qu'ils avoient formée à Smalcalde, ne paroiffoit que défenfive, contre l'Empereur & les Catholiques; mais elle devoit attaquer, lorfqu'elle pourroit le faire avec impunité, & avec quel-

qu'espérance de succès ; on voyoit
dans cette ligue des Princes des Maifons d'Allemagne les plus illustres,
des Maisons de Saxe, Palatine, de
Brandebourg, de Lunebourg, de Po-
meranie, d'Anhalt, de Wirtemberg
& de Mansfeldt. Un Electeur Ecclésiastique, plusieurs autres Prélats, un
grand nombre de Prêtres séculiers &
réguliers avoient renoncé à leur état
& à leurs obligations les plus essen-
tielles, pour s'affranchir de la morale
austere de la vraie Religion, & ce torrent avoit encore entraîné les Peuples de Suéde & de Dannemark.

Etat des
Pys-Bas, de
Angleterre&
la France.
    Pour ceux des Pays-Bas, ils dissi-
muloient encore, par la crainte que
leur inspiroit la puissance de l'Empereur, & la protection déclarée qu'il
accordoit à l'Eglise ; cependant ils
épioient le moment, où ils pourroient secouer en même temps le
joug de la foi, & celui de la domination Espagnole: Il sembloit que l'esprit de vertige eût saisi toute l'Europe. L'Angleterre avoit commencé
par le schisme, elle avoit fini par
l'héréfie, ou plutôt par l'irréligion.
Le Royaume de France constamment attaché à la Religion Catholi-

que, depuis qu'il avoit été fondé par
Clovis, n'avoit pû se garantir de la
contagion. Calvin y répandoit ses erreurs. Souvent il pensoit différemment de Luther ; mais ils s'accor-
doient dans le projet audacieux de
fonder une Religion nouvelle, & de
détruire, s'ils l'avoient pû, la Religion Romaine. Les charmes de la
nouveauté, l'appas de l'indépendance, la licence des moeurs, faisoient
naître les plus grandes révolutions.
On ne vouloit plus de soumission en
matiére de foi, chacun vouloit en
être Juge ; plus de célibat pour les
Prêtres & pour les Religieux, plus
de pauvreté évangélique, d'indissolu-
bilité dans le mariage, de confession,
de jeûnes, de tout ce qui humilie l'orgueil, & qui contraint la liberté ; on
ne craignoit pas de défendre ces funestes avantages, les armes à la main,
& sous prétexte de réformer la Religion, on commettoit les plus grands
crimes.

Ce fut dans ces momens terribles,
où Granvelle fut admis à partager les
travaux du Chancelier son pere. Revêtu du double caractére d'Evêque &
de Ministre, il devoit s'appliquer avec

Entrée
Granvelle
le Ministère

C iv

zélé à rétablir la paix dans l'Eglife &
dans l'Etat ; ce qui preffoit davantage, étoit de faciliter la convocation
d'un Concile œcuménique, qui décidât les queftions que tant de Novateurs avoient élevées, & dont l'autorité pût fe faire refpecter par tous
les Chrétiens. Il s'agiffoit encore de
réunir toutes les forces de l'Empire
contre Soliman, qui menaçoit d'accabler la Hongrie, par la hardieffe de
fes entreprifes, & par la fupériorité
de fes troupes.

Il n'eft pas douteux, que Charles-
Quint ne fouhaitât fincérement la
convocation d'un Concile ; il en donna des preuves qui n'étoient pas équi-
voques ; mais dans l'efpérance d'abréger les difputes de Religion, & de
pourvoir promptement aux befoins
preffans de la Hongrie, il voulut faire
marcher d'un pas égal, deux affaires
fi importantes, & trop d'empreffement à les terminer lui fit prendre le
plus mauvais parti. Toujours difpofé
à porter l'autorité impériale au plus
haut degré, toujours prévenu en faveur de fon habileté dans les négociations, il réfolut d'affembler la Diette
de l'Empire, pour y faire un régle-

ment provifionnel fur les controver-
fes de Religion, & pour demander
de grands fecours contre le Turc.

Les Catholiques n'oublierent rien,
pour le diffuader de fon projet de réglement. La Diette de l'Empire eft
une affemblé féculiere, qui ne peut
avoir aucune autorité, pour décider
de la foi & de la difcipline de l'Eglife.
Elle avoit auffi peu de lumieres, que
d'autorité en cette matiere. Les efprits étoient trop échaufés; les difputes ne pouvoient fervir., qu'à rendre irréconciliables les différens partis; il falloit laiffer à l'Eglife feule le
foin de convertir par fa douceur les
Peuples qui avoient été féduits, de
les éclairer par des décifions puifées
dans les fources les plus pures, & s'il
étoit néceffaire d'en venir aux extrê-
mités, de les condamner par fon autorité. L'Empereur devoit foutenir
les décifions de l'Eglife, il ne pouvoit les prévenir, & difpofer de ce
qui eft purement fpirituel.

Charles-Quint étoit trop éclairé,
pour ignorer ces principes; il étoit
trop attaché à la Religion, pour les
combattre; la fincérité de fes intentions lui fervoit d'excufe; il ne vou-

C v

loit pas, difoit-il, porter des loix définitives fur le dogme & fur la difcipline ; il prétendoit feulement difpofer les efprits à la paix, & les préparer à recevoir avec docilité les décifions de l'Eglife univerfelle. Il eft vrai-
femblable qu'il ne s'en flattoit pas ;
mais il croyoit que le danger immi-
nent de la Hongrie toucheroit les
Etats de l'Empire, & qu'on lui ac-
corderoit fans héfiter, des troupes &
des fubfides. La Diette fut convo-
quée à Wormes pour le 8 Octobre
1540.

Granvelle à
Diette de
ormes.

L'effai que l'Empereur faifoit des
fentimens des Princes Proteftans d'Allemagne, étoit au moins fort incertain. Quelque confiance qu'il eût dans
fon autorité, & dans l'art qu'il croyoit
avoir de manier les efprits, il craignit
de fe commettre, & de s'expofer en
perfonne, ou à un refus qui feroit fans
retour, ou du moins à des oppofitions violentes, & à des follicitations
vives, pour établir la liberté de confcience dans l'Empire. Charles-Quint
ne jugea pas à propos de fe rendre à
la Diette ; le Roi des Romains fut
chargé d'y préfider ; le Chancelier de
Granvelle fut nommé principal Com-

miſſaire de l'Empereur, & l'Evêque
d'Arras ſe propoſa de veiller plus particulierement aux intérêts de la Religion.

D'abord on ne parla que de
queſtions dogmatiques. L'Empereur
avoit ordonné qu'on établît des Conférences publiques entre des Théologiens Catholiques & Proteſtans, pour
tâcher de s'accorder ſur les objets les
plus importans. Thomas Campége,
Evêque de Feltri & Nonce du Pape,
étoit préſent à la Diette. Il fit de nouvelles repréſentations ſur le danger de
ces Conférences, il conjura le Roi des
Romains de les ſupprimer, perſuadé
que les Proteſtans ne manqueroient
pas de s'attribuer une victoire chimérique, & qu'ils perſuaderoient facilement des Peuples, qui ne cherchoient
qu'un prétexte, pour perſévérer dans
des opinions commodes. Charles-
Quint étoit abſolu; il avoit donné
des ordres précis ſur les Conférences,
elles s'ouvrirent entre Jean Eckius
pour les Catholiques, & Philippe Mé-
lancton pour les Luthériens. On commença par l'examen des opinions différentes ſur le péché originel. Après
trois jours de diſputes tumultueuſes,

on reconnut évidemment qu'elles fe-
-roient inutiles. L'Empereur fit ceffer la Diette, il en convoqua une autre à Ratisbonne, pour l'année fuivante, réfolu d'y affifter & d'exiger
pour lui plus de refpect, qu'on n'en
avoit eu pour le Roi des Romains.

- Afin de donner plus d'éclat à la
nouvelle Diette, Charles-Quint détermina le Pape Paul III. à y envoyer
un Légat, dont l'autorité, la vertu,
& les lumieres puffent concilier les
efprits, & dont la préfence donnât
aux décifions de la Diette l'approbation de l'Eglife Romaine, fi l'on étoit
affez heureux, pour rendre à la foi
un hommage fincére & unanime. Le
Pape choifit pour icette légation le
Cardinal Gafpard Contarini Vénitien. Il méritoit à tous égards le refpect & la confiance de la Diette;
mais il étoit envoyé du Pape; ce titre
feul indifpofa les Proteftans contre
lui. D'ailleurs il leur parla de la foumiffion que tout Chrétien doit à
l'Eglife, & ils ne vouloient que dif-
puter, foutenir les nouveautés qui
les flattoient, & juger l'Eglife elle-
même conformément au fens qu'ils
donnoient à l'Ecriture.

D'un autre côté, Contarini proposa aux Catholiques des projets de
réforme pour les mœurs; il voulut
exiger du Clergé d'Allemagne une
vie plus exemplaire. Ses projets furent mal reçus, il eut le sort qui me-
nace toujours les Conciliateurs, lorsqu'ils veulent dire ingénument la vérité, & qu'ils rendent la justice, sans
acception de personnes. Contarini
déplut à tous les partis. A Rome, on
l'accusa d'avoir eu trop de condescen-
dance pour les Luthériens. On lui reprocha en Allemagne de n'avoir rien
accordé pour le bien de la paix; il lui
fut facile de se justifier. Sa charité &
sa douceur pour les Protestans, n'a-
voient point altéré la foi; sa sévérité
pour les mœurs des Catholiques &
pour la conduite du Clergé, étoit la
preuve d'un zéle désintéressé & impartial, qui alloit uniquement à l'u-
tilité de la Religion; après quelques
ombrages, le Pape rendit au Légat la
justice la plus éclatante.

Cependant le Chancelier de Granvelle ne put se dispenser d'ouvrir les
Conférences ordonnées par l'Empereur; il souhaitoit de les abréger, pour
venir promptement à la demande des

subsides, qui ne souffroient plus de retardement. Les Protestans avoient un dessein tout opposé. Dans la dispute ils faisoient naître des difficultés à chaque pas, bien résolus de n'accorder aucun secours pour la guerre, qu'après avoir obtenu la liberté de conscience, & les assurances les plus fortes qu'ils ne seroient pas recherchés sur leurs usurpations des biens d'Eglise.

Il n'est pas étonnant qu'avec ces dispositions, la premiere Conférence même pensât rompre toute négociation. Il ne s'agissoit encore que de nommer les Théologiens qui devoient disputer en présence de la Diette, & l'on ne pouvoit s'accorder sur ce préliminaire. Le Chancelier de Granvelle proposa de laisser ce choix à l'Empereur, & il eut la pluralité des suffrages, malgré les clameurs & les intrigues de ceux qui vouloient consumer le temps en difficultés. L'Empereur nomma pour les Catholiques, Jean Eckius, Jules Pflug & Jean Gropper. Pour les Protestans, il nomma Philippe Melancton, Martin Bucer & Jean Pistorius, tous renommés pour leur science; ce

choix fut univerſellement approuvé.
Il falloit encore qu'un Catholique &
un Luthérien préſidaſſent à la diſpu-
te; l'Empereur donna cette commiſſion au Chancelier, & à Fréderic,
Prince Palatin, qui avoit embraſſé le
Luthéraniſme; pour l'Evêque d'Arras, les Hiſtoriens ne diſent pas qu'il
ſe ſoit mêlé de ces diſputes qu'il dé-
ſapprouvoit.

Parmi les dogmes conteſtés, les
plus importans furent diſcutés les
premiers. On examina l'autorité de
l'Egliſe, & l'ordre de la Hiérarchie
établi par Jeſus-Chriſt même, le Sa-
crement de pénitence, la préſence
réelle, le célibat des Prêtres & des
Religieux, la reſtitution des biens
qu'on avoit enlevés aux Eccléſiaſtiques. Les Proteſtans parurent moins
vifs ſur les objets ſpéculatifs de la foi;
mais ils ſe défendirent avec une chaleur extrême ſur les objets pratiques,
& ils ne diſſimulerent pas, qu'ils ſe
porteroient aux plus grandes extrê-
mités, plutôt que d'abandonner ce
qui flattoit leurs paſſions, & ce qui
étoit le premier mobile de leur prétendue réforme. Comment déterminer en effet pluſieurs Princes Proteſ-

tans & beaucoup de Villes Impériales à rendre les biens immenses que
l'Eglise réclamoit avec justice ? Comment séparer les Prêtres & les Religieux apostats de leurs femmes & de
leurs enfans ? Pour rompre les liens
dont Luther & les autres Hérésiar-
ques avoient eu l'adresse d'enchaîner
leurs Sectateurs, il auroit fallu des
prodiges aussi étonnans, que ceux
qui ont paru à la naissance du Chris-
tianisme.

On parloit plus que jamais de la
convocation d'un Concile général.
Le Pape le faisoit espérer, plusieurs
Souverains le demandoient, & l'on
ne voyoit point d'autre reméde aux
maux de l'Eglise ; mais ce remede paroissoit encore éloigné par des préliminaires indispensables. Les Evéques
Allemans proposérent un Concile
National, qu'on pouvoit assembler
facilement dans l'Empire ; les Protestans mêmes ne paroissoient pas s'en
éloigner, quoique dans la vérité ils
n'en voulussent point, & que pour
s'y soumettre, ils exigeassent des conditions absolument impraticables.
Ceux-mêmes d'entr'eux, qui n'a-
voient ni caractére, ni autorité, pré-

tendoient y affister en qualité de Juges, bien sûrs que leur multitude formeroit la pluralité, & qu'ils auroient par le nombre une victoire complette sur les Evêques, & sur les Théologiens Catholiques.

Ils porterent leurs prétentions encore plus loin; ils demandérent que le Légat présent à la Diette fût exclus du Concile, & que le Saint Siége n'eût aucune sorte d'autorité sur ses décisions, soit pendant les délibérations du Concile, soit pour les approuver ou les condamner, lorsque le Concile auroit été séparé. Tous les Catholiques unanimement rejettétent des conditions si injurieuses à l'Eglise universelle, dont le Chef doit principalement veiller à la conservation de la foi, de la discipline & des mœurs; tous refusérent d'introduire une forme de Concile, qui auroit été sans exemple, contraire aux lois primitives de l'Eglise, & opposée à sa tradition la plus ancienne & la plus constante.

Charles-Quint détrompé enfin de toutes ses espérances, se hâta de dissoudre la Diette; on lui doit ce témoignage, qu'il ne voulut point des subsides qu'il ne pouvoit obtenir, qu'en sacrifiant la Religion. Les Allemans insistèrent sur le Concile National, ils pressèrent les Ministres de l'Empereur d'éprouver du moins ce qu'on pouvoit attendre de ce Concile ; les Ministres répondirent, qu'il ne s'agissoit pas seulement de décider les questions suscitées par Luther, il falloit encore terminer celles que Calvin & d'autres Novateurs avoient fait naître en différens Etats de l'Europe indépendans de l'Empire. Le Concile National ne pouvoit avoir d'autorité qu'en Allemagne ; il ne devoit pas espérer dans le centre même des opinions nouvelles & au milieu du bruit des armes, d'avoir là liberté & la tranquillité nécessaire, pour traiter des affaires de Religion ; sa décision ne pouvoit être sans retour ; il falloit un Jugement définitif, & Charles-Quint se déclara hautement pour le Concile universel.

Après la dissolution de la Diette ; il passa en Italie avec le Chancelier de Granvelle. Le Pape Paul III. s'avança jusqu'à Lucques, pour conférer avec l'Empereur sur la convocation du Concile. Quelque zélé que fût ce

Pontife pour la paix de l'Eglife, divers incidens fufpendirent pendant quelque temps les effets de fon zéle. L'Empire au défaut du Concile National, demandoit que le Concile univerfel fût affemblé à Cologne, ou à Ratisbonne. Toutes les autres Nations s'y oppofoient, elles exigeoient avec raifon qu'on s'affemblât dans un pays neutre, où les Evêques fuffent en fûreté, & l'Italie feule avoit cet avantage. Le Pape défigna d'abord Vicence pour le fiége du Concile. La République de Venife refufa de prêter le territoire de cette Ville. Ferrare, Bologne, Plaifance, furent propofées fucceffivement; enfin pour fe rapprocher davantage de l'Empire & de la France, le Pape fixa le Concile à Trente. Tous les Souverains Catholiques accepterent ce parti; les Evêques Allemans fe défiftérent de leurs demandes; il n'y eut que les Proteftans, qui ne laifférent aucune efpérance de les voir foumis à un Concile préfidé par le Pape, ou par fes Légats, en quelque pays qu'il fût affemblé, & quoique telle fût la forme invariable des Conciles œcuméniques.

Convocation
Concile de
rente.

1542.

Le 22 Mai 1542, Paul III. donna
une Bulle pour convoquer le Concile à Trente ; il en fixa l'ouverture au
premier Novembre de la même année. Les motifs qui l'avoient déterminé, étoient vraiment dignes du
Vicaire de Jesus-Christ. Il espéroit
que ce Concile affermiroit la foi atta-
quéé en même temps par une multitude de Novateurs, qu'il travailleroit
à la réformation des mœurs, qu'il
rétabliroit la paix entre tous les Princes Chrétiens, & que l'Eglise leur
mere auroit sur eux assez d'autorité,
pour les réunir contre le Turc, dont
les armes menaçoient l'Italie, la Hongrie & l'Empire. Les Légats nommés
pour présider au Concile, furent les
Cardinaux Pierre-Paul Pâris, Jean
Moron, & Renaud de Pool, Prince
du Sang d'Angleterre. Les Cardinaux
Pâris & Moron se rendirent en effet à
Trente ; le Cardinal de Pool fut re-
tenu à Rome, sur l'avis qu'on donna
au Pape, qu'il y avoit sur la route des
gens armés, pour l'enlever, & qu'on
en vouloit même à sa vie.

Il sembloit qu'un Concile si utile
dans tous les temps, & si nécessaire
alors, ne dût éprouver aucun obsta-

cle de la part des Catholiques ; cependant des Princes très-zélés d'ailleurs pour la Religion, n'eurent pas le courage de sacrifier leurs anciens ressentimens au bien de toute l'Eglise, & la guerre suspendit pour quelque temps l'assemblée du Concile, où il n'y avoit encore que des Prélats Italiens.

En 1538, Charles-Quint & François I. avoient fait une trêve pour dix ans. Elle avoit été conclue à Nice par la médiation du Pape. Le Chancelier de Granvelle avoit conduit la négociation de l'Empereur, & son fils y avoit été présent, quoiqu'il fût encore bien jeune, pour être initié dans des affaires de cette conséquence. L'union des deux Monarques de l'Europe les plus puissans, paroissoit bien affermie ; ils s'étoient donné mutuellement des témoignages d'une réconciliation qu'on croyoit durable, & l'on respiroit enfin après des guerres qui avoient été funestes, même au parti victorieux. L'union & la confiance avoient paru redoubler entre François I. & Charles-Quint, à l'occasion de la révolte des Gantois. Charles, persuadé que sa présence

seule feroit tomber les armes des
mains des Rebelles, envoya le Chancelier de Granvelle à Loches, où étoit
la Cour de France, pour prier François I. de lui accorder le passage par
son Royaume. Le Roi l'accorda généreusement, & Charles ne l'accepta
pas sans inquiétude ; mais la crainte
que la révolte ne se communiquât à
tous les Pays-Bas, ne lui laissoit aucun autre parti à prendre.

Motifs de
tte guerre.

Il avoit prévû qu'à son passage en
France, on lui feroit sûrement des
propositions sur la restitution du Milanez. Pour les prévenir, & afin que
rien ne retardât son arrivée à Gand,
il assura l'Evêque de Tarbes, Ambassadeur de France en Espagne, qu'il
donneroit l investiture du Milanez,
ou au Roi, ou à l'un de ses fils. Cette
promesse ne fut que verbale, & avec
Charles-Quint il auroit été à propos
de prendre de plus grandes sûretés.
Le Dauphin & le Duc d'Orléans allérent à sa rencontre jusqu'à Bayon-
ne ; ils offrirent de rester en otages en
Espagne, pour tranquiliser l'Empereur ; la précaution lui parut odieuse, il affecta la plus grande confiance,
ayant probablement déjà décidé com-

ment il se tireroit d'embarras sur les paroles qu'il avoit données. Les Fils de France l'accompagnérent jusqu'aux frontiéres des Pays-Bas ; par-tout on lui rendit les plus grands honneurs. Le Roi le reçut avec une magnificence extraordinaire ; on jugea même qu'il y avoit de l'excès dans les distinctions qui lui furent accordées, & qu'en lui donnant la main, que les Rois de France ne refusent pas chez eux aux Monarques étrangers, il étoit convenable d'établir une égalité parfaite, dans tout le reste du cérémonial.

Tous ceux qui connoissoient le caractére de Charles-Quint (& François I. avoit eu beaucoup d'occasions de le connoître) étoient d'avis de profiter de la circonstance, pour avoir une promesse par écrit de restituer le Milanez. François I. incapable de tromper, ne fut pas assez défiant. Le Connétable de Montmorency l'entretint dans sa sécurité, il eut l'imprudence de répondre de la bonne foi de l'Empereur, & ce Prince échappa sans avoir signé aucun engagement. Lorsqu'il fut arrivé aux Pays-Bas, l'Evêque de Lavaur, Ambassadeur de France, lui demanda l'exécution des paroles qu'il avoit données à Madrid, & qu'il avoit renouvellées en France. La réduction des Gantois étoit encore douteuse. L'Empereur demanda du temps, pour délibérer avec son Conseil, plutôt sur la forme de la cession du Milanez; que sur la cession même; mais d'abord que les Rebelles furent à ses pieds, il dit nettement à l'Evêque de Lavaur, qu'il n'avoit rien promis. Il ajouta qu'il ne se dépouilleroit jamais du Milanez, qui donneroit trop d'avantage à la France sur l'Italie, & qui couperoit la communication de ses Etats avec l'Empire; & avec les Pays héréditaires de la Maison d'Autriche.

Il est toujours humiliant d'être dupe; la duplicité de l'Empereur irrita le Roi d'autant plus, que dans toutes les occasions l'Empereur n'avoit pas hésité à reconnoître qu'il étoit juste de rendre le Milanez à la France, dont les droits étoient en effet incontestables. François I. étoit la victime de sa générosité & de sa bonne foi; il l'étoit dans le temps même où il venoit de refuser les offres que les Gantois lui avoient faites de se soumettre à sa domination

domination, & de lui livrer la Place la plus importante des Pays-Bas Espagnols. Le Roi avoit porté la sincérité jufqu'à révéler ce fecret à l'Empereur; il lui avoit donné des facilités, pour arrêter la révolte des Gantois dans fa naiffance, & pour éteindre un feu qui devoit naturellement embrafer les dix-fept Provinces; François I. ne crut pas devoir pardonner un fi grand outrage.

Charles-Quint jugea lui-même, que la guerre étoit inévitable, & il ne garda plus de mefures. Dans plufieurs Cours de l'Europe il forma des intrigues, pour enlever au Roi fes Alliés, & il mit le comble à des procédés fi étonnans par une action, dont François Sforce, Duc de Milan, avoit donné le feul exemple, lorfqu'il fit trancher la tête à Merveille, Ambaffadeur de France auprès de lui. L'Empereur avoit approuvé publiquement la conduite de Sforce, & il ne tarda pas à l'imiter.

Pour affoiblir François I, & pour lui fufciter des ennemis de tous côtés, Charles Quint tâcha de le rendre fufpect à Henry VIII. Roi d'Angleterre, à Soliman, Empereur des Turcs;

D

& à la République de Venife. Il entreprit de leur perfuader, que François I,
avoit formé contr'eux de grands projets ; il les affura que ce Prince lui en
avoit fait la confidence dans leur entrevue à Paris, qu'il lui avoit même
demandé des troupes, pour leur faire
la guerre, & qu'elle étoit prête à éclore. Le Roi en fut informé. Il avoit à
fon fervice Cæfar Frégofe, Génois, &
François Rinçon, Navarrois, établis
en France depuis quelque temps. Il
les nomma fes Ambaffadeurs à la
Porte & à Venife, leur commiffion
principale étoit d'effacer les impref-
fions que ces Puiffances avoient re-
çues trop facilement de l'ennemi déclaré de la France ; le feul expofé de
l'état du Royaume, fuffifoit pour détruire la calomnie. François I. n'a-
voit aucun intérêt à attaquer le Roi
d'Angleterre, le Grand-Seigneur &
la République de Venife. La conquête du Milanez étoit fa grande affaire, on peut dire même fa paffion ;
il ne pouvoit y réuffir, & on l'accu-
foit de vouloir difperfer fes troupes
dans toute l'Europe, d'entreprendre,
avec une marine foible, de porter la
guerre dans les Etats de plufieurs

cette partie de la Navarre, qui obéif
foit à Charles-Quint ; mais on peut
le préfumer, puifqu'en France on ne
dit rien fur fon origine. La juftice la
plus févére auroit autorifé les troupes de l'Empereur à le faire prifonnier en temps de guerre, & l'Empereur à ordonner qu'on lui fit fon procès, s'il avoit été pris les armes à la
main ; mais en temps de paix n'avoir
aucun égard à fon caractére d'Ambaffadeur, c'étoit infulter le Prince
qu'il fervoit ; le faire maffacrer, c'é-
toit une violence digne des principes
de Machiavel ; c'étoit une déclaration de guerre la plus formelle, &
que la lâcheté feule auroit pû diffimuler.

L'Empereur ne pouvoit même
avoir que des foupçons, fur l'objet
des négociations de Rinçon & de
Frégofe. Il préfumoit que ces Ambaffadeurs étoient envoyés pour détruire les faux bruits qu'il avoit fait
répandre ; mais il n'en avoit aucune preuve. Langei qui commandoit
dans la partie du Piedmont que François I. avoit conquife fur le Duc de
Savoye, avoit engagé les Ambaffadeurs à lui laiffer leurs inftructions,

cérémonie commune à tous les Am
baffadeurs de Charles-Quint ; Grar
velle en avoit le caractere, il devo
paroître parmi eux, fur-tout étar
chargé de porter la parole au nor
de toute l'Ambaffade ; fans doute
auroit pris fon rang, parmi les Evé
ques, dans les féances où l'on auro:
déliberé des affaires de la Religion
mais on étoit encore bien éloigné d'
pouvoir travailler.

D'autres Hiftoriens ont dit, qu
dans le difcours que Granvelle pro
nonça en préfence du Concile,
donna une grande idée de fon élc
quence. Il faut qu'on ne nous ait pa
confervé ce difcours dans fon entiei
Je vais le traduire fur la copie qui e
eft dépofée aux archives du Vatican
& fur celle que Raynaldus (a) rap
porte dans fon Hiftoire. On verr
une harangue fort fimple, une ha
rangue qui eft, pour me fervir de
expreffions du Cardinal Pallavicin,(b
toute pétrie de fiel très-amer contre
Roi de France, & d'un fiel dont il tomb
quelques gouttes fur le Pape même, doi

(a) An. 1543. n°. 2.
(b) Pallavicino, Iftor. del Concil. di Trer
to. lib. V. cap. IV.

la neutralité paroiſſoit à la paſſion des Impériaux une partialité blâmable. Ne ſeroit-ce point ce fiel, que des Hiſtoriens ſujets de Charles-Quint ont pris pour de l'éloquence ?

» Si nous nous propoſions, Révé-
» rendiſſimes & très-illuſtres peres,
» de parler de l'origine, de l'inſtitu-
» tion, de la forme & de l'autorité
» des Conciles, de chacun des diffé-
» rens ordres qui y ſont appellés,
» des devoirs qu'ils ont à remplir, &
» de l'exactitude avec laquelle de vrais
» Catholiques doivent s'en acquiter,
» nous ſerions dans la néceſſité de
» faire un diſcours très-étendu. La
« circonſtance même où nous ſom-
» mes, paroîtroit l'exiger, ſi votre
» ſçavoir, & la grande expérience que
» vous avez dans le gouvernement de
» l'Egliſe, ne rendoient ces connoiſ-
» ſances très-préſentes à votre eſprit.
« Nous dirons ſeulement, que ja-
» mais Concile n'a été plus néceſſaire,
» qu'il l'eſt à préſent. Il ſeroit inutile
» d'en expliquer les cauſes, & de tra-
» vailler à en rechercher les preuves ;
« hélas ! il n'y a perſonne qui n'en re-
« connoiſſe trop évidemment la né-
« ceſſité, s'il veut examiner avec

Harat Granvel Conc. d te. 9. J 154

» prudence, combien la Républiqu
» Chrétienne eft foible & infirme
» combien elle eft défolée & abattu
» par les difputes de Religion, &
» quels dangers l'expofent fes enn
» mis irréconciliables. Les Turcs
» les Maures la fatiguent par des cor
» bats continuels ; pour combler l
» malheurs des guerres étrangéres fu
» citées par les infidéles, & des qu
» relles inteftines fur la Religion ; u
» de fes Princes les plus puiffans
» allumé la guerre dans fon fein ,
» l'a portée en même tems en plu
» fieurs Pays différens, & mal-à-pr
» pos, il a pris le moment où l'o
» préparoit les armées de terre & c
» mer, pour combattre les ennem
» de notre foi.

» Mon deffein n'eft pas d'expof
» ici toute la follicitude, tous le
» foins, les travaux continuels, le
» bons offices que Sa Majefté Impe
» riale a employés, pour obtenir l
» convocation & la célébration d
» Concile; ils font connus du S. Pere
» & de tous ceux qui compofent ce
» te fainte affemblée. Nous avon
» vû l'Empereur entreprendre de fré
» quens voyages à Rome & dan

» d'autres Villes d'Italie , pour con-
» férer avec sa Sainteté , & avec le
» Pape Clément VII. son prédécés-
» seur. Les sollicitations assidues de
» ses Ministres & de ses Ambassa-
» deurs , sont des témoignages écla-
» tans du désir ardent qu'il avoit de
» procurer un Concile , & nous assu-
» rerons, que si le premier objet de
» ses vœux a été de le vouloir assem-
» bler , il ne souhaite pas avec moins
» d'empressement , que le Concile
» étouffe les discordes de Religion ,
» & qu'il soit utile à la République
» Chrétienne , persuadé qu'il n'y a
» point d'autre reméde , pour guérir
» les maux dont l'Eglise est accablée.

» Sa Majesté Impériale sçait aussi
» qu'il est indispensable de travailler
» à la réformation de la discipline &
» des mœurs. Sa sainteté l'a offerte ,
» elle l'a souvent promise. L'Empe-
» reur l'a demandée tant de fois en
» son nom , & au nom de tous les
» Ordres du Saint Empire ; elle est né-
» cessaire pour réparer les malheurs
» que nous avons éprouvés , & pour
» empêcher que nous n'ayons un sort
» encore plus déplorable. Vous le
» sçavez par vous-même , Révéren-

» diſſime Cardinal de Modéne ; il ſ(

» roit inutile de rappeller à votre me

» moire , ce que l'Empereur dit dan

» la derniere Diète de l'Empire , a

» ſemblée à Ratisbonne , au Réve

» rendiſſime Cardinal Contarini , &

» à vous qui étiez alors Nonce du Pa

» pe , lorſque vous l'eutes aſſuré

» que ſa Sainteté avoit réſolu d

» convoquer un Concile œcumén

» que. Vous vous ſouvenez égale

» ment de ce que Sa Majeſté Impé

» riale répondit le 25 d'Août 154

» à la Bulle de convocation , & a

» Bref par lequel le Pape déclaroi

» ſes intentions. Cette réponſe &

» toute la conduite de l'Empereur

» prouve ſes ſentimens , & combie

» il deſire ; que la célébration du Cor

» cile ait tout le ſuccès qu'on en doi

» attendre...

 » Pour remplir toutes les obliga

» tions que ſes Dignités Impériale &

» Royale lui impoſent , il a donné k

» ordres les plus amples à nous troi

» ſes Ambaſſadeurs , à l'illuſtre Mai

» quis d'Anguillara , ſon Ambaſſa

» deur auprès du S. Siége , & à cha

» cun dé nous , de paroître ici en ſo

» nom , & d'excuſer ſon abſence

» autant que le retardement de notre
» arrivée. Il nous a ordonné de plus
» de faire tous nos efforts, pour af-
» furer les avantages qu'on doit re-
» cueillir de la célébration du Con-
» cile, pour protéger la pieté de l'E-
» glife & l'unité de la foi, pour af-
» fermir la Religion, & contribuer
» de tout notre pouvoir à ce qui peut
» la rendre floriffante.

» Il ne nous fera pas difficile d'ex-
» cufer l'abfence de Sa Majefté Im-
» périale ; elle s'en eft même déjà juf-
» tifiée par les lettres dont j'ai parlé,
» & qu'elle a écrites au Saint Pere.
» Qui eft ce, en effet, qui ne voit pas
» qu'on lui a déclaré la guerre, &
» qu'on l'a portée en différentes Pro-
» vinces, que dans cette guerre on
» n'a obfervé aucunes des Loix divi-
» nes & humaines, pour ne pas dire
» plus, & que cette guerre eft un
» motif légitime de ne pas abandon-
» ner fes Etats ? Tout le monde Chré-
» tien eft témoin de cette vérité, &
» Sa Sainteté en eft informée plus
» particulierement. Elle fçait qu'au
» tems de la déclaration de guerre,
» le Concile étoit déjà indiqué, &
» elle peut juger fi l'Empereur peu-

„ voit s'y rendre , lorſqu'il étoit oc-
„ cupé à repouſſer les efforts de ſes
„ ennemis. Vous - mêmes , Révé-
„ rendiſſimes & Illuſtriſſimes Peres ,
„ vous voyez les motifs qui le retien-
„ nent dans ſes Etats. La pruden-
„ ce exige qu'il pourvoye à tout ,
„ pour prévenir cette année une in-
„ vaſion ſemblable à celle de l'an-
„ née derniere. On a choiſi pour cet-
„ te invaſion , le tems où il raſſem-
„ bloit les troupes & les forces nava-
„ les qu'il devoit oppoſer à l'enne-
„ mi du nom Chrétien. Une occupa-
„ tion ſi ſainte devoit le garantir de
„ toute hoſtilité , ſans parler de la
„ trêve conclue à Nice , par la mé-
„ diation & par les ſoins infatigables
„ de Sa Sainteté ; il ſembloit qu'on
„ dût avoir une confiance entiere,
„ dans un traité revétû d'une autori-
„ té ſi reſpectable.

„ D'ailleurs tous les Ordres du Saint
„ Empire avoient déclaré à l'Auteur
„ de l'invaſion , qu'ils étoient dans
„ la néceſſité & dans la réſolution de
„ réunir leurs forces avec celles de Sa
„ Majeſté Impériale , de Sa Sainteté ,
„ & de tous les Princes Chrétiens ,
„ qui voudroient entrer dans des vues

„ fi dignes de la Religion, pour chaf-
„ fer les Turcs de la Hongrie. L'Em-
„ pire lui avoit même demandé les
„ fecours qu'il avoit promis fi géné-
„ reufement par fes Ambaffadeurs ;
„ enfin on s'étoit réduit à demander,
„ que du moins il ne fît aucune entre-
„ prife, pendant qu'on feroit occupé
„ à la guerre contre les Turcs. Il a
„ méprifé des demandes fi juftes, &
„ c'eft dans ces circonftances, qu'il
„ a déclaré la guerre.

„ Au refte, fi l'on fe plaint de ce
„ que nous fommes venus tard au
„ Concile, & fi l'on dit, que l'Em-
„ pereur trop occupé dans fes états,
„ pouvoit envoyer plutôt fes Ambaf-
„ fadeurs, nous répondrons facile-
„ ment à ces plaintes. La même ex-
„ cufe qui juftifie l'abfence de l'Empe-
„ reur, peut également juftifier le dé-
„ lai de notre arrivée. La guerre nous
„ a arrêtés, les chemins ont été fer-
„ més aux lettres mêmes qui paf-
„ foient fans obftacles pendant les
„ dernieres guerres. Si les routes par
„ terre nous étoient interdites, celles
„ de la mer étoient encore plus dan-
„ gereufes. Nous n'avions pas feule-
„ ment à craindre les vaiffeaux de

„ celui qui a déclaré la guerre ; il f

„ loit encore nous défendre de ce

„ des Turcs , & des autres infidéle

„ puisque la France elle - même a

„ nonç it, qu'ils devoient venir r

„ vager les Royaumes de Sa Majel

„ Impériale. On voit la mauvaise v

„ lonté de nos ennemis , & par

„ qu'ils ont fait, on peut juger de

„ qu'on en doit attendre.

„ Nous ne pouvions avoir aucu

„ confiance dans la protection qu

„ l'autorité inviolable du Concile d

„ voit nous assûrer , & nous l'avo

„ connu par notre expérience. E

„ effet d'abord que les François o

„ sçû que l'Empereur envoyoit A

„ de Granvelle au Concile en quali

„ de son Ambassadeur, ils ont arr

„ vingt-deux galeres , & ils les o

„ jointes à des vaisseaux Turcs de to

„ te grandeur , pour l'enlever sur

„ route. Il étoit donc nécessaire

„ différer notre embarquement , ju

„ qu'à ce que nous eussions une flot

„ assez forte pour assûrer notre na

„ gation. Cette excuse est plus lég

„ time, que nous ne le souhaiterion

„ nous laissons à juger , si ceux q

„ sont ainsi la guerre , sont anim

„ d'un vrai zèle, pour le fuccès du
„ Concile.

„ Nous pourrions ajouter d'autres
„ faits, dont Sa Majefté Impériale a
„ eu des avis fréquens, & dont nous
„ croyons que vous êtes informés.
„ Nous le dirons ingénument. L'Em-
„ pereur efpéroit que le Saint Pere
„ lui expliqueroit certaines intrigues,
„ dont il lui a parlé dans fes lettres,
„ & dont l'explication auroit dû pré-
„ céder l'ouverture du Concile. Il
„ n'en a reçu aucune réponfe; cepen-
„ dant afin qu'on ne puiffe lui repro-
„ cher d'avoir manqué à fon devoir;
„ déterminé d'ailleurs par l'opinion
„ avantageufe qu'il a conçue de Sa
„ Sainteté, & dans la confiance
„ qu'elle remplira parfaitement fes
„ obligations, Sa Majefté Impériale
„ nous a ordonné de venir au Con-
„ cile, & nous y rendrons un témoi-
„ gnage folemnel à fon zéle pour la
„ Religion. Nous promettons en fon
„ nom ce qu'il a fouvent promis lui-
„ même par fes lettres & par fes Am-
„ baffadeurs, qu'il affiftera au Conci-
„ le, fi des obftacles invincibles ne
„ s'oppofent au defir qu'il a d'y affif-
„ ter, pourvû cependant que l'affem-

,, blée se forme avec la dignité qu'

,, xige une entreprise si sainte ; & qu

,, demande la présence de la Majes

,, Impériale.

,, L'Empereur y envoyera les Ev

,, ques de ses Etats, & tous ceux

,, ses Sujets, qui ont séance dans l

,, Conciles, s'ils peuvent y venir

,, sûreté. Il est certain que jusqu'

,, présent ils n'ont pû l'avoir, cet

,, sûreté. On a enfreint cruelleme

,, toutes les loix de la guerre, da

,, l'invasion récente des Royaum

,, de l'Empereur. On a attaqué cet

,, mêmes que leur état devoit mett

,, à l'abri de toute violence ; par cet

,, raison, il nous a ordonné de pr

,, poser leurs excuses, & d'assur

,, qu'ils seront toujours très-dispos

,, à se rendre au Concile.

,, Pour finir en peu de mots, & po

,, conclure ce discours, nous somm

,, venus, Révérendissimes & Illust

,, simes Peres, avec tout l'empres

,, ment & toute la promptitude qu

,, nous a été possible. Nous avo

,, reçu de Sa Majesté Impériale l

,, ordres les plus étendus, & no

,, avons l'intention la plus sincére

,, contribuer à tout ce qui peut f

„ voriser la célébration du Concile.
„ Nous nous y engageons au nom de
„ Sa Majesté Impériale & Royale Ca-
„ tholique, au nom de ses Royaumes
„ & de toutes les Provinces qui lui
„ sont soumises. Il ne sera rien omis
„ de tout ce que la Dignité Impériale
„ & Royale, de tout ce que la Sou-
„ veraineté de tant d'Etats exigent en
„ cette occasion. Que le Saint Esprit
„ consolateur daigne nous exaucer;
„ qu'il veuille bien essuyer les larmes
„ de son Eglise affligée; qu'il guérisse
„ ses plaies; que par sa bonté infinie,
„ & par sa miséricorde ineffable, il
„ la délivre des maux dont elle est
„ environnée. "

Il n'y avoit encore ni Ambassadeurs, ni Evêques François au Concile; les reproches de Granvelle demeurerent sans réponse, parce qu'ils étoient sans contradicteur. Il n'avoit parlé que de la déclaration de guerre & des premieres hostilités; on auroit pû lui répondre avec plus de justice & de solidité, en exposant simplement les motifs qui avoient déterminé François I. a déclarer la guerre. Le Public désintéressé étoit pour lui; c'est la plus éloquente de toutes les apologies.

Quelque jufte que fût le reffentiment de ce Prince, il faut avouer
qu'il lui auroit été plus glorieux de
le facrifier, ou du moins de le fufpendre, pour donner à l'Eglife affemblée le tems de travailler à l'extinction des héréfies naiffantes ; la
victoire qu'il auroit remportée fur
lui-même, l'auroit rendu plus grand,
que toutes celles qu'il pouvoit efpérer de remporter fur fon ennemi. Il
courut à la vengeance, fans fe donner le tems de fe préparer à une
guerre fi importante & fi couteufe,
en commençant les hoftilités dans le
Piedmont, il obligea le Concile à
demeurer d'abord dans l'inaction, &
bientôt après à fe féparer ; on pouvoit attendre de lui une conduite
plus chrétienne & plus prudente.
Mais il n'eft pas poffible de juftifier
celle de Charles-Quint. La vengeance
eft toujours interdite aux Particuliers,
qui ont des Loix ou des Supérieurs
pour leur rendre juftice. Les Souverains n'ont fouvent que la voye des
armes pour l'obténir, & il y a des
occafions où ils ne peuvent diffimuler, fans expofer l'honneur & la fûreté de leur Couronne. L'affaffinat de

deux Ambaſſadeurs, ou ordonné expreſſément, ou ſolemnellement approuvé, eſt une injure atroce ; ſi ce
n'eſt pas un ſujet de guerre légitime,
il n'y en aura jamais. Auſſi perſonne
n'y fut trompé, toute l'Europe s'attendit à la guerre ; elle connoiſſoit la
probité, la franchiſe, la délicateſſe
ſur l'honneur, l'intrépidité, l'amour
de la gloire qui formoit le caractere
de François I. Tout ce que la ſuſpen-
ſion du Concile avoit d'odieux, re-
tomba ſur Charles-Quint ; le Concile
même ne fut pas perſuadé par la vé-
hémence des invectives de Granvelle.

Bientôt on en eut la preuve certaine. Il n'y avoit à Trente qu'un petit
nombre d'Evêques Italiens & Allemands ; cependant les Ambaſſadeurs
de l'Empereur les préſſerent de commencer leurs délibérations, ſur les
queſtions qui appartenoient à la foi,
& ſur la réformation des mœurs, &
de la diſcipline. Ils diſoient aux Peres
du Concile, que toutes les Nations
étoient ſuffiſamment averties par la
Bulle de convocation, & qu'après un
délai auſſi conſidérable que celui qui
avoit été accordé, on n'étoit pas
obligé d'attendre qu'il y eût des Evê-

ques de tous les Etats Chrétiens
Concile en jugea différemmen
craignit de donner aux Proteſtan
prétexte plauſible pour ne pas ſe
mettre, s'il précipitoit ſes déciſi
avant qu'il y eût des Evêques de
tes les Nations. Il n'y avoit p
d'Evêques François, il ne pou
même y en avoir. Trente eſt une
Impéria   arri
que par
étoit occupée par les Armées
France & d'Eſpagne, ou par les E
héréditaires de la maiſon d'Autri
Bien loin d'imputer à la France l
ſence de ſes Evêques, le Concile
cida, que leur empêchement é
légitime, il ſuſpendit toutes ſes
bérations, & les ſollications des A
baſſadeurs de l'Empereur devin
inutiles.

L'Ambaſſade ſe diſperſa; Mend
ſeul eut ordre de reſter à Trente,
qu'il y auroit une ombre de Conc
& de veiller à ce qui s'y paſſer
Alors l'Empereur reprit ſes prem
projets ſur la Diète de l'Empire. I

*Granvelle à
la Diète de
Nuremberg.
1543.*
fut indiquée à Nuremberg, pour l
née ſuivante; le Chancelier de G
velle & l'Evêque d'Arras s'y rendi

pour folliciter des fecours , moins
contre le Turc, que contre la France.
Ils les demandérent en effet , fans parler des difputes de Religion, dont ils
prétendoient avec juftice , que tout
Chrétien devoit attendre la décifion
du Concile légitimement convoqué,
Les Proteftans étoient toujours d'un
avis contraire ; ils difoient , que c'é-
toit un préliminaire indifpenfable ,
que la Diéte terminât toutes les con-
troverfes , & ils demandoient expreffément , que la Chambre de Spire cef-
fât de rendre des Arrêts févéres contre les Sectateurs des nouvelles opinions.

On leur repréfenta en vain , que la
difcuffion des dogmes conteftés demandoit beaucoup de tems. On avoit
l'expérience de l'inutilité des difputes. Les fecours que l'Empereur attendoit , ne pouvoient fouffrir aucun
retardement ; quelques efforts qu'il
fît , fes finances & fes troupes n'é-
toient pas fuffifantes , pour réfifter à
des ennemis redoutables par leurs forces , par leur bravoure , par leur expérience dans la guerre. Il n'étoit pas
poffible que l'Empereur défendît feul
la Hongrie , le Milanez , les frontie-

res d'Espagne, & les Pays-bas, qui
étoient vivement attaqués. Ses Ministres prévoyoient les plus **grands**
malheurs pour ses Etats, & pour **tout**
l'Empire, le danger étoit évident,
on ne pouvoit l'eviter, qu'en réu-
nissant toutes les troupes du **corps**
Germanique. Rien ne put toucher **les**
Protestans; il falut dissoudre la **Diéte**,
sans avoir obtenu le plus médiocre
subside. Charles-Quint se retira en
Espagne, où le Chancelier de Granvelle le suivit. Les Peres du Concile
abandonnerent la Ville de Trente,
Mendoza retourna à son ambassade
de Venise, & l'Evêque d'Arras alla
aux Pays-Bas, pour veiller à la guerre,
qui étoit fort allumée dans le Duché
de Luxembourg.

On n'exigera pas de moi, que j'ex-
plique en détail toutes les opérations
de cette guerre, & de celles qui l'ont
suivie. Il me suffit de lier tous les événemens du ministère de Granvelle,
d'exposer les facilités ou les obstacles
que la guerre apportoit à ses projets,
& de donner des preuves des services
importans qu'il rendit à l'Empereur
dans des momens si orageux.

Dès le commencement de cette
guerre,

guerre, les fiéges & les combats furent mêlés de bonheur & de malheur, pour la France & pour l'Efpagne. François I. déclara d'abord,
qu'il prétendoit recouvrer le Duché
de Luxembourg, dont les derniers
Ducs avoient été dépouillés injufte-
ment par la maifon de Bourgogne.
Ces Ducs avoient, difoit-on, cédé
leurs droits à la France ; elle avoit
acquis encore les droits de la maifon
de la Mark, & quoique tous ces
droits fuffent furannés, ils fervirent
du moins de prétexte, pour entrer
dans le Luxembourg. La vérité eft,
qu'il importoit au Roi de foutenir
le Duc de Cleves fon allié, & qu'il
attendoit des troupes de plufieurs
Princes d'Allemagne ; il falloit pour
les recevoir, qu'il eût une armée dans
le Luxembourg.

En même temps François I. porta
la guerre dans le Rouffillon, qu'il
réclamoit avec bien plus de juftice,
que le Duché de Luxembourg. Charles VIII. avoit cédé imprudemment
le Rouffillon à Ferdinand, Roi d'Arragon, à des conditions qui n'avoient
jamais été remplies. François I. efpéra de le reprendre ; il fe flatta du

E

moins que cette diverſion lui ſer
utile, que Charles-Quint affoiblir
ſon armée d'Italie , pour défen
ſes frontieres du côté des Pyrén
& qu'alors Langei qui command
en Piedmont , pourroit attaque
Milanez avec des troupes plus nc
breuſes que celles de l'Empereur

La premiere campagne fut h
reuſe pour les François, aux Pays-B
Leur armée commandée par le I
d'Orléans prit Damvilliers , Yv
Arlon, Vireton, Montmedy & I
xembourg ; en ſorte que de tout
Duché , il ne reſta que Thionvill
l'Empereur, Le Duc de Clèves ra
gea le Brabant, dont l'Empereur ét
en poſſeſſion. Le Duc de Vendôn
Gouverneur de la Picardie , fit ra
pluſieurs forts , qui couvroient
Pays-Bas Autrichiens ; mais de ſi I
les eſpérances s'évanouirent par l'
prudence du Duc d'Orléans , & j
un déſir de gloire mal entendu. /
lieu de tenir la campagne , pc
combattre les troupes que l'Em
reur envoyoit au ſecours du Duché
Luxembourg , il diſperſa ſon arm
dans les places qu'il avoit conquiſ
il crut même pouvoir l'affoiblir j

un détachement confidérable qu'il
envoya en Italie, & il fe hâta de paffer du côté des Pyrénées, perfuadé qu'il pourroit y acquérir une nouvelle gloire.

Sa préfence n'y étoit pas néceffaire.
L'armée du Rouffillon étoit commandée par le Dauphin, & François I. s'étoit avancé jufqu'en Languedoc, pour fe mettre à la tête de
fes troupes, fi l'on en venoit à une
bataille. Elle paroiffoit inévitable, &
elle devoit être décifive pour le Rouffillon ; ce fut ce qui détermina le Duc
d'Orléans à y affifter. Il fut mal reçu
du Roi ; mais la faute étoit faite, &
à fon arrivée en Languedoc, le mal
étoit déjà fans reméde. René, Prince
d'Orange, Général des troupes de
l'Empereur, avoit faifi le moment : il
avoit repris toutes les places conqui-
fes par les François ; la prudence &
l'activité du Duc de Guife, n'avoit
pu conferver qu'Yvoi & Montmedy.

Du côté des Pyrénées, la campagne fut réduite au fiége de Per-
pignan, que le fameux Duc d'Albe
défendit. Après trois mois d'attaques très vives & très meurtrières, le
Dauphin fut obligé de lever le fiége,

& les Espagnols contens de ce fuccès, fçurent éviter le combat qu'on
défiroit dans l'armée Françoife. En
Piedmont il n'y eut aucun événement mémorable. Le Maréchal d'Annebaut y avoit conduit de nouvelles
troupes ; cependant il fe borna à conferver les places que les François occupoient depuis long-temps. Charles-Quint connoiffoit la paffion que
François I. avoit pour la conquête du
Milanez ; bien loin d'affoiblir fon armée d'Italie ; il l'avoit augmentée
confidérablement, le fuccès juftifia
fa conduite, d'Annebaut fut obligé
de demeurer fur la défenfive.

La guerre fe foutint avec la même
vivacité l'année fuivante, quoiqu'elle
ne produifît encore aucun événement décifif. Le Duc d'Orléans étoit
retourné aux Pays-Bas, réfolu de faire les plus grands efforts pour réparer fa faute. Il prit Landrecy, dont
il fit réparer les fortifications, & où
il laiffa une garnifon nombreufe. De-
là il paffa dans le Duché de Luxembourg. Il en fit la conquête auffi rapidement que la première fois ; mais
elle confuma le temps qu'il auroit
fallu employer à voler au fecours du

Duc de Clèves. L'Empereur avoit prévenu la jonction des troupes Françoises à celles du Duc, il prit l'instant où ce Prince étoit abandonné à sa propre foiblesse, il le défit; les troupes que le Duc d'Orléans envoya dans le Duché de Clèves après la conquête du Luxembourg arrivérent au moment où le Duc venoit de signer le traité le plus dur & le plus humiliant.

Alors Charles-Quint débarrassé d'un ennemi, qui ne laissoit pas de faire une diversion utile à la France, forma un projet romanesque, qui ne put lui être inspiré que par la haine implacable qu'il avoit pour François I. & par la grande idée qu'il s'étoit faite de son bonheur. Il promit à ses troupes de les conduire à Paris, d'abord qu'elles auroient repris Landrecy, dont les fortifications n'étoient pas encore achevées; il faut même avoüer, qu'avec le gout naturel que ce Prince avoit pour les entreprises extraordinaires, & pour tout ce qui pouvoit accroître sa réputation & ses Etats, il paroissoit avoir pris des mesures justes, pour accabler la France.

Henry VIII. Roi d'Angleterre ét
également mécontent de Charl
Quint & de François I ; de Charl
quint, parce qu'il s'oppofoit à la d
folution du mariage qu'Henry av
contracté avec Cathérine d'Arrago
de François I. qui empêchoit le m
riage du Prince de Galles avec l'hé
tière de la Conronne d'Ecoffe ,
qui enlevoit ainfi à l'Angleterre u
occafion heureufe de réunir toute
grande Bretagne fous fa dominatic
L'inclination d'Henry le portoit
faire alliance avec François I. fon i
térêt exigeoit qu'il s'alliât à Charl
Quint , dont les forces paroiffoie
bien fupérieures à celles de la Franc
Après avoir été long-temps incerta
s'il s'engageroit dans cette guerr
& quel feroit celui de fes ennen
qu'il facrifieroit à l'autre , il fuivit f
intérêt, & diffimulant fes anciens n
contentemens, il parut fe rendre
bonne foi aux preffantes follicit
tions de l'Empereur.

Quoique l'Evêque d'Arras ne paf
pas en Angleterre , il conduifit ce
négociation , & il y réuffit au delà
fes efpérances. L'Alliance fut offe
five. Henri promit de faire une d

cente fur la côte de Boulogne, & d'y
affiéger quelques places, pour faire
diverfion, pendant que l'Empereur
affiègeroit Landrecy. Henry s'obligea
d'envoyer enfuite dix mille hommes
& cinq mille chevaux à l'armée de
l'Empereur ; ces troupes combinées
devoient s'emparer de la Picardie,
pour s'ouvrir le chemin de Paris.
Chacun des alliés devoit avoir une
part égale dans les conquêtes, dont
on ne doutoit pas, & le feul Prince
qui faifoit une guerre jufte, paroiffoit en danger de fuccomber.

François I. fçut, ou il foupçonna
le projet du fiège de Landrecy, il y
envoya de nouvelles troupes, & il
pourvut abondamment la place de
vivres & de munitions de guerre. Les
troupes Impériales ne laifférent pas
de l'inveftir ; mais à la manière dont
Lalande & d'Effé défendirent cette
place, Charles-Quint craignit de faire
périr devant Landrecy une armée
qu'il deftinoit à de plus grandes conquêtes. Il leva le fiége ; pour s'en dé-
dommager, il fit l'acquifition de Cambray, dont les habitans voulurent
bien recevoir garnifon Impériale, &
même bâtir à leurs frais une Cita-

delle qui devoit assurer leur servitude.

Le Roi d'Angleterre fut d'abord fidèle à son traité. Il assiégea Boulogne, & en même temps il fit assiéger Montreuil par le Duc de Norfolk. Les travaux des siéges alloient lentement, l'armée Impériale étoit dans l'inaction, & l'Empereur s'impatientoit d'être simple spectateur des foibles opérations du Roi d'Angleterre. Il lui envoya l'Evêque d'Arras, pour lui proposer de hâter la jonction de leurs troupes, & d'essayer de terminer la guerre avec plus de gloire & de profit, en marchant vers la Capitale. Henry jugea qu'il lui seroit honteux de lever le siége de deux petites places mal pourvues, & que l'armée Françoise ne pouvoit sécourir. Soit qu'il eût déjà résolu de ne pas joindre ses troupes à celles de l'Empereur, soit qu'il voulût seulement différer la jonction, après la prise de Boulogne & de Montreuil, il répondit à l'Evêque d'Arras, qu'il exécutoit son traité en faisant ces sièges, qu'il étoit fâcheux que l'Empereur laissât derriere lui une place aussi forte que Landrecy, & que pour lui, il vouloit avoir des places de sûreté, avant que de s'engager plus loin dans le Pays ennemi.

Une réponse si juste déconcerta l'Empéreur. Il soupçonna qu'Henry vouloit ménager la France, qui pouvoit bientôt lui devenir nécessaire. Il fallut dissimuler, & attendre que le temps découvrît la vérité ; cependant l'Empereur n'osa entrer seul en France, & pour ne pas jouer un personnage trop dépendant du Roi d'Angleterre, il ordonna à Fustemberg de faire le siége de Luxembourg. D'Etoge rendit la place faute de vivres & de munitions. L'Empereur assiègea en personne la petite place de Commercy, il n'eut pas de peine à la réduire, & à prendre ensuite Ligny dans le Barrois. De-là il passa au siége de Saint-Dizier, qui étoit un poste plus important. Sancerre le défendit avec beaucoup d'intelligence & de bravoure, il ne capitula qu'après sept semaines de tranchée ouverte, & il obtint les conditions les plus honorables.

François I. n'avoit d'autre parti à prendre, que de temporiser ; d'attendre ce que deviendroit la division

E v

naiſſante de l'Empereur & du Roi
d'Angleterre. Il eſpéra tout de leur jalouſie mutuelle, & de la haine que
Henry avoit pour Charles-Quint. A
la vérité François I. avoit ſur la fron-
tiere une armée de quarante mille
hommes, & de quelques milles chevaux; alors on voyoit rarément des
armées ſi fortes; mais elle étoit toute
la reſſource de la France. Pour la former, il avoit fallu affoiblir l'armée
d'Italie de douze mille hommes, &
la prudence ne permettoit pas d'expoſer au ſort, toujours incertain, d'une
bataille, ce que le dernier effort avoit
pû raſſembler de troupes. Il étoit
donc néceſſaire de ſe tenir ſur la défenſive, & de veiller également ſur
les deux armées ennemies. Le Dauphin qui commandoit les troupes
Françoiſes, ſe plaça entre Châlon &
Epernay; ſa diſpoſition fut déciſive.
Il harceloit continuellement l'armée
Impériale, & il pouvoit empêcher
qu'elle ne ſe joignît aux Anglois;
alors l'Empereur connut que ſa prétendue conquête de Paris étoit une
de ces belles chiméres, que le premier feu de la guerre enfante ſouvent,
& que des obſtacles imprévûs font

bientôt évanouïr. Son armée périf-
foit par la difette, par les maladies,
par des efcarmouches fréquentes,
qui lui enlevoient beaucoup de monde; bien loin de pouvoir pénétrer
jufqu'à la Capitale, il fallut penfer à
abandonner les frontières; d'autant
plus que l'alliance que l'Empereur
avoit faite avec le Roi d'Angleterre,
devenoit tous les jours plus équivoque.

La guerre avoit abfolument ceffé
dans le Rouffillon; l'effai malheureux que le Roi en avoit fait, lui
perfuada que trop d'entreprifes fe nui-
foient; il fe borna à faire la guerre
en Italie, & aux Pays-Bas.

Pour l'Italie, François I. étoit en
guerre avec le Duc de Savoye, long-
temps avant qu'il la déclarât à l'Empereur, & fes troupes occupoient
plufieurs places dans le Piedmont.
Le Duc de Savoye fit des propofitions de paix, mais le Roi ne voulut
la faire, qu'à condition que le Duc
lui cédât le Comté de Nice, pour
la fomme dont on conviendroit. Le
motif de cette prétention étoit, que
le Comté de Nice dépendoit originairement de la Provence. On difoit,

qu'il n'avoit jamais été aliéné irrévocablement, & qu'il n'avoit été engagé à la Maiſon de Savoye, que pour
une ſomme médiocre. On offroit de
la rendre ; d'ailleurs la ceſſion du
Comté de Nice devoit être compen-
ſée abondamment par la reſtitution
de toutes les places que François I.
avoit conquiſes en Piedmont. Le
Duc de Savoye rejetta abſolument
cette propoſition : les François eſ-
ſayerent de ſurprendre Nice , ils le
manquerent , & pour l'avoir , il fallut l'aſſièger par terre & par mer.

Le Roi fit armer une eſcadre à
Toulon , elle ſe joignit à celle de
Barberouſſe qui ſe diſoit Roi d'Alger;
ces eſcadres combinées bloquérent le
port de Nice , pendant que les troupes de terre faiſoient le ſiège. La place capitula après douze jours de tranchée ouverte , & le Gouverneur ſe
retira dans le château , plus fortifié
encore par la nature , que par l'art.
On ſe préparoit à l'aſſièger , lorſqu'on apprit que le Duc de Savoye
avoit joint ſes troupes à celles du
Marquis Duguât Gouverneur du Milanez, & qu'elles venoient à grandes
journées , pour ſecourir le Château

de Nice ; Charles-Quint avoit en effet autant d'intérêt, que le Duc de Savoye même, à empêcher les progrès que François I. vouloit faire du côté de l'Italie. Les troupes Françoises étoient en trop petit nombre, pour attendre celles de l'Empereur & du Duc de Savoye ; elles se retirerent à Toulon. Le Duc profita du moment de supériorité que lui donnoit la jonction des troupes Impériales, pour reprendre Montdovis & Carignan ; il auroit même été dangereux qu'il ne portât plus loin ses succès, si le Roi n'avoit envoyé promptement le Comte d'Enguien avec un renfort capable de soutenir le Marquisat de Saluces, & les conquêtes qu'il avoit faites en Piedmont.

Le Comte d'Enguien se proposa de rétablir la communication qui avoit été interceptée, entre les places que les François occupoient des deux côtés du Pô ; pour la rétablir il étoit nécessaire de reprendre Carignan situé sur ce fleuve au dessus de Turin. Les Impériaux avoient beaucoup augmenté les fortifications de cette place, ils y avoient une garnison nombreuse, & ils tenoient la campagne avec une Armée plus forte que celle de France. Le Comte d'Enguien ne déſeſpéroit pas de reprendre Carignan, mais il ne pouvoit en faire le ſiége, ſans s'expoſer à une bataille, & il avoit des ordres très-exprès de ſe tenir ſur la défenſive, pour ménager une Armée, qui faiſoit toute la ſûreté des frontières de France du côté de l'Italie, & toute l'eſpérance de recouvrer le Milanez.

Le Comte d'Enguien envoya Montluc en France, pour demander la permiſſion de faire le ſiége de Carignan. Tout le Conſeil s'oppoſa à ce projet. Montluc ne ſe rebuta pas, il repréſenta au Roi la néceſſité abſolue de reprendre Carignan, s'il vouloit conſerver ſes conquêtes, il ſe rendit garant du courage des troupes, qui demandoient unanimement la bataille, il peignit ſi bien les facilités qu'une victoire donneroit pour la conquête du Milanez, que le Roi ſe laiſſa enfin arracher la permiſſion de combattre.

En attendant cette permiſſion que le Comte d'Enguien deſiroit avec ardeur, il avoit bloqué Carignan, les vivres y étoient fort rares ; le Marquis

Duguât, perfuadé qu'il étoit important de dégager promptement cette Place, marcha avec toutes fes troupes & celles du Duc de Savoye, pour faire lever le blocus, la bataille devenoit ainfi indifpenfable ; heureufement pour tirer d'embarras le Comte d'Enguien. Monthuc arriva de France avec la permiffion de combattre ; il étoit fuivi d'une Nobleffe nombreufe, qui venoit partager les périls & la gloire de cette campagne célébre.

Le 10 Avril les Armées furent en préfence. L'Armée Françoife avoit fait une marche forcée, pour fe faifir de Carmagnole fitué entre Carignan & l'Armée Impériale. Ce pofte né put être emporté, qu'après un combat très-vif ; lorfque les François y furent établis, le Marquis Duguât n'eut d'efpérance de jetter des fecours dans la ville de Carignan, qu'en fe rapprochant de Cérifoles ; il le fit à la vue de l'Armée Françoife. On preffa le Comte d'Enguien de profiter de ce mouvement, pour l'attaquer, il jugea plus à propos de différer le combat jufqu'au lendemain, afin de donner quelque repos à fes troupes, après une marche pénible, mais le lendemain il marcha aux Ennemis.

Le Marquis Duguât vint au-devant de lui avec la confiance que lui inspiroit le nombre de ses troupes. Toutes les ruses possibles furent employées pour s'emparer des postes avantageux, la matinée se passa en chicanes, elles ne finirent que par l'empressement mutuel qu'on avoit de combattre: Les Lansquenets de l'Armée Impériale commencérent par l'attaque de la Gendarmerie & des Suisses, qui formoient le corps de bataille de l'Armée Françoise. La victoire fut long-temps incertaine ; mais enfin les Lansquenets furent mis en déroute, & poursuivis avec vivacité ; les Suisses sur-tout en firent un grand carnage, en criant *Montdovis*, pour se venger de la perfidie des troupes Impériales, qui avoient violé la capitulation de Montdovis, & qui avoient massacré la garnison Suisse de cette Place, dans le temps où elle se reposoit sur la foi de sa capitulation.

L'aîle gauche de l'Armée Impériale étoit commandée par le Prince de Salerne, elle étoit composée de l'Infanterie Italienne & de la Cavalerie de Florence, qui étoit à la solde de l'Empereur. La Cavalerie Françoise la rompit entièrement, ce succès couta moins que le premier, quoiqu'il fût aussi complet. Tant d'avantages sembloient décider de la victoire; cependant l'Armée Françoise fut au moment de tout perdre, par la terreur qui se répandit dans l'aile gauche. Il y avoit quelques troupes Italiennes attachées au service de France, des Régimens levés chez les Grisons, & ce qu'on appelloit alors les Archers François. Dès le commencement du combat, les Italiens & les Grisons avoient pris la fuite; l'Infanterie Allemande & Espagnole enveloppa les Archers François, ils se défendirent quelque temps; mais enfin ils cédoient à la multitude, lorsque le Comte d'Enguien y accourut à la tête d'un corps de Cavalerie. Il trouva toute 'l'aile gauche de l'Infanteri dissipée, & avec le peu de monde qu'il avoit, il n'osa se flatter de rétablir le combat. Témoin seulement des premiers avantages du centre & de l'aile droite de son Armée, il ignoroit encore leur victoire complette;

son premier mouvement fut de dé-
sespérer du gain de la bataille, & de
souhaiter de ne pas survivre à un événement si funeste, que le Roi, grand
juge en cette matière, n'avoit risqué
qu'à regret, & qu'on ne manqueroit
pas d'attribuer uniquement à celui
qui avoit voulu combattre à quelque
prix que ce fût.

Encore plein de son désespoir, &
ne voyant aucune ressource, le Comte d'Enguien apprit la victoire que ses
autres troupes avoient remportée. Il
en fit répandre la nouvelle avec éclat;
le centre de son Armée, instruit de
son embarras, vola à son secours, les
cris de la victoire le précédérent, la
révolution fut prompte & entiere.
Les Archers François se rassemblè-
rent à la voix de leur Général, les
fuyards Italiens & Grisons eurent
honte de leur lâcheté, ils revinrent
pour partager la gloire & le butin. A
leur tour les Impériaux furent cons-
ternés; dans la crainte d'être enveloppés, ils s'enfuirent en désordre,
& leur déroute rendit le Comte d'Enguien maître absolu du champ de bataille. Près de douze mille Allemans,
Espagnols & Italiens de l'Armée Im-

périale périrent dans ce combat mémorable. Les François firent beaucoup de prisonniers, entr'autres Ma-
druce frere du Cardinal de Trente,
& Général de l'Infanterie Allemande. L'artillerie, les bateaux destinés à
jetter des ponts sur le Pô, une grande
quantité de munitions de guerre &
de bouche demeurérent entre les
mains des Vainqueurs, & la ville de
Carignan se rendit après deux mois de
blocus.

La bataille de Cérisoles devoit être
décisive pour l'Italie. François I. eut
dans ce moment les espérances les
mieux fondées de rentrer dans le Milanez, c'étoit sa plus grande ambition, & le Comte d'Enguien en lui
apprenant le gain de la bataille, crut
pouvoir en répondre, après avoir
examiné toutes les facilités qu'il avoit
pour cette conquête, & tous les obstacles qui s'y opposoient, mais le
Roi craignoit pour ses frontières des
Pays-Bas, il vouloit les assurer, avant
que de penser à étendre sa domination en Italie. L'Armée de Flandre
avoit été affoiblie, pour fortifier celle
du Piedmont : il fallut que l'Armée
du Piedmont rendît les troupes qu'on

lui avoit prêtées, & le projet de la conquête du Milanez fut remis à un autre temps.

Ainsi le sort de cette guerre étoit encore fort incertain. Elle apprenoit à François I. qu'il y auroit eu plus de sagesse à différer, & à mieux préparer sa vengeance; elle apprenoit à Charles-Quint, qu'il n'irritoit pas impunément un ennemi tel que François I, & qu'il ne devoit pas se flatter de l'abbattre. Charles-Quint pensa à profiter des circonstances, pour déterminer enfin l'Empire à lui donner des troupes & des subsides. La perte de la bataille de Cérisoles étoit un motif pressant pour en accorder. La jonction de l'escadre Françoise à celle de Barberousse, étoit un grand sujet de déclamation, dont Charles-Quint fit retentir toutes les Cours de l'Europe. L'Empire étoit allarmé avec raison. Il n'espéroit rien de l'alliance du Roi d'Angleterre, & il craignoit tout pour la Hongrie, que Soliman menaçoit d'envahir. L'Empereur ne douta pas que sa situation ne touchât les Protestans. Il convoqua une nouvelle Diette à Spire, & il n'oublia rien pour la rendre plus efficace & plus

urs memes de la guerre, pour
r les Etats de l'Empire contre
ice. La Diete commença par
ngue de l'Empereur. Il parla
François I. avec cette violence
l avoit donné des preuves au-
en présence du Pape & des
aux. Les couleurs les plus noient employées, pour peindre
nce Chrétien uni, disoit l'Em-
, d'inclination & d'intérêts
Soliman, & avec un Corsaire
que. Leurs forces furent exage-
Empereur ne leur supposa que
ojets odieux, il se donna pour
seul appui de la Religion &
iberté de l'Europe. La propo-
qu'il avoit à faire, étoit grande,
able de satisfaire l'ambition la
aste, si elle avoit été moins
ique. Il voulut persuader aux

nique étoient bien unies fous les ordres de leur Chef. L'Empereur avoua,
qu'il n'étoit pas de la prudence d'attaquer en même temps deux États
puiffans. Son plan de guerre étoit de
commencer par la France, bien af-
furé que fi l'Empire pouvoit la vaincre, il lui feroit facile de triompher
du Turc, & de lui enlever tout ce
qu'il poffédoit en Hongrie.

Le difcours de l'Empereur fit l'impreffion la plus forte fur toute l'Affemblée, il le fentit, & dans la crainte que cette impreffion ne s'effaçât,
fi la Diette entendoit les Ambaffadeurs que François I. lui envoyoit, il
obtint qu'elle leur refuferoit toute
audience. Le Roi s'en plaignit par un
manifefte qu'il adreffa à la Diette même. Il foutint, qu'il avoit le droit d'y
affifter en qualité de Duc de Milan &
de feudataire de l'Empire. Tout ce
qu'il avoit fait pour avoir la paix,
toutes les négociations qu'il avoit entreprifes, dans l'intention fincére de
procurer une trêve entre l'Empire &
le Turc, étoient expofés dans ce manifefte. Les motifs qui l'avoient forcé
à déclarer la guerre, étoient expliqués fans ménagemens; François I.

difoit fans détours, que dans fon alliance avec le Turc, il avoit cherché l'unique moyen qu'il pût avoir, pour fe faire juftice, & pour venger l'affaffinat de fes Ambaffadeurs.

Ce manifefte n'étoit pas moins vif & moins haut, que le difcours que l'Empereur avoit fait à la Diette ; il avoit même fur ce difcours l'avantage d'expofer des faits connus de toute l'Europe, & des faits qu'il étoit impoffible de juftifier. Cependant les amis que François I. avoit dans l'Empire, étoient en trop petit nombre, pour ne pas diffimuler ; à la pluralité des fuffrages, on promit à l'Empereur vingt-quatre mille hommes, & quatre mille chevaux, pour faire la guerre à la France ; on ne parla point des affaires de Religion ; la guerre étoit fi animée, qu'elle attira feule toute l'attention des Etats de l'Empire.

Charles-Quint voulut profiter du moment de bonne volonté qu'il trouvoit enfin, & qu'il avoit cherché inutilement dans les Diettes précédentes. Il obtint encore, que la Diette écriroit au Pape, & aux Cantons Suiffes ; au Pape, pour l'engager à fe déclarer contre la France, fous prétexte de l'union de cette Puissance avec le Turc; aux Cantons Suisses, pour leur demander une neutralité exacte, qui devoit, selon l'interprétation de Charles-Quint, les obliger à retirer toutes les troupes qu'ils avoient au service de France.

Le Pape répondit qu'il ne vouloit pas se dépouiller des sentimens de Pere commun, & que son devoir l'obligeoit seulement à offrir sa médiation pour la paix. Il ajouta qu'il avoit vû avec douleur l'alliance de François I. avec le Turc; mais il ne dissimula pas les reproches qu'il croyoit pouvoir faire avec justice à Charles-Quint, sur le dessein que ce Prince avoit formé de décider des intérêts les plus essentiels à la Religion dans l'Assemblée séculiere des Ordres de l'Empire, sur les liaisons qu'il avoit prises tout récemment avec le Roi d'Angleterre, persécuteur déclaré des Catholiques, & spécialement de Cathérine d'Arragon, propre tante de l'Empereur, sur l'alliance qu'il avoit faite avec Christierne III. Roi de Dannemark, qui venoit de détrôner le Beau-frere même de l'Empereur, & qui le retenoit encore en prison. Sur
tant

tant de sujets de plaintes que les Catholiques avoient contre l'Empereur, le Pape s'expliqua avec l'autorité qui lui convenoit, & il donna à
entendre qu'il n'étoit pas la dupe du
zéle que Charles-Quint faisoit paroître à l'occasion de l'alliance de François I. avec le Turc.

La réponse des Suisses ne fut pas
plus satisfaisante. Ils parurent bien
informés que François I. avoit désiré
sincérement la paix. Ils crurent même pouvoir assurer, qu'il étoit encore disposé à la faire à des conditions justes, & à joindre ses troupes
à celles du Corps Germanique, pour
la sûreté de la Hongrie. Leur avis fut,
que la Diète devoit recevoir & entendre les Ambassadeurs du Roi, &
qu'elle ne pouvoit prudemment se
déclarer contre lui, qu'après avoir
écouté les propositions qu'il avoit à
faire ; au reste le Corps Helvétique
refusa nettement de rappeller les troupes qu'il avoit en France, & de manquer à la parole qu'il avoit donnée.

François I. soupçonna, que la Diète
avoit encore écrit à la République de
Venise, pour l'engager dans cette
guerre, quoiqu'elle n'y eût aucun in-

F

térêt ; il envoya à Venife Montluc,
Evêque de Valence ; cet Ambaffadeur
fut chargé, non-feulement de juffi-
fier fon Maître, & de prouver qu'il
avoit été dans la néceffité indifpenfable de recevoir du Turc des troupes
auxiliaires, mais encore il devoit inftruire le Senat, que l'alliance lavoit
été faite fous la condition expreffe,
que la flotte Turque n'attaqueroit
ni les Vaiffeaux de la République, ni
les Pays de fa domination. Le Sénat
en marqua fa reconnoiffance ; bien
loin de paroître difpofé à donner des
fecours à Charles-Quint, il parut redouter l'accroiffement de la puiffance
de ce Prince, plus que les fuccès de
François I. qui n'étoit pas en effet
dans une fituation à exciter l'envie
des Souverains de l'Europe.

Les fecours que l'Empire avoit promis à Charles-Quint, fe préparoient
lentement, quoiqu'on les follicitât
avec beaucoup de vivacité. Depuis la
bataille de Cérifoles, le Milanez étoit
en danger. L'Armée Françoife, toute
affoiblie qu'elle étoit par fa victoire
même, & par le détachement qu'on
avoit envoyé en Flandre, étoit extrêmement redoutée. Ses troupes mar-

quoient une valeur extraordinaire,
le Comte d'Enguien envoyoit de fréquens partis jufqu'aux portes de Milan, & le Marquis Duguât n'ofoit paroître en campagne. Aux Pays-Bas,
l'Armée de l'Empereur diminuoit
tous les jours, elle ne recevoit fes
convois, qu'à force d'efcortes & de
petits combats. Les fortifications de
fes Places n'avoient pû encore être
réparées, il auroit fallu y mettre des
garnifons très-fortes, qui auroient
rifqué même d'être enlevées. Le Roi
d'Angleterre étoit infidéle à fon traité, il ne penfoit qu'à fes intérêts perfonnels, & malgré la préférence qu'il
avoit donnée à l'Empereur, il ne
manquoit aucune occafion de faire
éclater la haine qu'il avoit pour lui.
L'Armée Françoife recevoit fouvent
des renforts, elle étoit pourvue abondamment, elle demandoit avec empreffement qu'on la menât à l'ennemi. Dans cette fituation fâcheufe,
l'Empereur fentit qu'il ne faifoit plus
qu'une diverfion utile à un Allié, qui
ne méritoit pas de ménagemens; fon
Armée affuroit la prife de Boulogne
& de Montreuil, fans ofer faire la
moindre entreprife; il prit le parti de

la faire rentrer dans ses Etats des Pays-Bas.

Il faut rendre justice au Chancelier de Granvelle. Il aimoit la paix ; & il sçavoit la préparer habilement : son caractére étoit très-propre à tempérer les vivacités de Charles-Quint. S'il n'eut pas toujours assez d'autorité sur l'esprit de ce Prince, pour empêcher la guerre, il étudia ses momens de lassitude & de dégoût, pour le ramener à l'équité, à ses véritables intérêts, à la tranquilité de l'Europe ; nous verrons dans la suite, que l'Evêque d'Arras hérita de ses sentimens, toujours plus glorieux à un Ministre, que les funestes succès de la guerre.

Le Chancelier de Granvelle osa proposer la paix. La Reine Eléonore, épouse de François I. appuya cette proposition, & ils engagèrent Gusman Confesseur de l'Empereur, à entrer dans cette négociation. Le temps étoit favorable ; Charles-Quint & François I. permirent qu'on négociât ; mais entre ces Princes tout étoit marqué au coin de la haine, ils ne voulurent point de suspension d'armes, ils se bornérent à établir des

Conférences à Lachauffée entre Châlons & Vitry.

Le Roi y envoya l'Amiral de Coligny & de Chemans Garde des Sceaux ; les Ambaffadeurs de l'Empereur étoient le Chancelier de Granvelle, Ferdinand de Gonzague, l'Evêque d'Arras y affifta, mais il ne paroît pas qu'il eût aucun caractére. On pria le Roi d'Angleterre d'y envoyer fes Miniftres, il le refufa, perfuadé qu'il auroit plus d'avantages, dans unenégociation particulière, & peut-être pour marquer encore mieux l'antipathie qu'il avoit pour l'Empereur. Cependant il écouta les propofitions que le Cardinal du Bellay lui fit de la part de François I, fans vouloir prendre aucun engagement ; Boulogne & Montreuil n'étoient pas encore réduits, il renvoya la négociation au temps, où la prife de ces Places lui donneroit quelque fupériorité.

Les Conférences de Lachauffée ne produifirent aucun effet. François I. refufa les foibles avantages qu'on lui offrit ; il demanda que l'Empereur lui rendît le Milanez, & il affura qu'il ne s'en défifteroit jamais. L'Empe-

teur en parut surpris : sa réponse fut,
que cette prétention étoit excessive,
& peu proportionnée à l'état où étoit
la France. On se sépara dans la résolution apparente, mais peu sincère,
de continuer la guerre, jusqu'à ce
qu'on pût faire une paix glorieuse &
utile ; aucun des deux Partis ne pouvoit s'en flatter.

Bien loin de marquer quelque timidité, l'Empereur dit hautement
qu'il vouloit exécuter son premier
dessein, & s'avancer vers Paris ; en
effet son Armée passa la Marne, & dès
son entrée dans le Soissonnois, elle
s'empara de quelques magasins, dont
on crut qu'elle étoit redevable à la
perfidie d'un Officier François. Bientôt ces magasins furent épuisés ; la
caisse militaire étoit sans argent &
sans ressource ; la jalousie des Allemans & des Espagnols entretenoit
dans l'Armée Impériale une division
funeste, que toute l'autorité de l'Empereur ne pouvoit appaiser. Pour surcroît d'embarras, les Protestans d'Allemagne profitérent des circonstances, & ils demanderent avec audace
des prérogatives, qu'on ne doit jamais accorder aux Novateurs, &

qu'ils n'emportent que par la violence. L'Empereur ne pouvoit plus
rien entreprendre sans attaquer l'Armée du Dauphin, qui s'étoit postée
à la Ferté-sous-Jouart, pour couvrir
la Capitale; plus inquiet de se voir
si avancé dans le pays ennemi, que
flatté de menacer Paris, il vit que la
perte d'une bataille exposoit sa personne & son Armée, & il résolut de
faire la paix à quelque prix que ce
fût.

. On sera peut-être surpris de ce que
François I. plein de courage, animé
du desir d'une juste vengeance, & si
fier peu de tems auparavant pendant
les Conférences de Lachauffée, ait
paru tout d'un coup ne plus connoître ses avantages, & qu'il n'ait pas
tenté une bataille, dont il devoit naturellement espérer les plus grands
succès. La surprise cessera, si l'on réfléchit, qu'il y avoit dans le sein de
la France deux Armées ennemies. La
ville de Boulogne & celle de Montreuil étoient aux abois, sans qu'on
pût leur donner du secours. Il étoit
dangereux que les Anglois n'entreprissent d'autres conquêtes, & qu'ils ne
fissent sur les côtes d'autres établisse-

mens, qu'il auroit été difficile de leur enlever. Henry VIII. haïssoit Charles-Quint, mais son intérêt pouvoit le déterminer à joindre ses troupes aux troupes Impériales, pour avoir une supériorité décidée, & pour porter la guerre dans le cœur de la France. Ces extrémités déterminerent enfin François I, il demanda la paix à un ennemi, qui étoit lui-même dans les allarmes les plus vives & les plus justes.

Il envoya l'Amiral à l'Empereur, pour renoüer la négociation. On peut juger de l'empressement avec lequel Charles-Quint saisit un moyen si honorable de se tirer du mauvais pas, où son impétuosité naturelle l'avoit jetté. Lui-même applanit toutes les difficultés, & ce fut pour lui le comble du bonheur, que François I. n'eût pas différé de quelques jours ses propositions nouvelles; sans doute elles n'auroient pas été faites, & par un événement imprévu, l'Empereur auroit été réduit à subir les conditions que le Roi auroit voulu lui imposer.

ix de Cre-
18. Sept.
4.
Déjà le Comte d'Enguien & le Marquis Duguât avoient fait une tré-

ve de trois mois pour l'Italie., & ils en avoient obtenu facilement la ratification. Ce fut sous des auspices si heureux pour la tranquillité de l'Europe, que les Ministres de Charles-Quint & de François I. s'assemblérent à Crépy en Laonois ; c'étoient les mêmes Ministres qui avoient assisté aux Conférences de Lachaussée. Il n'y eut aucune difficulté sur les conquêtes qu'on avoit faites, on promit de se rendre mutuellement tout ce qui avoit été pris, depuis la trêve conclue à Nice.

Le grand objet étoit la restitution du Milanez. François I. le demandoit avec cette fermeté que lui inspiroit la justice de sa demande, & le danger où étoit l'Armée Impériale. Charles-Quint avoua l'un & l'autre par sa conduite ; il parut déterminé à restituer, mais il voulut différer la restitution, espérant tout du temps, & de la facilité qu'il avoit à trouver des expédiens, pour ne pas remplir ses engagemens. Toute son attention & celle de ses Ministres fut employée à faire un traité captieux, & malheureusement François I. voulut bien s'en contenter.

F v

L'Empereur promit de marier sa
fille aînée, ou la seconde fille du Roi
des Romains, au Duc d'Orléans, second fils de François I. En faveur de
ce mariage, il s'engagea à céder au
Duc d'Orléans, ou le Milanez, ou les
Pays-Bas avec le Comté de Bourgogne & le Comté de Charolois. Il s'en
réferva l'option, il eut encore l'a-
dreffe de différer la ceffion, jufqu'au
temps de la célébration du mariage,
fans donner aucune fûreté pour l'exécution de fa parole, & il propofa des
conditions qui devoient être fécon-
des en incidens. S'il prenoit le parti
de céder le Milanez, il vouloit retenir le Château de Milan & la Citadelle
de Cremone, jufqu'à ce qu'il y eût un
enfant mâle du mariage du Duc d'Orléans. Si ce mariage étoit stérile, l'Empereur prétendoit rentrer dans la poffeffion du Milanez, fauf les anciens
droits, que François I. avoit fur ce
Duché. Si l'Empereur cédoit les Pays-
Bas, le Comté de Bourgogne & le
Charolois, le Roi s'obligeoit à renoncer pour lui & pour fes fucces-
feurs, à toutes les prétentions qu'il
avoit fur le Royaume de Naples &
fur le Duché de Milan ; propofitions

magnifiques, mais qui n'avoient aucune solidité, & qui furent acceptées trop légerement.

Par le même traité, François I. fit la paix avec le Duc de Savoye. Il promit de rendre les Places qu'il avoit conquises en Piedmont, d'abord que le Duc d'Orléans seroit en possession du Milanez, ou des Pays-Bas; il ne se réserva que la garde de Pignerol & de Montméliant, pendant que Charles-Quint retiendroit les Châteaux de Crémone & de Milan; c'étoit moins faire une paix sincére, que de se ménager les moyens de continuer la guerre.

Le Duc de Lorraine obtint la restitution de Stenay. Henry d'Albret, Roi légitime de la haute & basse Navarre, ne cessoit de réclamer la portion de son Royaume, que Charles-Quint refusoit de lui rendre. On prévit qu'un objet si important à la Maison d'Albret, & à la France même, pourroit faire naître une nouvelle guerre. François I. voulut bien s'obliger à ne pas prendre les armes à cette occasion, & à n'employer que les voies de conciliation, pour finir cette grande affaire; c'étoit l'abandonner entiérement, l'événement l'a prouvé.

Cette paix étoit-elle glorieuse à Charles-Quint ou à François I ? Ce fut un problême que les Politiques du temps examinérent, & sur lequel on écrivit de part & d'autre avec beaucoup de vivacité. Dans les Pays de la domination de l'Empereur, on reprocha aux Granvelles d'avoir acheté la paix à un prix excessif. L'Evêque d'Arras dit dans une de ses Lettres, qu'on désapprouva la négociation du Chancelier de Granvelle & la sienne, & que leurs ennemis voulurent en profiter pour les perdre. Ils se justifiérent, par les circonstances malheureuses où étoient l'Armée & la personne même de l'Empereur; ils avouerent que les Pays-Bas étoient absolument à découvert, & que les finances étoient épuisées. Leur faveur n'en diminua pas, il est très-probable que l'Empereur étoit bien sûr de n'avoir rien risqué, lorsqu'il avoit donné de foibles espérances de rendre le Milanez; il ne perdoit rien aux Pays-Bas, & il s'étoit assuré la possession tranquille de la haute Navarre. Henry le Grand a dit, que celui qui a le profit de la guerre, en a l'honnéur.

Pour François I, il eſt certain qu'il ne recueillit aucun avantage de ſon traité. Charles-Quint ne lui avoit donné qu'une eſpérance très-éloignée & très-douteuſe de voir ſon ſecond Fils Duc de Milan, ou Souverain des Pays-Bas, de la Franche-Comté & du Charolois ; bientôt il perdit cette eſpérance même par la mort prématurée du Duc d'Orléans. Il ne réſulta du traité de Crépy, qu'un nouvel aveu fait ſolemnellement par Charles-Quint, qu'il étoit juſte de rendre le Milanez & la haute Navarre, mais aveu ſtérile, qui ne produiſit que dés remords dont Charles-Quint parut agité dans ſa retraite de Saint-Juſt, & qu'il porta au tombeau, ſans avoir fait aucune reſtitution. C'eſt ainſi qu'une guerre très-vive & très-couteuſe n'opéra pas le plus petit changement dans les poſſeſſions de l'Empereur & du Roi. Tous les projets de vengeance & de conquêtes s'étoient évanouis on n'éprouva mutuellement que des malheurs, & ſouvent c'eſt tout le fruit de la guerre.

A l'égard d'Henry VIII, il assiégeoit encore Boulogne, lorsque le traité de Crépy fut signé. François I. toujours trop généreux, remit entre les mains de l'Empereur les intérêts qu'il avoit à régler avec l'Angleterre. Henry n'ignoroit pas qu'un Arbitre, fût-il le plus grand ennemi de la France, ne pouvoit juger en sa faveur, & l'autoriser à retenir Montreuil & Boulogne, sur lesquels il n'avoit aucun droit, il refusa l'arbitrage de l'Empereur, & il parut avoir plus d'éloignement pour son Allié, que pour son ennemi.

Peu de temps après la signature du traité de Crépy, Boulogne se rendit par la lâcheté de Vervins qui en étoit Gouverneur. Henry content d'un succès si médiocre, leva le siége de Montreuil, il repassa la mer avec précipitation, s'applaudissant d'avoir abandonné l'Empereur, sans l'avertir de son départ, & il triompha plus de ce Prince, que de la petite ville de Boulogne; si cet événement étoit arrivé plutôt, François I. auroit donné la loi, & le traité de Crépy n'auroit pas été conclu.

Le Dauphin se hâta d'envoyer un

ichement pour reprendre Bou-
ie, avant que ses fortifications.
ent réparées. Les François repri-
r la Ville basse ; mais la garnison
gloise beaucoup plus nombreuse,
obligea à abandonner leur entre-
... Peu de temps après, la Ville
rendue à la France par un traité,
che Gouverneur paya de sa tête
apitulation honteuse qu'il avoit
..., & il ne resta plus de traces de
uste entreprise d'Henry VIII.

n ne pensa plus qu'à rassembler
oncile de Trente, que la guerre
t dispersé. Les Evêques de toutes le.
lations Catholiques s'y rendirent
grand nombre, ils travaillérent
: la plus grande application à dé-
r les dogmes contestés, & à ren-
la discipline & les mœurs dignes
i vraie Religion ; mais que peu-
: toute l'autorité & toute la sa-
: d'un Concile légitime, sur des
ples résolus à vivre dans des er-
s agréables, sur des Princes usur-
urs, qui ne pouvoient rentrer
: le sein de l'Eglise, sans lui resti-
les biens immenses qu'ils avoient
vés ! Charles Quint avoit éprou-
: ur obstination, dans les différen-

Nouvelle Assemblée du Conc. de Trente.

tes Diètes qu'il avoit convoquées: Il ne lui reſtoit plus que la voie d'autorité; auſſi la néceſſité de prendre les armes contre les Proteſtans, fut un des plus preſſans motifs qu'il eût, pour conclure le traité de Crépy; la paix avec la France fut le ſignal de la guerre civile dans l'Empire.

L'Empereur ſéjourna quelque temps aux Pays-Bas, pour faire ſes préparatifs de guerre le plus ſecrettement qu'il lui ſeroit poſſible. Les Proteſtans le ſoupçonnérent, ils redoutoient davantage l'Empereur, depuis qu'il étoit débarraſſé de la guerre contre la France, & ils prirent toutes les précautions que la prudence leur ſuggéra; pour n'être pas ſurpris. En 1530, ils s'étoient aſſemblés à Smalcalde, Ville du Landgraviat de Heſſe; & ils y avoient formé une ligue contre les Catholiques d'Allemagne, & contre l'Empereur. Jean Frederic, Electeur de Saxe, & Philippe, Landgrave de Heſſe-Caſſel, étoient à la tête de cette ligue; d'autres Princes & pluſieurs Villes Impériales s'y étoient engagés, ils avoient tous promis des troupes & des ſubſides; leurs engagemens furent remplis avec tant d'ardeur, qu'après le traité de Crépy, ils formèrent une Armée de soixante-dix mille hommes & de quinze mille chevaux, pourvue d'une artillerie nombreuse, & de toutes les munitions nécessaires pour entrer promptement en campagne.

Leur fermeté étonna l'Empereur, elle l'embarrassa même, parce qu'il avoit en Allemagne peu de Cavalelerie, & que le désordre de ses finances rendoit toujours très difficile les approvisionnemens de son Armée. Le Chancelier de Granvelle écrivit à l'Assemblée de Smalcalde, il lui proposa des accommodemens, & en même temps il établit de nouvelles Conférences à Ratisbonne, dans l'espérance de terminer toutes les affaires de Religion. L'Assemblée répondit, qu'elle étoit persuadée de l'amour sincére que le Chancelier avoit pour la paix de l'Empire; mais elle ne dissimula pas qu'elle se défioit de l'Empereur, & sans perdre le temps à fixer les questions qu'on pouvoit agiter dans les Conférences, elle redoubla d'activité, pour les préparatifs de guerre. Il fallut avoir recours à un autre expédient, en attendant l'arrivée des troupes que l'Empereur faisoit venir d'Italie.

Henry de Brunswik étoit d'un caractére turbulent, féroce même, injuste, ne respirant que la guerre, avide d'agrandir ses Etats, ardent à amasser de l'argent par les voies les plus odieuses, sans soumission aux Loix de l'Empire, & n'ayant pas plus de respect pour la nouvelle Religion qu'il avoit embrassée, que pour l'ancienne, dont il avoit apostasié. Il avoit des prétentions sur Rottembourg ville située entre Bremen & Ferden, & pour la réduire, il avoit rassemblé le plus de troupes que ses finances lui avoient permis de lever. L'Empereur lui avoit ordonné d'abord de mettre bas les armes, & de poursuivre ses droits par les voies de la Justice; bien loin de se rendre aux ordres de l'Empereur, il prit Rottembourg, il ravagea la Saxe, & il allarma tous les Etats voisins. L'Empereur jetta les yeux sur lui, pour arrêter la premiere impétuosité de la ligue de Smalcalde: cependant avec toutes les précautions qui pouvoient sauver le secret de cette entreprise; les Alliés de Smalcalde furent sur-

pris, de ce qu'un Prince auffi foible
que Brunfwik ofât les ménacer de
porter le fer & le feu dans leurs Etats,
s'ils ne défarmoient promptement,
& s'ils ne renonçoient à leur confédération. On préfuma qu'il étoit fûr
d'être foutenu, & l'on ne foupçonna
que l'Empereur de l'avoir enhardi à
faire une incartade, fi peu proportionnée au nombre de fes troupes &
à fes finances. Le Landgrave de Heffe
l'eut bientôt réduit; il le fit prifonnier, lui, & fon fils Victor, & la Ligue des Proteftans lui préparoit le fort
que méritent tous les Ufurpateurs.
Cet événement acheva de découvrir
tout le myftére. L'Empereur s'inté-
reffa à la liberté des Prifonniers. Il
confeilla au Landgrave d'ufer avec
modération de fa victoire, & de li-
centier fes troupes qui devenoient
inutiles, depuis que Brunfwik ne pouvoit plus troubler le repos de l'Allemagne. La réponfe du Landgrave fut
fière, elle annonça une guerre inévitable, & elle fut fuivie d'un manifefte audacieux.

Il n'eft pas de mon fujet de décrire
tous les événemens de cette guerre;
je dirai feulement, que l'Electeur de

Saxe, & le Landgrave de Hesse se p
dirent par leur mésintelligence,
par la jalousie du commandeme
Ces Princes avoient été d'abord f
unis ; après avoir combiné leurs tr
pes, ils avoient présenté la batail
l'Empereur près du Danube. L'E
pereur l'avoit refusée, il vouloit
tendre les troupes que d'Egmo
Comte de Buren, lui amenoit
Flandre, & il auroit été import
pour les Alliés de Smalcalde d'int
cepter ce secours. Au lieu d'aller :
devant du Comte de Buren, & de
combattre, ils firent la faute de
séparer. Le Landgrave se borna à c
vrir son pays ; l'Électeur ramena
troupes en Saxe, où il se flattoit
pouvoir se défendre contre l'Arm
de l'Empereur.

Bataille de
berg.   La ville de Mulberg située entr
Saxe & la Lusace, lui parut le p
te le plus avantageux ; son car
étoit couvert par l'Elbe, & appu
à la forêt de Lochawer, il ne craig
pas d'y attendre l'ennemi, dont
troupes étoient bien supérieures a
siennes, & pour le nombre, & p
l'expérience dans la guerre. L'Em
reur le suivit de près, résolu de co

battre à la premiere occafion , & de
ne pas donner à l'Electeur le temps
de recevoir les fecours que les Proteftans de l'Empire lui préparoient.
Arrivé fur les bords de l Elbe , il fe
difpofoit à y faire jetter des ponts,
lorfqu'un Saxon, traître à fon Prince,
apprit à un Officier de l'Armée Impériale , qu'il y avoit un gué, où l'Infanterie même pouvoit paffer fans
danger. Charles-Quint profita de l'a-
vis ; fur le champ il ordonna à fon
Infanterie de paffer le fleuve, avec
toute l'artillerie. Pour lui , il fe mit à
la tête de fa Cavalerie, & afin de couvrir la marche de l'autre partie de
fon Armée, il paffa le fleuve à la nage , affez près de l'Armée ennemie ;
le paffage fe fit fans aucun obftacle.

    L'Electeur étoit au Prêche dans la
plus grande fécurité. On vint lui dire,
que l'Armée Impériale avoit paffé le
fleuve, & qu'elle marchoit avec la
plus grande diligence. Il donna fes
ordres avec beaucoup de préfence
d'efprit, fa valeur le détermina même à prendre le commandement de
fon Infanterie , dont il fe défioit, &
il fortit de fes retranchemens, pour
aller au - devant de l'Empereur. Le

combat fut court, mais décisif.
Hongrois l'avoient engagé, &
lecteur en personne les avoit défa
ce succès médiocre fut mal sout
par ses autres troupes, le nom
accabla les Saxons, & les sages
positions que l'Empereur avoit
tes lui assurérent une victoire co
plette. L'Electeur n'eut pas le ten
de gagner la forêt de Lochawer
Duc d'Albe s'étoit attaché à lui,
fit prisonnier, & il le conduisit à l'I
pereur. Toute son Armée étoit d
en déroute, cet événement avoit ac
vé de le décourager, il y eut un gra
carnage, une multitude innombra
de prisonniers, peu de Saxons éch
perent par la forêt de Lochawer.

Quelque temps avant ce comb
l'Electeur avoit été mis au ban
l'Empire, pour avoir protégé Luth
pour avoir embrassé & favorisé
opinions de cet Hérésiarque, po
avoir déclaré la guerre au Chef
l'Empire, & avoir soulevé contre
les Princes & les Peuples Protesta
Son Procès étoit tout instruit. Ch
les-Quint n'hésita pas de le conda
ner à la mort. L'Electeur en reçut
nouvelle avec grandeur d'ame, il

prépara de bonne foi ; mais les follicitations de l'Electrice, celles de tout
ce qu'il y avoit de plus grand dans
l'Empire, la fureur & les ménaces
des Proteſtans fléchirent enfin l'humeur févere de Charles-Quint. La
peine de mort fut commuée en une
priſon d'un temps illimité. Le Prince
Maurice de Saxe, qui fervoit dans
l'Armée Impériale, & qui venoit de
fe diſtinguer à la bataille de Mulberg, obtint l'Electorat vacant, &
l'ancien Electeur fut réduit fans retour à une penſion très-modique.

Après une ſi grande victoire, il
n'étoit pas poſſible que le Landgrave de Heſſe pût fe foutenir feul contre toutes les forces de Charles-Quint
& contre celles des Etats Catholiques de l'Empire, qui venoient chaque jour fe joindre à l'Armée Impériale. Le Landgrave demanda la paix.
Le nouvel Electeur de Saxe, fon gendre, & l'Electeur de Brandebourg in-
tercédérent pour lui ; Charles-Quint
n'en refuſa pas la propoſition, il chargea le Duc d'Albe & l'Evêque d'Arras de négocier avec le Landgrave ;
c'eſt une circonſtance importante
dans l'Hiſtoire que j'écris ; les Pro-

testans en ont abusé, pour rendre odieux l'Evêque d'Arras: je dois examiner ce fait avec impartialité.

Granvelle négocie un traité entre l'Empereur & le Landgrave de Hesse-Cassel. 1547.

Les Historiens Catholiques, & les Protestans la racontent bien différemment. Les Catholiques disent, que par le traité on assura au Landgrave la vie & tous ses biens; pour la liberté, on lui promit seulement de l'exemter d'une prison perpétuelle; en cela même il fut traité bien plus favorablement que l'Electeur de Saxe, qui avoit été condamné à la mort, & qui avoit été dépouillé de son Electorat: La prison n'étoit pas une peine trop rigoureuse pour le Landgrave; non-seulement il avoit excité une guerre civile dans l'Empire; on avoit encore découvert qu'il vouloit surprendre Francfort sur le Mein, brûler cette Ville, empoisonner les puits, massacrer le Gouverneur & les Magistrats. Le Landgrave s'engagea de son côté à mettre bas les armes, & à faire sa soumission en personne à l'Empereur. Il n'y a rien que de vraisemblable dans ces conditions. Le Landgrave étoit abandonné à lui-même, il ne pouvoit seul continuer la guerre contre l'Empereur réuni à tous

tous les Catholiques d'Allemagne; s'il avoit rejetté les conditions qu'on lui proposoit, il ne lui restoit qu'à mener une vie errante & misérable, & à voir ses Etats passer irrévocablement à quelqu'un de ses ennemis.

Il seroit étonnant que les Ministres de l'Empereur eussent employé la ruse & la surprise avec un homme absolument abattu, qui n'avoit d'autre parti à prendre, que celui de la soumission. Plusieurs Historiens assurent même qu'il y eut si peu de surprise, que le Landgrave écrivit entiérement de sa main le traité qu'il avoit fait, & qu'après l'avoir signé, il le présenta à l'Empereur, pour marquer l'approbation sans réserve qu'il donnoit à ce traité.

Les Protestans prétendent que le Landgrave fut trompé sur l'article qui concernoit sa prison, & sans parler du Duc d'Albe qui étoit le chef de cette négociation, ils disent que Granvelle inséra dans le traité une clause équivoque, pour surprendre le Landgrave, & pour interpréter cette clause contre lui, lorsqu'on se seroit assuré de sa personne & de ses Etats. Le traité étoit écrit en langue

G

Allemande. Il y avoit, difent les Proteftans, une promeffe pure & fimple de rendre au Landgrave fes Etats,
fans aucune prifon ; ohne einige gefangnus.
En Allemand *einige* veut dire en effet
aucune, mais *eivige* mot qui lui reffem-
ble, fignifie *perpétuelle*. On dit donc,
que dans l'original du traité il y avoit,
ohne einige gefangnus, fans aucune prifon,
& qu'après la fignature du traité, on
avoit changé le mot effentiel *einige,*
aucune, en celui de *eiuige, perpétuelle ;*
ce qui étoit facile, en formant de la
lettre *n* un double *w* fort ufité dans
la langue Allemande, en forte que
fuivant le nouveau fens du traité, on
promettoit feulement au Landgrave
que fa prifon ne feroit pas *perpétuelle.*

Le Landgrave fit fa foumiffion à
l'Empereur dans la pofture la plus
humiliante, & dans les termes les
plus forts ; il foupa enfuite avec les
Miniftres de l'Empereur. La fécurité
qu'il avoit, ou qu'il affectoit, étoit
fi grande, qu'il jouoit aux dez lorfqu'on vint lui annoncer qu'il étoit
prifonnier, & qu'on lui donna des
Gardes. Il fe plaignit de l'infraction
prétendue du traité. Les Electeurs de
Saxe & de Brandebourg repréfenté-

à l'Empereur, que le Landgrave
: compté fur fa liberté, qu'eux-
les s'en étoient rendus cautions,
l'on ne pouvoit retenir le Land-
: prifonnier, fans les déshono-
L'Empereur répondit qu'il igno-
ce que les Electeurs avoient pro-
au Landgrave ; que pour lui, il
étoit engagé qu'à ne pas punir le
lgrave par une prifon perpétuel-
ç que fi on le preffoit davantage
ndre la liberté à ce Prince, il le
t transférer en Efpagne.
ft poffible que Charles-Quint
aiffé efpérer la liberté du Land-
:, & qu'il ne voulut plus l'accor-
lorfqu'il le vit défarmé & abattu ;
d'autres occafions il avoit défa-
: des promeffes encore plus im-
antes & plus folemnelles ; mais
e peut foupçonner fon Miniftre
ir trompé le Landgrave, par
équivoque auffi groffiére, que
d'*einige* ou d'*eiwige* ; la fuperche-
iroit èté déshonorante ; elle au-
fait perdre la confiance du Pu-
à un Miniftre, qui entroit dans
rrière, & qui travailloit à fe faire
de réputation, pour arriver à
ce qu'il y avoit de plus grand.

La fraude dont on l'a accusé lu
roit fait des ennemis puissans
l'Empire. Si le Landgrave avoi
surpris, s'il avoit été la victim
sa bonne foi, pourquoi les Pr
tans n'en ont-ils pas accusé é
ment le Duc d'Albe, qui étoit af
à Granvelle dans cette négociat
Ils ont voulu rendre odieux le c
tére d'Evêque, dont Granvelle
revêtu, & se venger du zéle qu'il
quoit dans toutes les occasions co
leur nouvelle secte, & contre le
sordres qu'ils faisoient dans l'Em

Ce qui paroît trancher toute
culté, c'est que Sleidan, Auteur
temporain & Luthérien outré,
rien dit de la prétendue équivo
du traité. Il dit même que, lorsq
donna des Gardes au Landgr
les Electeurs de Saxe & de Bra
bourg, le Duc d'Albe, & l'Evé
d'Arras étoient présens, que le L
grave assura, *qu'il n'auroit jamais*
que cela fût advenu, & qu'il étoit
sur la foi & promesse des Electeurs;
s'en prit qu'à eux, il ne fit aucun
proche au Duc d'Albe & à Granv
les auroit-il ménagés, s'ils avoient
les Auteurs de la fraude, & Sleidar

noit-il diffimulé une accufation fi grave contre l'ennemi irreconciliable du
Luthéranifme ?

Charles - Quint s'obftina long-
temps à retenir le Landgrave prifonnier ; il affecta de le faire marcher à fa fuite, & de le donner en
fpectacle à tout l'Empire. Tant de févérité irrita plufieurs Princes du Corps
Germanique ; elle les détermina à
continuer la guerre contre l'Empereur. Parmi ces Princes, on vit Maurice même, nouvel Electeur de Saxe.
Il crut être dégagé de toute reconnoiffance pour l'Electorat que l'Empereur lui avoit donné, & il entreprit d'arracher par la force la liberté
qu'on refufoit à fon Beau-pere. Si
l'Empereur avoit ufé de fa victoire
avec plus de modération, il auroit
pû calmer l'Empire, & en recueillir
de grands avantages pour la Religion ; mais il étoit naturellement févére, il aimoit à faire éclater fon pouvoir contre les Souverains qui rele-
voient de l'Empire, il écoutoit trop
le Duc d'Albe, qui ne connoiffoit
d'autre manière de gouverner, que
d'employer la violence & les châtimens. Granvelle étoit plus politique

& plus modéré ; nous le verrons dans
des occasions semblables épuiser toutes les voies de conciliation, avant
que de conseiller la guerre : il avoit
assez de ressource dans l'esprit, pour
ne recourir à l'autorité absolue, qu'à
toute extrémité.

Diète d'Aus-
bourg.
1548.

L'Empereur ne prévoyoit pas toutes les conséquences de sa sévérité,
lorsqu'il convoqua la Diète d'Ausbourg ; il se flattoit d'y donner la loi
en vainqueur ; pour la Religion &
pour ses intérêts temporels. Dans
l'enthousiasme que lui inspiroit la victoire de Mußberg, il reprit son ancien
projet de faire un Réglement sur les
affaires de la Religion, & d'obliger
tout l'Empire à s'y soumettre. Pour
le former ce Réglement, il choisit
Jules Phlug, Evêque de Naumbourg,
Michel Helding, Evêque suffragant
de Mayence ; & Jean Agricola d'Islé-
be, célébre Protestant, quoiqu'opposé à Luther sur des dogmes importans de la nouvelle Religion. Ces
Théologiens composerent un for-
mulaire de vingt-six articles relatifs à
la Foi, & un autre de vingt-deux articles, pour la discipline & pour les
mœurs. Ce Réglement fut appellé

Interim, parce que l'Empereur ne le donnoit que provisionnellement, & jusqu'à ce que le Concile de Trente eût décidé toutes les contestations des Catholiques & des Protestans. Il mécontenta également les deux Partis, & bien loin de rendre la paix à l'Empire, il fut une source de plaintes & de dissensions.

Les Catholiques se plaignoient avec raison de ce que l'Empereur dècidoit plusieurs questions dogmatiques, dont la décision appartenoit uniquement à l'autorité spirituelle ; il prononçoit en effet sur le premier état de l'homme avant & après le péché, sur la justification, les bonnes œuvres, la remission des péchés, l'autorité de l'Eglise & de ses Ministres, les Sacremens, le mariage des Prêtres, la Communion sous les deux espéces, la priére pour les Morts, les cérémonies de l'Eglise, & il n'ordonnoit rien sur la restitution des biens d'Eglise usurpés par les Protestans, quoique cet objet important fût de sa compétence, & qu'il fût souverainement juste de rendre à chacun ce qui lui appartenoit. Les Protestans se plaignoient de ce que plusieurs ques-

tions dogmatiques étoient décidées
par l'*interim* contre leurs principes,
de ce que l'Empereur n'autorisoit le
mariage des Prêtres & la Communion
sous les deux espéces, que par provi-
sion, & en attendant que le Concile
œcuménique en eût porté un Jugement définitif, dont les Protestans
ne vouloient point ; de ce que l'Empereur n'avoit pas consulté les différens Ordres de l'Empire, pour donner ce Réglement, & de ce qu'enfin
il n'accordoit pas aveuglement tout
ce que les Religionnaires demandoient les armes à la main.

Dans une conjoncture si délicate,
la conduite de Granvelle fut vraiment
digne d'un Evêque. Il n'eut aucune
part à l'*Interim*, aussi condamnable
que le Type de Constant, & que l'Ec-
thése d'Héraclius, par le défaut absolu de pouvoir. Du moins les Protestans, qui ne le ménageoient pas,
ne le lui ont jamais attribué, & aucun Historien ne dit, que l'*Interim* fût
son ouvrage ; il connoissoit trop les
bornes que Dieu même a placées entre les deux puissances, pour approuver une entreprise si irrégulière ; mais
il saisit le projet du Cardinal Conta-

ni, qui avoit cru ne pouvoir travailler efficacement à la conversion des Protestans, qu'en réformant en même temps les mœurs des Catholiques, sur-tout celles du Clergé, & en rétablissant la discipline de l'Eglise dans son ancienne sévérité, autant que les temps pouvoient le permettre. Nous avons encore le plan de réformation, que Granvelle présenta à l'Empereur, & qui fut lû solemnellement dans la Diète le 14 Juin 1548, pour être envoyé à tous les Evêques d'Allemagne, non comme une loi que l'Empereur prétendît leur prescrire, mais comme un modéle qu'il les exhortoit à suivre; le préambule dit, que *pour détruire les abus & les scandales qui ont irrité Dieu, & qui ont attiré sur son Eglise les châtimens sévéres qu'elle éprouve, il est nécessaire de réformer le Clergé & le Peuple, suivant les saints Décrets, & les Loix prescrites par l'Ecriture-Sainte, autant qu'on peut l'espérer, dans la tempête qui agite l'Eglise, en attendant que le Concile général termine toutes les disputes, & qu'il corrige les abus.* Ensuite est un projet de Statuts les plus édifians pour l'élection & l'ordination des Ministres de l'Eglise, pour leurs fonc-

G v

tions, le bon ordre des Chapitres, l'Office divin, les Maisons Religieuses, les Univerſités, & les Ecoles, les Hôpitaux, la prédication de la parole de Dieu, l'adminiſtration des Sacremens, la célébration de la Meſſe, la ſanctification des Fêtes, les cérémonies Eccléſiaſtiques, la pluralité des Bénéfices, les viſites que les Evêques doivent faire dans leurs Diocèſes, les Synodes Diocéſains, les Conciles Provinciaux, & les cenſures Eccléſiaſtiques.

Ce projet de réformation eſt ſigné A. Perrenot. L'Empereur l'adreſſa par des Lettres-Patentes aux Electeurs Princes Eccléſiaſtiques, & autres Prélats d'Allemagne, perſuadé qu'il pourroit ſatisfaire leur piété. Tous ces Prélats s'étoient plaints hautement de l'*Interim*, ils reçurent le plan de réformation avec reconnoiſſance, & ils en remerciérent l'Empereur. Robert de Croy, Evêque de Cambray, l'inſéra dans les Statuts Synodaux qu'il fit en 1550; c'eſt un monument du zéle que Granvelle avoit pour la Religion, & des égards qu'il inſpiroit à l'Empereur en faveur de la Puiſſance ſpirituelle.

Pendant la même Diète d'Auf-
bourg, Charles-Quint le chargea d'u-
ne affaire temporelle, extrêmement
intéreſſante pour la Maiſon d'Autriche, & qui demandoit beaucoup de
ſageſſe. Il s'agiſſoit de profiter de la
terreur que la victoire de Mulberg
avoit répandu parmi les Proteſtans
de l'Empire, pour rendre à l'Empereur l'autorité ſouveraine, dont il
prétendoit que ſes Ancêtres avoient
joui ſur la ville de Conſtance. Cette
Ville aſpiroit, non-ſeulement à ſe-
couer le joug de la Maiſon d'Autriche, mais encore à ſe rendre indé-
pendante de l'Empire : elle vouloit
s'unir au Corps Helvétique, pour
avoir la liberté & les prérogatives que
les Suiſſes ont dans l'Empire.

Granvelle négocia avec les Magiſtrats de Conſtance ; il ne leur propoſa d'abord que de rétablir dans leur
Ville la Religion Catholique, & de
lui rendre les biens qu'on lui avoit
enlevés, lors de la révolution encore
toute récente que les nouvelles erreurs y avoient faite. Les Magiſtrats,
allarmés de la propoſition de Granvelle, députérent à la Diète ; ils n'a-
voient aucun motif pour refuſer de

Granvelle chargé de réduire la vi de Conſtan. ſous la domination de Maiſon d'Autriche.

G vj

souffrir dans leur Patrie la Religion de
leurs Péres; ils avoient encore moins
de titres, pour ne pas rendre les biens
d'Eglise qu'ils avoient usurpés; toute
leur défense se réduisit à citer des exemples, qui étoient autant d'abus. Ils
prétendirent, qu'ils ne devoient pas
être traïtés plus rigoureusement que
tant d'autres Villes Protestantes d'Allemagne, qui jouïssoient tranquillement de leurs erreurs, & des biens
qui avoient appartenu à l'Eglise.

L'Evêque d'Arras répondit aux
Députés de Constance, qu'ils ne devoient pas se comparer aux Villes libres de l'Empire; il leur rappella les
temps où ils avoient été sous la domination de la Maison d'Autriche,
& il ne parut pas douter, que leur dépendance ne subsistât encore dans
toute son étendue. Les Députés évi-
térent de discuter les droits de cette
Maison, ils ne parlérent que des services que leur Ville lui avoit rendus,
& pour abréger la négociation, ils
offrirent à l'Empereur huit mille écus,
sous la condition qu'ils auroient la liberté de conscience, & qu'ils demeu-
reroient dans l'état d'indépendance,
où ils étoient alors. Granvelle leur

annonça que l'Empereur vouloit qu'ils rentrassent dans leur devoir, & qu'il sçauroit les-y contraindre.

En effet l'Empereur résolut d'envoyer le plus secrettement qu'il seroit possible des troupes, pour s'emparer de la Ville de Constance. Il avoit dans son Armée un Officier Espagnol nommée Vivès, homme de tête & de main, qui avoit réussi dans de pareilles entreprises. Granvelle luï proposa le projet de surprendre Constance. Vivès jugea que le projet pouvoit être exécuté facilement ; il osa même répondre du succès, pourvû qu'on lui donnât deux mille hommes d'infanterie, & trois mille chevaux. Granvelle vouloit assurer son entreprise, il offrit des troupes plus considérables. Vivès les refusa, ou par vanité, ou comme on le présuma, pour n'avoir pas à partager avec tant de troupes les dépouilles de Constance, qu'il espéroit emporter d'assaut, & saccager entièrement.

La Ville étoit partagée entre deux partis. Le plus nombreux étoit pour la liberté, & pour les nouvelles erreurs ; les autres Citoyens étoient attachés sincérement à l'ancienne Religion, & à la maison d'Autriche, qui pouvoit seule les protéger dans l'état violent où ils étoient. Granvelle avoit des intelligences dans la Ville. Il fit avertir les Catholiques du secours qu'on leur envoyoit; mais la marche de Vivès ne put être assez secrette, pour être ignorée des Défenseurs de la liberté, & assez prompte pour ne pas leur donner le temps de se préparer. Ils enfermérent dans un quartier de la Ville tous les Citoyens dont ils se défioient; pour eux, ils résolurent de se défendre jusqu'à l'extrémité.

Vivès comptoit sur un parti qui avoit les mains liées, & qui ne pouvoit plus lui être utile. Il s'approcha avec confiance des portes de la Ville, & quoiqu'il ne vît aucun mouvement en sa faveur, ses troupes attaquérent avec beaucoup d'impétuosité. Les Habitans se défendirent en braves gens; déjà le combat avoit duré trois heures, & Vivès avoit perdu une grande partie de son monde, sans appercevoir la moindre mésintelligence parmi les Assiégés. Il fit sonner la retraite, qu'il ne put faire tranquillement; on fit une sortie, & on l'attaqua avec tant de vivacité, que lui &

fon fils aîné furent tués, leurs troupes se dispersérent, on ne put en rassembler que de foibles débris.

Il faut juger de la douleur que cet événement causa à Granvelle, par celle que Charles-Quint fit paroître. Il regretta Vivès qui étoit son homme de confiance pour les entreprises hardies ; il avoit même une affection particulière pour cet Officier, frere de Louis Vivès qui avoit été son Précepteur, & qui avoit acquis une grande réputation par des ouvrages de Littérature, & par ses écrits sur la Religion. L'Empereur avoit reçu un affront en présence de la Diète de l'Empire, & devant une petite Ville, que ses troupes auroient dû emporter facilement. Son projet étoit démasqué. Tout le Corps Helvétique étoit en rumeur. Il se plaignoit hautement à la Diète de ce que l'Empereur avoit enfraint l'article d'un traité, par lequel il s'étoit obligé de ne faire approcher ses troupes des frontières de la Suisse, pas plus près que de vingt milles d'Italie : & pour marquer encore mieux leur ressentiment, les Cantons ordonnérent à leurs Députés de se retirer de la Diète de l'Em-

pire, de protester qu'il n'y avoit plus
de traité entre l'Empereur & eux, &
de travailler à consommer leur union
avec la ville de Constance.

Granvelle avoit jugé juste de l'entreprise de Vivès; mais il avoit eu la
foiblesse de s'en rapporter à l'avidité
de cet Officier, pour le nombre des
troupes destinées à surprendre Constance. Le mauvais succès ne retomboit plus que sur lui, il ne désespéra
pas de réparer sa faute, & il l'entreprit avec ce courage qu'il a toujours marqué dans les affaires. L'alliance du Corps Helvétique avec la
ville de Constance souffroit de grandes difficultés, sur-tout par la division
de ses Citoyens. Granvelle y envoya
un Officier, qui y avoit des parens,
& qui, sous prétexte de les voir, devoit sonder le Parti Autrichien, &
l'animer à une nouvelle entreprise.
L'Officier conféra avec Vandermit,
son Beau-frere; ils arrêterent le plan
de l'attaque, & ils fixérent le jour où
l'on devoit ouvrir la porte du Lac
aux troupes de l'Empereur.

Tout fut exécuté suivant le projet
qu'ils avoient formé. Granvelle fit
marcher des troupes plus nombreu-

vec plus de secret & de diligence
a premiere fois : la porte du Lac
uverte au temps marqué, & le
de la liberté n'osa faire aucune
ance. Charles Quint voulut voir
uvelle conquête, il crut que sa
nce y affermiroit son autorité :
velle l'accompagna, la révolu-
n'opéra que le changement des
istrats anciens, qui étoient suf-
à l'Empereur ; il n'y eut aucune
tion, l'équité ne permettoit pas
ffet d'y soumettre un Peuple, qui
t défendu sa liberté avec bravou-
n doit préfumer, que les biens
life furent restitués, quoique les
oriens ne le difent pas, & pour
ter la tranquillité de la Ville, l'Em-
ur y laissa une garnison nom-
se.

revint à la Diète, dont il avoit à
ter peu de docilité pour son *Inte-*
. & peu de générosité pour les
ides qu'il demandoit. L'*Interim*
réfenté à tous les Ordres de l'Em-
, pour obtenir leur approbation.
même temps l'Empereur l'en-
a à Rome, pour prouver qu'il
it ménagé, autant qu'il lui avoit
possible, les intérêts de la Reli-

gion Catholique. Le Pape ne laiſſa
pas de le cenſurer & de le proſcrire.
Les Electeurs Eccléſiaſtiques demandérent la reſtitution des biens d'Egliſe envahis par les Proteſtans. L'Empereur l'avoit ordonnée ; mais les
Electeurs ſéculiers, excepté celui de
Bavière, s'y oppoſoient : ils étoient
eux-mêmes du nombre des Uſurpa-
teurs, il auroit fallu une exécution
militaire qui paſſoit les forces de
l'Empereur, & de tous les Catholiques de l'Empire. Bucer & d'autres
Théologiens Proteſtans ne voulurent
rien céder, pour le dogme, & pour
la diſcipline ; il leur fut facile d'animer les Luthériens contre l'*Interim*,
la Diète fut remplie de troubles &
de confuſion, par la loi même que
l'Empereur deſtinoit à rétablir la paix.
Il n'eut aucun ſubſide ; Ferdinand ſon
frère, Roi de Hongrie, ne put même
en obtenir, pour rétablir les Places
de ſon Royaume, qui faiſoient toute
la ſùreté de l'Empire contre la puiſſance du Turc ; le 30 Juin l'Empereur
congédia la Diète.

    1548.   Il paſſa en Flandre, où ſa préſence
devenoit néceſſaire. Les Granvelles
l'y ſuivirent. Toujours attentifs à ne

:t échapper aucune occasion
itenir des graces, ils demandé-
une diftinction, paffagére à la
:é, mais qui ne laiffa pas d'infpi-
le l'envie contr'eux, ou plûtôt
iire éclater celle que leur fortune
t déjà fait naître. L'Archiduc
imilien, fils aîné du Roi des Rois, devoit aller en Efpagne, pour
ifer Marie, fille de l'Empereur.
nt fon départ, la cérémonie du
iage devoit fe faire par Procureur
anjuez. La procuration de l'Ar-
uc fut donnée à Thomas Perre-
, Baron de Chantonnay, fils du
ncelier de Granvelle, & frère de
êque d'Arras. Les Princes d'Em-
& les Grands d'Efpagne en mur-
érent; ils fe plaignirent de ce
potır une fonction très-honora-
qui n'exigeoit que de la naiffance
:s dignités, l'Empereur eut choifi
:tit-fils d'un Châtelain d'Ornan;
ımeur qui s'éleva à cette occa-
, humilia plus les Granvelles,
la procuration pour époufer l'In-
e ne pouvoit les honorer.
'Empereur prévoyoit que fon fé-
en Flandre pouvoit être long. Il
venir Philippe fon fils, âgé feule-

ment de douze ans, pour veiller à
son éducation, & pour le former de
bonne heure aux affaires du Gouvernement. Lorsque ce Prince fut arrivé
à Namur, l'Evêque d'Arras reçut ordre d'aller au-devant de lui jusqu'à
Vabra, & de le complimenter au
nom de l'Empereur. De-là l'Evêque
le conduisit à Bruxelles, où le Corps
de Ville fit un réception & un présent magnifique au Prince. L'Evêque
fut encore son Orateur, il ne dit que
peu de mots, pour demander au nom
du Prince les cœurs des Citoyens.

Le séjour de l'Empereur en Flandre avoit un grand objet; c'étoit de
veiller à la fidélité des Peuples, qui
devenoit suspecte, d'affermir l'autorité & la Religion, & d'éclairer de près
la conduite des Religionnaires étrangers, qui passoient en foule d'Allemagne, de France & d'Angleterre
dans les Pays-Bas, où ils espéroient
de trouver un azile assuré. L'Empereur connut par lui-même toute la
grandeur du mal, il entreprit d'y rémédier, persuadé qu'on n'oseroit lui
résister, depuis qu'il avoit abattu les
Chefs des Protestans d'Allemagne,
qu'il faisoit marcher à sa suite, &

qu'il tenoit toujours dans les fers.
Plein de cette pensée, il donna un 29 Avril 1550.
Edit très-sévére contre les Sectateurs
des nouvelles opinions ; il défendit
de vendre, ou d'acheter aucuns livres
de Luther, de Calvin, de Zuingle,
d'Oecolampade & de Bucer ; les Af-
semblées secrettes, les disputes mêmes sur la Religion étoient interdites : on ne pouvoit garder aucune
de ces images, que le fanatisme d'a-
lors avoit gravées, pour rendre ridicule le culte très-légitime que les Catholiques rendent à la Mere de Dieu
& aux Saints ; toutes ces défenses,
sans exception, étoient sous peine de
la vie.

Cet Edit donnoit aux Juges laïcs
un pouvoir très-ample, pour le faire
observer. On ne manqua pas de comparer leur pouvoir à celui de l'Inquisition, que les Peuples des Pays Bas
avoient en horreur ; tout ce que cette
loi avoit de terrible fut imputé à l'E-
vêque d'Arras : il y eut un cri si général & si fort, que la Reine Marie,
sœur de Charles-Quint, & Gouvernante des Dix-sept Provinces, crut
devoir demander un adoucissement ;
l'Empereur modéra sa sévérité, seule-

ment en faveur des Etrangers que le Commerce attiroit aux Pays - Bas; pour les Naturels du Pays, l'Edit fubfifta dans toute fa rigueur, & l'exécution en fut ordonnée avec autant d'affurance, que fi la Gouvernante avoit eu affez de troupes pour tenir en refpect des Peuples, dont le plus grand nombre étoit déjà féduit. Cependant elle n'avoit que fix mille hommes, lorfque l'Empereur étoit abfent des Pays-Bas, & ils fuffifoient à peine pour garder les Places frontières.

De nouveaux foins rappellérent l'Empereur en Allemagne, plutôt qu'il n'auroit voulu. La Hongrie étoit ménacée par Soliman, il n'y avoit pas un moment à perdre, fi on vouloit réparer fes fortifications prefqu'entiérement ruinées, & y envoyer une Armée capable de la défendre. L'Empereur indiqua une nouvelle Diète à Ausbourg, pour le mois de Juin, & il s'y rendit avec Philippe fon fils, qu'on appelloit alors le Prince d'Efpagne. L'Evêque d'Arras les accompagna; pour le Chancelier de Granvelle, il étoit depuis quelque Franche-Comté, pour ce fayer de rétablir par l'air natal fa fanté, que les travaux & les peines d'efprit avoient extrêmement altérée,

D'abord que l'Empereur fut arrivé à Ausbourg, il put prévoir que la Diète feroit auffi tumultueufe, que celles qui l'avoient précédée. Tous les Princes d'Allemagne fe réunirent pour demander la liberté de l'ancien Electeur de Saxe, & du Landgrave de Heffe. L'Empereur & l'Evêque d'Arras ne parloient que de la guerre d'Hongrie ; on ne leur répondoit qu'en follicitant la liberté des Princes, & on leur faifoit entendre, que c'étoit un préliminaire indifpenfable ; on eût de part & d'autre une inflexibilité toujours condamnable, lorfqu'on peut fauver l'Etat en cédant à propos.

Le Chancelier de Granvelle apprit dans fa retraite, que la Diète d'Ausbourg étoit affemblée ; il voulut s'y rendre malgré fa mauvaife fanté, dans l'efpérance de pouvoir encore être utile : mais il ne s'y rendit que pour mourir ; une fièvre violente l'emporta en cinq jours. Miniftre comparable à l'illuftre Boéce, Chancelier de Théodoric, par fon amour

constant pour la Religion, par sa
fermeté à la défendre, par sa probité,
son humanité, sa douceur dans le
Gouvernement, par ses lumières, &
son travail infatigable, par son attachement inviolable pour son Maître, & le désir sincére qu'il avoit de
répondre à la confiance d'un si grand
Prince.

L'Empereur donna à l'Evêque d'Arras, âgé seulement de trente-deux
ans, la place que le Chancelier de
Granvelle avoit dans son Conseil, il
lui donna même les Sceaux ; c'est une
grace qui est au-dessus de tous les éloges, lorsqu'elle vient d'un Prince qui
a autant d'expérience & de discernement, qu'en avoit Charles-Quint.

Mais quels sont les Sceaux qu'il
donna à l'Evêque d'Arras ? C'est ce
que les Historiens n'expliquent pas,
& ce qui mérite quelque éclaircisse-
ment. Charles-Quint avoit autant
de Sceaux différens, qu'il possédoit de Souverainetés indépendantes
les unes des autres. Il avoit un Sceau
pour les seules affaires de l'Empire,
il en avoit un autre pour l'Espagne,
d'autres pour le Royaume des deux
Siciles, pour le Duché de Milan,
pour

pour le Comté de Bourgogne, pour les Pays-Bas. Il est certain, que Granvelle eut le Sceau destiné aux affaires de l'Empire ; il seroit facile d'en donner plusieurs preuves, une seule peut suffire. Lorsque l'Electeur de Brandebourg déclara la guerre à Charles-Quint, il dit dans son manifeste, qu'on voyoit avec étonnement le Sceau de l'Empereur dans des mains étrangéres ; il parloit de Granvelle, dont l'autorité & la faveur étoient odieuses à tous les Protestans de l'Empire.

D'un autre côté, il n'est pas moins certain, que Granvelle n'eut jamais les autres Sceaux de Charles-Quint. Il demanda ceux du Royaume de Naples, sous prétexte que le Sceau principal devoit attirer les autres, qu'il étoit naturel, que tous les Sceaux fussent dans la même main, & que c'étoit une récompense due à ses services. L'Empereur lui répondit en ces termes : *Quant à la premiere raison qu'alléguez des Gardes des Sceaux, vous sçavez que votre pére n'eut jamais que ceux qu'avez, & si par ce bout vouliez prendre ceux de Naples, pourriez prétendre aussi ceux de Castille & de tous mes autres Royau*

H

mes. Cette Lettre fut écrite quelque temps après la Diète d'Ausbourg ; je la rapporte ici pour prouver, que Granvelle n'eut que le Sceau qui concernoit l'Empire.

On voit dans la même Lettre de Charles-Quint, qu'il prétendoit avoir fait une faveur singulière à Granvelle en lui confiant ce même Sceau : *votre Pere*, lui dit-il, *étoit Séculier, non Ecclésiastique, cet Office se donnant toujours à Séculiers ;* c'est sans doute ce qui détermina l'Empereur à supprimer le titre de Chancelier, que l'Evêque d'Arras n'a jamais pris, qu'aucun Historien ne lui donne, & qu'on ne voit pas dans les Epîtres dédicatoires, qu'une multitude d'Auteurs lui a.adressées. Il ne prenoit que le titre de Garde des Sceaux ; mais à l'exemple de son pere, il sçut profiter de sa place & de la confiance de l'Empereur.

Il est étonnant que l'Empereur ne fût pas touché de l'empressement que tout l'Empire avoit pour la liberté des Princes prisonniers. Il aima mieux renoncer à l'espérance d'obtenir des subsides pour la guerre d'Hongrie, & dissoudre la Diète, que d'être exposé

plus long-temps à des sollicitations
si vives, mais si justes & si propres à
lui gagner les cœurs des Protestans ; il
prit le parti de se retirer à Insprук,
pour veiller également sur ce qui se
passoit en Hongrie, & en Italie, où
tout étoit dans la plus grande agitation.

Déja la Hongrie étoit attaquée par
Soliman, qui ne vouloit en apparence que soutenir le Vaivode de Tran-
sylvanie son Vassal & son Tributaire,
mais qui aspiroit en effet à conquérir tout le Royaume. Cette guerre à
la vérité paroissoit personnelle à Ferdinand, Roi des Romains & d'Hongrie. Charles-Quint avoit pour lui
au moins beaucoup d'indifférence,
depuis qu'il avoit refusé de renoncer
à l'expectative de la Couronne Impériale en faveur du Prince d'Espagne ;
cependant il ne voulut pas qu'on pût
lui reprocher d'avoir abandonné son
Frère dans un besoin si pressant, &
d'avoir laissé tomber sous les efforts
du Turc, un Royaume Chrétien,
qui couvroit l'Empire. Il paroît par
sa conduite, qu'il voulut mesurer
exactement ses secours, sur la nécessité la plus indispensable, & en mê-

me temps laisser son Frère dans toutes les horreurs d'une révolution prochaine, pour lui apprendre, qu'on ne résistoit pas impunément à ses volontés.

A l'égard de l'Italie, l'Empereur étoit extrêmement attentif à tout ce qui se passoit au Concile de Trente. Il craignoit que le Concile ne condamnât son *Interim*, par les mêmes raisons qui avoient déterminé le Pape à le censurer ; il en étoit aussi jaloux, que si cette loi bizarre avoit pû pacifier l'Empire, où personne ne la respectoit.

Il y avoit d'autres intérêts, qui attiroient encore plus son attention sur l'Italie. Henry II. avoit hérité de tous les sentimens de François I. dès le temps où il étoit en ôtage en Espagne, il avoit vu Charles-Quint profiter avec dureté des droits de sa victoire, & ensuite manquer à la parole qu'il avoit donnée de rendre le Milanez. Henry bruloit du desir de le reprendre : il étoit même naturel que ce desir qui lui avoit été commun avec François I, eût pris une nouvelle force dans la jeunesse d'Henry, & qu'en montant sur le Thrône, il sou-

ât avec paſſion de ſignaler le com-
icement de ſon régne, & de ré-
:r par quelques exploits les mal-
:s du régne précédent.

'ttavio Farnèſe lui en donna l'oc-
ɔn, & Henry la ſaiſit avec plus de
rage, que de ſageſſe. Farnèſe, tout
ıre qu'il étoit de l'Empereur,
t il avoit épouſé la fille naturelle,
t au moment de perdre le Duché
'arme, que l'Empereur vouloit lui
:ver, après l'avoir déjà dépouillé
)uché de Plaiſance. Jules III. avoit
t ſes troupes à celles de l'Empe-
, pour l'exécution de ce projet.
:un Prince d'Italie n'oſoit prendre
ırti de Farnèſe, quoique le même
ʒer les menaçât tous, & il falloit
Farnèſe périt, ſi la France ne lui
noit du ſecours. Il l'obtint con-
'avis de ce qu'il y avoit de Miniſ-
plus expérimentés dans le Con-
ſu Roi. On faiſoit donc une guer-
ès-vive en Italie; dans la crainte
l'embraſement ne ſe communi-
t au Milanez, Charles-Quint s'éta-
à Inſpruk, pour pouvoir donner
ɔrdres plus promptement, & al-
ui-même prendre le commandę-
ıt de ſes troupes, s'il étoit néceſſai-

Une Cour nombreuse suivit l'Empereur, sans soupçonner qu'il se formât en Allemagne un orage, qui devoit bientôt fondre sur Inspruk. L'ancien Electeur de Saxe avoit été mis en liberté ; mais l'Empereur traînoit toujours à sa suite le Landgrave de Hesse, sa prison lui devenoit intolérable par la longueur, & par l'ignominie, qui y étoit attachée. Maurice, nouvel Electeur de Saxe, avoit été long-temps incertain sur le parti qu'il avoit à prendre, dans une conjoncture si délicate. D'un côté, il étoit très-sensible à l'affront que le Landgrave son Beau-pere éprouvoit. Il lui avoit garanti sa liberté, & il craignoit qu'on ne l'accusât d'avoir tendu lui-même le piége, où le Landgrave avoit été pris ; lui qui s'étoit déclaré contre le Chef de sa Maison ; qui avoit contribué à le dépouiller de son Electorat, & qui avoit profité de sa dépouille.

D'un autre côté, il devoit tout à l'Empereur, & pour obtenir l'Electorat, il avoit fait les promesses les plus solemnelles de demeurer inviolablement attaché à la Maison d'Autriche. Il sembloit qu'avec son Bienfaiteur il ne lui restât

re moyen, pour obtenir la li-
: du Landgrave, que celui des
:fentations, & des follicitations
lus vives; mais les repréfenta-
, il les faifoit depuis long-temps,
aucun fuccès. D'abord l'Empe-
:es avoit rejettées avec hauteur;
te il avoit paru les écouter, il
donné des efpérances, des pa-
mêmes, felon que les circonf-
:s étoient plus ou moins pref-
s; puis il avoit échappé par des
irs, qui ne lui manquoient ja-
L'Electeur flottoit entre la crain-
tre accufé d'avoir facrifié fon.
père, & celle de paroître ingrat
s l'Empereur. Il fe décida enfin;
croit affranchi de toute recon-
nce, lorfqu'on a mérité les bien-
il avoit rendu des fervices inr-
ns à l'Empereur, dans la guerre
:e; il crut pouvoir rentrer dans
érêts de fa Maifon, pourvû qu'il
péter de faire une guerre heu-

Fils du Landgrave, fes Beaux-
, lui promirent tout ce qui dé-
it d'eux. Henry, Electeur Pa-
l'Electeur de Brandebourg, &
: de Mekelbourg fe joignirent

à eux, & tous enfemble firent un traité fecret avec Henry II, pour déclarer la guerre à l'Empereur ; dans les
manifeftes que ces Princes d'Allemagne publiérent, ils dirent, que dans
cette guerre ils n'avoient d'autres motifs, que de délivrer les Proteftans de
l'oppreffion où ils gémiffoient, de
rendre la liberté au Landgrave, & de
faire fortir de l'Empire les troupes
Italiennes & Efpagnoles, que l'Empereur y avoit appellées, difoient-
ils, pour fubjuguer le Corps Germanique.

Granvelle étoit attaqué perfonnellement & très-vivement dans les manifeftes. L'Electeur de Brandebourg
fe plaignoit de ce que toute l'autorité
étoit confiée à un homme de baffe
naiffance, qui n'étoit ni Allemand,
ni même d'une Nation alliée de l'Empire. L'Electeur pouvoit-il donc ignorer, que la Franche - Comté, dont
Granvelle étoit originaire, faifoit
alors partie du Cercle de Bourgogne,
que l'Archevêque de Befançon étoit
Prince d'Empire, & que toute la
Province étoit foumife à la domination de Charles - Quint? L'Electeur
de Saxe ne ménagea pas davantage

velle. Lorfque le Roi des Ro-
s lui demanda, par quel motif
déclaroit contre l'Empereur, &
ment il ofoit faire la guerre à
Bienfaiteur ? L'Electeur répondit,
n'avoit pas pris les armes con-
Empereur qu'il refpectoit, mais
ment contre le Duc d'Albe, l'E-
e d'Arras, & les autres Miniftres
s fes ennemis perfonnels. Dans
femblée de Paffaw, où l'on tint
Conférences pendant cette guer-
pour préparer la paix, Jean de
fe, Evêque de Bayone, Ambaffa-
t d'Henry II, dit dans fa haran-
, que le Sceau de l'Empereur, la
mbre de Spire, les priviléges &
liberté des Diètes Germaniques
endoient du caprice du feul Evê-
d'Arras. Tous les Alliés de Smal-
le tenoient le même langage ; ils
roient à force de plaintes, de fai-
envoyer ce Miniftre. Leur réunion
oit fon éloge ; du moins elle n'af-
lit pas la confiance que l'Empe-
t avoit en lui.

es manifeftes ne parurent qu'au Mars 1552.
ment où l'Armée des Alliés fe mit
marche. De la Thuringe où elle
oit affemblée, elle alla à Rottem-

H v

bourg, Dunkespiel, Nordlingue, &
Donawert, laissa des garnisons dans
toutes ces Villes, exigeant des contri-
butions très-fortes, & prenant toute
l'artillerie des Places fortifiées. On fit
quelques propositions de paix, que
les Alliés écoutérent, sans rallentir
leur marche, ils prirent Ausbourg,
ils donnérent l'allarme à Ulm & à
Nuremberg ; toute la Franconie & la
Souabe alloient être réduites, lorsque le Roi des Romains se rendit à
Lintz, pour conférer avec l'Electeur
de Saxe : ils décidérent qu'on assem-
bleroit un Congrès à Passaw le 26
Mai, & qu'il y auroit un trêve jusqu'au 8 du mois de Juin.

Le Congrès & la suspension d'armes
ne furent d'aucune utilité pour la
paix ; on en profita seulement, pour
se mieux préparer à la guerre. Les
troupes de l'Empereur trop foibles
pour tenir la campagne, étoient retranchées à Reutte sur le Lech ; au
moment où la trêve expira, l'Armée
des Alliés les attaqua, & les défit, le
Château d'Erenberg fut emporté ; &
sans s'amuser à prendre d'autres postes, l'Electeur de Saxe résolut d'aller
droit à Inspruk. Il s'avança en effet

jufqu'à Zierte, qui n'en eſt éloigné
que de deux milles ; cette nouvelle
remplit d'effroi l'Empereur & toute
ſa Cour ; il avoit la goutte, cependant il voulut partir ſans différer. Le
départ fut ſi précipité, qu'on laiſſa
à Infpruk tous les gros bagages, un
grand nombre de Seigneurs, des Ambaſſadeurs étrangers mêmes furent
obligés de ſuivre à pied la litière de
l'Empereur, dans une nuit fort obfcure, & par des chemins très mauvais ; on marcha toute la nuit dans la
plus grande frayeur, & dans le plus
grand déſordre. L'Evêque d'Arras
étoit du cortége. Il étoit plus intéreſſé à fuir qu'aucune perſonne de la
Cour, & il ne pouvoit ignorer le
ſort que les Proteſtans lui réſervoient,
s'il avoit le malheur de tomber entre
leurs mains. On a dit, qu'il étoit à
cheval à côté de la litière de l'Empereur, armé de toutes piéces, & la
lance en arrêt ; ce fait n'eſt pas hors
de vraiſemblance ; il ambitionnoit
même la réputation de bravoure ; un
Hiſtorien * a dit, *qu'il ne faiſoit pas*   * A.
ſcrupule de quitter pour un temps le roçhet Hiſt. de
& la croſſe, pour prendre la cuiraſſe & dinaux.
l'épée. On lui demanda s'il ne crais-

gnoit pas d'encourir les censures prononcées par les saints Décrets, contre les Ecclésiastiques qui portent les
armes, & qui répandent le sang hu-
main, même dans la guerre la plus
juste ; il répondit, que le droit naturel oblige tout sujet à défendre son
Souverain, & qu'aucune loi positive
ne peut détruire le droit naturel. C'est
peut-être un conte inventé par ses ennemis, qui lui épargnoient encore
moins le ridicule, que les accusa-
tions les plus graves ; si le fait est vrai,
on pourroit répliquer à l'Evêque,
qu'un Ecclésiastique doit prendre les
armes, pour défendre la personne de
son Maître, si son secours est absolument nécessaire ; mais sans une nécessité indispensable, un Ecclésiastique guerrier sort de son état, & il est
toujours soumis aux censures prononcées par les Canons.

L'Empereur s'enfuit jusqu'à Wil-
fach situé sur les frontières du Tirol
& de là Souabe, pour se rapprocher
des troupes qu'André Doria lui amenoit d'Espagne par l'Italie. Les Alliés, au lieu de le suivre, retournè-
rent dans la Franconie, où ils ne firent d'autres exploits, que de réta-

blir quelques Ministres, & quelques Professeurs Protestans, que l'Empereur avoit chassés, & de ravager les terres du Grand-Maître de l'Ordre Teutonique. Il est vrai qu'ils assiégérent Francfort sur le Mein, mais ils levérent le siége, lorsqu'ils apprirent que la paix avoit été conclue avec l'Empereur.

Ce traité de paix surprit toute l'Allemagne, il parut justifier la confiance que l'Empereur avoit en son bonheur, & en son habileté dans les négociations; il fut glorieux à ses Ministres. Les Alliés avoient fait fuir l'Empereur; avec un peu plus d'activité & de constance, ils auroient pû lui ravir la liberté, & la rendre au Landgrave de Hesse, ce qui étoit le motif le plus apparent de la guerre. Ils étoient maîtres de plusieurs Provinces de l'Empire; cependant ils n'obtinrent aucune de leurs demandes. On renvoya à la prochaine Diéte tout ce qui intéressoit la Religion & les droits de l'Empire; le Landgrave fut obligé de demeurer prisonnier dans le Château de Rhinfels, jusqu'à ce qu'il eût donné des sûretés, pour l'observation de l'ancien traité qu'il

Traité de paix entre l'Empereur & les Protestans

avoit fait avec l'Empereur ; on ne parla de l'alliance que les Confédérés avoient faite avec le Roi de France, que pour dire, que l'Electeur de Saxe expliqueroit à l'Empereur les motifs & les conditions de cette alliance.

Un traité si lâche, signé par des Princes qui étoient à la tête d'une Armée nombreuse & aguerrie, parut inconcevable. Ceux qui ont voulu le justifier, ont dit, que l'Empereur, humilié par sa fuite d'Inspruk, & irrité de ce que les Confédérés avoient demandé des secours à la France, avoit menacé de traiter le Landgrave avec la derniére rigueur ; les Fils du Landgrave, dit-on, furent les premiers à subir les conditions ignomineuses qu'on leur proposa, dans la crainte que l'Empereur ne fît perdre la vie à son prisonnier. Ce qui est certain, c'est qu'il y avoit peu d'union parmi les Alliés ; il est probable que l'Electeur de Saxe crut en avoir assez fait, pour éviter le reproche d'avoir abandonné son Beau-pére, & qu'il ne voulut pas irriter un Empereur, qui dans ses momens de supériorité, ne ménageoit personne. Le seul Electeur de Brandebourg ne voulut avoir aucune part au traité. Il avoit entrepris la guerre par ..... il .... armé, pour ravager les .... liques, & pour .... le, surtout aux Ec...... .... Religieux.

Le Roi Henry II .... pris la .... il ne s'en .... attendre .... vous .... avoient .... cution de .... voit en .... de la .... dans .... guerre .... Pape .... reur .... geux .... & .... de M...... .... P...... .... vous .... pour ....

Le ....

avec les Princes d'Allemagne qui s'é-
toient ligués contre lui, fut le chef-
d'œuvre de sa dissimulation, & de
l'art de manier les esprits, qu'il possédoit au suprême degré. Il n'exigea
rien des Princes de Hesse, dont le pére étoit encore en captivité ; mais il
gagna entiérement les Electeurs de
Saxe & de Brandebourg, qui passérent sur le champ à son service. L'E-
lecteur de Saxe conduisit lui-même
ses troupes en Hongrie, pour secourir le Roi des Romains contre le
Turc. L'Electeur de Brandebourg fut
destiné à servir contre la France, non
en lui faisant la guerre ouvertement,
mais en la trahissant, & en surprenant la ville de Metz, qu'Henry II.
avoit nouvellement conquise. Il y
auroit réussi, si le Roi n'avoit eu la
sagesse de se défier d'un Prince, qui
étoit toujours à celui qui l'achetoit
le plus cher, qui ne faisoit la guerre
que pour piller, & qui n'eut jamais
de sentimens d'honneur & de probité. On prétendit, que Granvelle fut
chargé de cette négociation, & qu'on
l'avoit vu dans le camp de l'Electeur
déguisé en habit de Cavalier ; cette
intrigue est d'une espéce, qu'aucun

Miniftre ne voudroit avoüer, & dont il ne doit refter aucune trace ; la trahifon eft certaine ; il s'en faut beaucoup que le Négociateur foit auffi certain.

Tout le reffentiment que Charles-Quint paroiffoit avoir confervé de cette guerre, étoit contre Henri II, qui feul en avoit profité. Les hoftilités furent fufpendues pendant quelque temps fur les frontières de la France & de l'Empire ; mais la guerre continuoit en Italie, où il n'y avoit de trêve qu'entre le Pape & le Roi ; cependant les Armées de France & d'Éfpagne étoient fi foibles, qu'elles ne pouvoient faire aucune entreprife. Les François n'oférent attaquer le Milanez ; l'Empereur auroit pû y envoyer les tronpes qu'il avoit raffemblées du côté du Tirol, elles n'étoient plus occupées en Allemagne depuis la paix des Proteftans. Les Généraux François déliberérent s'ils attaqueroient le Royaume de Naples. Le Prince de Salerne, qui y avoit des intelligences, avoit quitté le parti de Charles-Quint, pour quelques mécontentemens. Il avoit fait un traité fecret avec Henry II, & il répondoit d'une révolution à Naples, si les François vouloient l'attaquer. Leur Armée étoit assez forte, pour en faire la conquête, mais ils ne pouvoient espérer de la conserver. L'expérience leur avoit appris, que si les révolutions naissent facilement dans ce Royaume, il est très-rare & très-difficile de les soutenir ; les Peuples y sont trop inconstans & trop inquiets, & lorsqu'on ne posséde pas le Milanez, on ne peut y envoyer de France que par mer des secours toujours conteux & incertains.

Enfin on proposa un dernier projet, qui parut facile, & qui pouvoit rendre aux armes de la France la supériorité en Italie. L'Empereur avoit subjugué la République de Sienne, sans autre raison que sa volonté, & sans autre titre, que les droits surannés que l'Empire d'Occident avoit sur l'Italie, & qui n'avoient pas passé à beaucoup près à l'Empire Germanique. La République de Sienne cherchoit à secoüer le joug que l'Empereur lui avoit imposé ; sa servitude paroissoit d'autant plus assurée, que le Grand Duc de Toscane son voisin, étoit tout dévoué à l'Empereur, &

qu'il defiroit acquérir pour lui-même le territoire de la République de Sienne. Henry II. promit aux Siennois de les aider à recouvrer leur liberté. Le Peuple de Sienne courut aux armes ; les soldats Espagnols furent chassés de la Ville, ils se retirérent dans la Citadelle, où ils espéroient de se défendre, jusqu'à l'arrivée du secours que Mendoza, Ambassadeur d'Espagne auprès du Saint-Siége, & le Grand-Duc de Toscane leur envoyoient ; mais le secours vint trop lentement, les Espagnols rendirent la citadelle aux François, & Lansac la remit au pouvoir de la République, en l'assurant, que le Roi n'avoit d'autre dessein, que de lui rendre sa liberté.

La République reçut ce bienfait avec de grandes marques de respect & de reconnoissance, elle ordonna une Ambassade solemnelle, pour remercier le Roi, & sans perdre un instant, elle fit démolir la citadelle, dont les Espagnols avoient profité, pour la tenir en servitude. Il fallut que le Grand-Duc rendît quelques Places, qu'il avoit déjà enlevées aux Siennois, on se contenta de la pro-

meſſe qu'ils firent de demeurer fidéles à l'Empire, pourvû que l'Empereur n'attentât plus à leur liberté. Si
cet événement fut glorieux à Henry II, il lui fut d'une utilité très-médiocre; Sienne ne pouvoit le conduire à aucune conquête importante,
& pour un ſi petit objet, Charles-
Quint ne ſe laiſſa pas diſtraire des
grands projets qu'il avoit formés.

Pour effacer la haine que ſon inflexibilité avoit inſpirée aux Princes
Proteſtans d'Allemagne, il rendit enfin la liberté au Landgrave de Heſſe,
& il travailla à obtenir leurs troupes,
qui lui étoient néceſſaires dans la
guerre qu'il alloit commencer. Son
deſſein étoit de reprendre les Trois-
Evêchés, il le cachoit ſous des prétextes plauſibles. Les troupes nom-
breuſes qu'on lui amenoit d'Eſpagne
& d'Italie, paroiſſoient deſtinées à
ſecourir le Roi d'Hongrie, & lorſqu'elles prirent une route toute op-
poſée, l'Empereur dit, qu'il alloit
ſur les bords du Rhin, pour punir
l'Electeur de Brandebourg des ravages qu'il avoit faits dans l'Empire; le
Public ignoroit encore les engagemens que l'Electeur avoit pris avec

es-Quint, pour trahir la France.
nry II. jugea bien de la deſtina-
les troupes Impériales. Il étoit
el que l'Empereur deſirât de ré-
ſon autorité affoiblie dans l'Em-
qu'il voulût réparer la réputa-
de ſes armes ternie par l'affaire
oruk, qu'il tâchât de regagner la
ance du Corps Germanique, &
diminuât la puiſſance de ſon
mi, en reprenant les Trois-Evê-
; le Roi prit les meſures les plus
, pour conſerver ſa conquête,
remit la défenſe au Duc de Gui-
rince, dit un Hiſtorien *, *égale-
recommandable par ſon grand génie ,
· ſon courage.* A ſon arrivée dans
rois-Evêchés, le Duc de Guiſe
vut d'abord à la défenſe de Toul ;
te il ſe rendit à Metz, ou Artus
oſſé de Gonnor, Gouverneur de
ice, le reçut à la tête d'une No-
e nombreuſe, qui étoit accou-
pour ſe ſignaler à un ſiége qui
it être fameux. Le Duc fit tra-
er ſans délai aux fortifications,
étoient foibles & preſque nul-
lui-même donna l'exemple, il
a la hotte, pour animer les Sol-
& les Pionniers. La Place fut

* *Thuan.*
lib. xi.

pourvue abondamment de vivres &
de munitions. La discipline militaire, la distribution des postes, les précautions pour retarder les approches
des Ennemis, tout fut réglé avec la
plus grande diligence. Il ne restoit
qu'un embarras, qui détermina le
Duc de Guise à envoyer Strozzi au
Roi, pour lui demander des ordres
plus particuliers.

Depuis que l'Electeur de Brandebourg avoit traité avec le Roi, il af-
sectoit toujours de paroître attaché
à la France; il marchoit vers le Rhin,
disoit-il, pour se venger de l'Empereur, & pour seconder le Duc de
Guise au siége de Metz. Cependant il
étoit extrêmement suspect. Sa mauvaise réputation, autant que les bri-
gandages de ses troupes, le rendoit
redoutable même à ses Alliés; Strozzi étoit chargé de demander au Roi,
qu'il voulût bien prescrire la conduite qu'on devoit tenir à l'égard de ce
Prince. Le Roi ordonna, qu'on lui
assignât le poste le plus éloigné de la
Ville, qu'il seroit possible, sous prétexte d'en retarder les approches,
avec défense expresse de laisser entrer
ses troupes dans Metz.

'Electeur arriva quelque temps
t les troupes Impériales. Surpris
c qu'on ne le recevoit pas dans
acé, il demanda au Duc de Guise
conférence, pour régler les opé-
ns qui devoient leur être com-
es. Le Duc répondit, qu'il ne
it pas sortir de la Place qui lui
: confiée ; mais que si l'Electeur
oit venir à Metz, il y seroit reçu
e maniére digne de lui. La pro-
tion ne fut pas acceptée. L'Élec-
demanda, que du moins on lui
rât des vivres. On lui en donna
, & on lui dit, qu'il n'étoit pas
ible de diminuer les provisions
Place, dans le moment où elle
t être assiégée. Sous différens pré-
s il fit entrer quelques soldats
Metz. Le Duc de Guise ordon-
que les soldats fussent en petit
bre, & on éclaira leur conduite
maniére qu'ils ne purent l'igno-
Alors l'Electeur connut qu'il étoit
t, il n'attendit plus qu'une oc-
n favorable pour se déclarer.
marche des troupes de l'Empe-
fut d'autant plus vive, que la
n étoit déjà avancée. L'Armée
ut partir d'Ausbourg que le pre-

mier Septembre. Elle traversa le
temberg, pour se rendre en Al
& par-tout elle laissa de terrible
ces de son passage. Le dérange
où étoient toujours les financ
l'Empereur, ne lui permettoit p
payer ses troupes, le pillage dev
nécessaire ; mais quels désordres
traîne pas le pillage fait par un
mée entiére, lorsque les Gén
l'autorisent, & que le soldat est
la nécessité ! La ville de Strasb
entre autres, avoit bien mérit
l'Empereur & de l'Empire : elle
lut porter ses plaintes à l'Empe
tous ses efforts furent inutiles ;
Capitale & toute la Province fu
saccagées ; le Duc d'Albe seu
porta la haine, & l'Empereur
lut paroître l'ignorer.

Il arriva à Thionville le 19 d'O
bre ; de-là il détacha le Duc d'
& le Marquis de Marignan,
s'emparer des Abbayes de S. A
& de S. Clément qui étoient ho
l'enceinte de Metz. Deux jours a
il les suivit, & le siége commen
moment de son arrivée. Il avoi
semblé auprès de lui tout ce
avoit de Généraux habiles. Son

Siége de Metz. 1552.

toit la plus nombreuse qu'on
icore vue à aucun siége; l'Ar-
étoit, selon M. de Thou, de
-vingt-dix mille hommes, Al-
is, Italiens, Espagnols, & Fla-
; à la vue de tant de prépara-
Charles-Quint dit, *je prendrai*
, ou je périrai devant Metz.

s les premiers jours du siége,
teur de Brandebourg fut obligé
déclarer. On avoit des preuves
trahison, & de son intelligence
l'Empereur; le Duc de Guise ne
ménageoit plus, il veilloit sur sa
uite avec autant d'attention,
ir les ennemis mêmes. Le bruit
it, que les troupes de l'Electeur
ient se disperser, leur état étoit
nt, elles ne recevoient point de
, & trop voisines de l'Armée de
pereur, elles ne trouvoient plus
er, comme elles avoient fait en
nagne. Le Duc de Guise crut
e moment étoit venu de les at-
r & de les défaire. Il confia
expédition au Duc d'Aumale
frére; mais d'Aumale éprouva
de résistance, qu'il n'en atten-
L'attaque fut impétueuse, &
nue avec beaucoup de courage;

I

la seule Cavalerie de l'Électeur
plus nombreuse, que les troupes
ties de la Place, elle les envelo
& les tailla en piéces. Le Duc d
male demeura prisonnier, avec
tres Officiers de la premiere con
ration, plusieurs autres périrent
le combat, & l'Electeur victoi
n'hésita plus à se déclarer pour l'
pereur, qu'il servit bien penda
siége.

Les troupes Impériales avo
formé différentes attaques, qu
suivirent d'abord avec une grand
vacité. Bientôt il y eut des bré
considérables, & le Duc de Gui
fit toujours défendre par de bon
vrages; sa tranquillité sur le fo
la Place étoit si grande, qu'il pr
moment pour envoyer au Roi u
ficier de sa garnison, lui dire qu'
pondoit de Metz, & que le Roi
voit employer ailleurs les tro
qu'il avoit rassemblées en Char
gne & en Lorraine. Le Duc de C
ne se bornoit pas à une défen
goureuse; souvent il ordonno
sorties, les plus fréquentes éto
faites sur le quartier de l'Electeu
avec tant de conduite & de bravo

qu'elles firent périr en détail la petite
ée de ce Prince. Charles-Quint
eut plus de satisfaction, que les François mêmes à la voir périr ; ce sort
étoit bien digne d'un traître.

L'Armée de l'Empereur commençoit à se rebuter des travaux du siége,
dont le moindre soldat connoissoit
l'inutilité. Dans une saison fort avancée, elle souffroit beaucoup des
pluyes & du froid. Les convois
étoient fréquemment interceptés
par les troupes Françoises qui tenoient la campagne, les vivres devenoient fort rares, les maladies enlevoient, ou désarmoient un grand
nombre de Soldats, & l'Empereur
lui-même attaqué de violens accès
de goutte, étoit inquiet sur le succès
de son entreprise.

Il ordonna un assaut général, persuadé que la garnison ne pourroit se
défendre également par-tout où il y
avoit des brèches, & que quelque
heureux hazard pourroit enfin ouvrir à ses troupes l'entrée de la Place.
L'Armée fut rangée en bataille,
l'Empereur y parut dans sa litière,
& au moment de son arrivée, il fit
donner le signal de l'assaut. Ses trou-

pes restérent immobiles, pendant qu'il voyoit les Assiégés faire paroître sur les remparts toute l'intrépidité possible. Après quelque temps d'un morne silence, Charles-Quint demanda, pourquoi on n'alloit pas à l'assaut; un Officier lui répondit, qu'il étoit impraticable, & la consternation générale prouvoit, que c'étoit le sentiment de toute l'Armée; alors Charles-Quint se plaignit d'être abandonné de ses troupes; & il dit dans sa colére, *qu'il voyoit une Armée nombreuse autour de lui, & qu'il n'y voyoit pas un homme.* Il fallut s'en retourner, sans avoir même tenté de donner l'assaut. Au milieu d'un appareil si terrible, on n'auroit pas tiré un seul coup de fusil, si un petit nombre d'Assiégés n'avoient eu l'effronterie de faire une sortie sur l'Armée entière, qui étoit sous les armes. Ils furent punis de leur audace, & ils perdirent des Officiers de distinction.

. L'Armée Impériale ne resta plus devant Metz, que pour faire quelques bravades aux Assiégés, ils y répondirent par des sorties plus nombreuses, & mieux conduites. Manriquez Officier Espagnol, vint sous le rempart propofer un défi à celui des Officiers de la garnifon qui voudroit fe battre en duel. Le Marquis de Rendan-la-Rochefoucaut accepta le défi ; dans le combat, Manriquez bleffé au bras, laiffa tomber fa lance, Rendan la faifit, & il l'emporta dans la Place ; il n'avoit pas befoin de cette preuve de fa victoire ; les deux Armées en avoient été témoins. Tel fut le dernier exploit du fiége. Les Impériaux tranfportérent leur artillerie fans aucune perte à Thionville ; pour la retraite des troupes, elle fut très-difficile & très-meurtrière.

Un détachement de Cuiraffiers fut défait à la vue même de l'Empereur. Il y eut plufieurs autres combats, les chemins étoient femés de morts & de bleffés ; le fpectacle du camp étoit encore plus affreux. On y avoit abandonné une multitude de malades, & les cadavres reftés fans fépulture, y répandoient l'infection. Il ne manquoit à la gloire du Duc de Guife, que de fignaler fon humanité, fa générofité même, après avoir donné les plus grandes preuves d'habileté & de courage. Tous les malades qui purent fupporter la fatigue du tranfport,

furent conduits à Thionville par de
escortes Françoises ; les autres furen
traités dans Metz ; avec autant d
soins, que les blessés de la garnison
Action généreuse ; que les Ennemi
mêmes comblérent d'éloges ; mai
action alors fort rare, on faisoit en
core la guerre avec une sorte de ba
barie, & l'Armée Impériale oubli
bientôt un si grand exemple.

* Histor.
b. xi.

De Thou * assure, que Charle
Quint perdit trente mille hommes
ce siége ; du moins il est certain qu
la perte fut immense ; sur-tout parn
les troupes de l'Electeur de Brand
bourg ; que le Duc de Guise fit at
quer plus fréquemment, & qui sou
frirent davantage des maladies & e
la faim. Les foibles restes de ces b
gands se retirérent en Allemagne, e
l'année suivante Maurice, Electe
de Saxe, & Henry de Brunswik les d
truisirent entièrement. Alors l'Ele
teur de Brandebourg fut proscrit av
justice par la Chambre Impériale d
Spire ; il ne lui feroit resté aucun a
le, si Henry II, touché de son sor
ne lui avoit permis de se retirer e
France. Les Etats de l'Empire se pl
gnirent de ce qu'il avoit reçu d

homme si justement condamné; Henry II. répondit, *je ne le désavoue pas, & si j'étois vain & ami de l'ostentation, j'aurois même lieu de m'en glorifier; qu'y a-t-il en effet de plus grand, que de se laisser toucher par les malheurs d'un Souverain?* Oui, il est très-grand de pardonner à son ennemi, & de lui donner un azile contre la mauvaise fortune; mais il faut en excepter les traîtres; il faut, à l'exemple des Romains, leur interdire le feu & l'eau, lorsqu'ils ne sont pas d'une condition à subir de plus grands supplices.

Après la levée du siége de Metz, Charles-Quint se retira à Bruxelles accablé de chagrins & d'infirmités. Il ne pensa qu'à la vengeance, & il forma le projet de faire des conquêtes aux Pays-Bas, dans un temps où l'on le croyoit hors d'état de faire la moindre entreprise. La Cour de France étoit dans la plus grande sécurité. Henry II. maria Diane sa fille naturelle à Horace Farnèse; il s'occupoit à donner des fêtes à l'occasion de cette noce, lorsqu'il apprit que les troupes de l'Empereur assiégeoient Thérouane. Henry y envoya

1553

promptement des secours d'hommes & de vivres ; ces secours entrèrent heureusement, quoique la circonvallation fût déjà faite ; mais les fortifications étoient trop foibles, & les munitions de guerre en trop petite quantité. François de Montmorency, fils du Connétable, défendit la Place en grand Capitaine ; réduit enfin à l'extrémité, il demanda à capituler. Pendant qu'on rédigeoit les articles de la capitulation, les troupes Impériales surprirent la Ville, sous prétexte que les Assiégés n'avoient point demandé de trève, jusqu'à ce que la capitulation fût signée. Thérouane fut traitée en Ville prise d'assaut ; la garnison & les habitans éprouverent toutes les cruautés, que la fureur du soldat peut inventer. Charles-Quint ne fut pas encore satisfait, il donna des ordres pour détruire la Ville de fond en comble, & ses ordres furent exécutés avec la dernière rigueur. Le Duc de Guise n'avoit pas donné l'exemple d'une guerre si inhumaine.

Le reste de la campagne ne produisit que des événemens médiocres. De Thérouane, les Impériaux mar-

chérent à Hédin, qu'ils emportérent
facilement. Le Connétable les battit
près de Dourlens ; il sembloit qu'on
commençât une seconde campagne,
plus vive que la première. Henry II.
vint prendre le commandement de
son Armée ; mais il ne put ni engager l'ennemi au combat, ni le forcer
dans les retranchemens impénétra-
bles, où il s'étoit enveloppé près de
Valenciennes. Ce détail étoit nécessaire, pour connoître les sentimens
de l'Empereur & du Roi, & pour
sçavoir combien Granvelle eut de difficultés à vaincre, lorsqu'il voulut rétablir la paix, qu'il desiroit sincérement; alors commencérent les temps
de son Ministére les plus orageux,
mais les plus glorieux pour lui.

Granvelle avoit formé un projet
très-propre à étendre la domination
de son Maître, & à porter au plus
haut degré la puissance de la branche aînée de la Maison d'Autriche ;
du moins il a toujours assuré qu'il en
étoit l'Auteur ; c'étoit de toutes ses
négociations celle qu'il affectionnoit
davantage, & il souffrit impatiemment qu'un Ministre subalterne voulût lui en dérober la gloire ; il s'agit

I v

soit du mariage de Dom Philippe, fils unique de l'Empereur, avec Marie, Reine d'Angleterre.

Mariage de
m Philippe
ec Marie,
ine d'An-
terre.
1553.
Dom Philippe étoit alors âgé de vingt-sept ans. Il étoit veuf de Marie de Portugal, dont il avoit eu Dom Carlos, qui étoit encore au berceau. Un seul héritier ne suffisoit pas à un Prince destiné à posséder des Etats si vastes, & l'Empereur desiroit avec passion d'avoir une postérité plus nombreuse. Granvelle avoit déjà proposé le mariage de Philippe avec Marie d'Angleterre, dans le temps où Edouard VI, frére de Marie, vivoit encore. Alors ce mariage étoit convenable pour la naissance; mais il ne donnoit que des espérances de succéder à la Couronne d'Angleterre, ces espérances mêmes étoient remplies de difficultés, quoique très-injustes, & Charles-Quint ne se hâta pas de conclure le mariage de son fils. Peut-être que les troubles qui agitérent le regne malheureux & très-court d'Edouard, y formérent encore des obstacles qui parurent invincibles. La plus grande partie du Royaume avoit renoncé à l'ancienne Religion. Les Anglois craignoient l'attachement

constant de la Maison d'Autriche à la Catholicité. Ils ne redoutoient pas moins un Roi étranger, Espagnol, & élevé dans les maximes d'une domination purement monarchique. Jean Dudley, Duc de Northumberland, maître absolu du Roi & du Royaume, avoit de grands motifs d'ambition & d'intérêt, pour éloigner Marie de la Couronne; il se proposoit même de l'empêcher de se marier; du moins il n'auroit pas souffert qu'elle épousât un Prince, qui eût assez de troupes & de richesses, pour faire respecter les droits incontestables de Marie, & pour obliger les Anglois à les reconoître.

Pendant le regne d'Edourd VI, le Duc de Northumberland parut avoir assuré l'exécution de ses grands projets. Marie vivoit dans une espéce d'exil à Hunsdon à vingt milles de Londres; quoiqu'Henry VIII. l'eût appellée expressément à la Couronne, si Edouard mouroit sans enfans; quoique sa naissance fût sans tache, & que les Loix du Royaume lui fussent évidemment favorables, le Ministre infidéle persuada au foible Edouard d'exclure sa sœur de la Cou-

ronne. Ce premier pas étoit le plus
difficile. Northumberland eut moins
de peine ensuite à obtenir l'exclusion
d'Elizabeth, dont la naissance ne
pouvoit paroître légitime, qu'aux
yeux de ceux qui approuvoient le divorce qu'Henry VIII. avoit essayé de
faire avec Catherine d'Arragon.

Pour comble d'injustices, le testament d'Edouard avoit exclu de la
succession à la Couronne les enfans
de Jacques IV. Roi d'Ecosse, dont la
mére étoit sœur aînée d'Henry VIII,
& qui seuls auroient dû monter sur
le thrône d'Angleterre, si la naissance
de Marie avoit pû être équivoque.
Tant de contraventions aux Loix
n'avoient été accumulées dans le
testament d'Edouard, que pour appeller à la Couronne d'Angleterre
les filles d'Henry Grey, Duc de Suffolk. L'aînée avoit épousé le fils du
Duc de Northumberland ; il espéroit
partager la Royauté avec sa femme,
& pour les porter sur le thrône, Northumberland osa proposer à la Nation la plus jalouse de sa liberté, ce
qu'un Despote d'Asie n'oseroit proposer à ses esclaves. Tel fut le motif
qui fit échouer le premier projet de

Granvelle. Charles - Quint n'infifta pas fur un mariage, qui n'auroit rien donné à fon fils, ou qui l'auroit engagé dans une guerre inévitable.

Granvelle n'étoit pas d'un caractére à fe défifter facilement d'un projet fi flatteur. Il fonda les efprits, & il fut perfuadé, que la Nation Angloife ne fouffriroit pas tranquillement l'injuftice qu'on préparoit à Marie; on voyoit même avec mépris la vanité des Northumberlands & des Suffolks; les vrais Citoyens attendoient l'événement pour éclater. D'ailleurs Marie étoit coufine germaine de l'Empereur, il ne pouvoit décemment lui refufer fon fecours, fi Edouard mouroit fans enfans : & puifqu'on ne pouvoit éviter la guerre dans aucune circonftance, Granvelle fouhaitoit que fon Maître en profitât, plutôt que d'autres Princes de l'Europe, qui ambitionnoient d'époufer Marie, & qui la demandoient en mariage.

Ce n'étoit pas une fpéculation politique fur un événement éloigné & incertain; la fanté d'Edouard avoit toujours été très - languiffante, elle s'affoibliffoit fenfiblement, & il mou-

rut le 6 Juillet 1553. A la nouvelle
de fa mort, Marie quitta fon féjour
d'Hunsdon, fans avoir d'abord d'autre deffein, que de fe rapprocher des
côtes, pour paffer en Flandre ou en
France, fi Northumberland entreprenoit d'attenter à fa liberté. Cependant elle n'héfita pas à prendre le titre. de Reine, & par-tout elle eut la
fatisfaction d'être reçue avec les plus
grandes marques de joye & de refpect. Ces fentimens de probité dans
une Nation dont elle s'étoit défiée,
lui infpirérent d'autres deffeins. Elle
réfolut de refter en Angleterre, & de
fe défendre contre fes ennemis. Jeanne de Suffolk fe fit auffi proclamer
Reine par un parti, dont la foibleffe
annonçoit fon extinction prochaine,
Elle joua pendant dix jours feulement le perfonnage qu'elle avoit ufur-
pé ; après une fcène fi courte, elle
crut devoir abdiquer la Couronne,
& elle s'y détermina de l'avis même
de fon Beau-pére.

Lorfque Marie eût été reconnue
généralement Reine d'Angleterre,
Granvelle reprit fon projet, avec
cette ardeur que devoit lui infpirer
une couronne à ajouter à tous les

Etats de son Maître. On persuada facilement à la Reine, qu'il étoit de sa gloire d'épouser un grand Prince, & de son intérêt d'épouser un Prince capable de la soutenir sur son thrône encore chancelant. C'étoit décider son mariage avec le Prince d'Espagne; aucun autre de ceux qui la demandoient; ne réunissoit à une naissance illustre, assez de pouvoir pour en imposer aux cabales qu'on formoit contre elle.

Dom Philippe avoit plusieurs concurrens; il en avoit même dans la branche de la Maison d'Autriche établie en Allemagne. Ceux qui pouvoient être plus agréables à la Nation Angloise étoient, le Cardinal Renaud Poole, Prince du sang d'Angleterre, qui n'étoit pas encore engagé dans les Ordres sacrés, & que les Catholiques Anglois désiroient, plus encore pour son mérite, que pour sa naissance; & Mylord Courtenay, que les Anglois opposés à la Catholicité, favorisoient secrettement: mais Poole & Courtenay pouvoient-ils se flatter d'être comparés au Prince d'Espagne? Dans une guerre civile qui paroissoit imminente, ils ne pou-

voient aider la Reine, que de le
conseils; le Prince d'Espagne lui
froit des troupes, & des vaissea
héritier de deux Royaumes, de p
sieurs Provinces, & des Indes E
gnoles, proche parent de la Rei
Catholique très-zélé, il eut le su
ge de la Reine, qui s'étoit décla
hautement pour la Religion de
Ancêtres, & qui avoit aboli la
prématie inventée par Henry V
La difficulté étoit d'obtenir enc
les suffrages de la Nation Anglo
qui redoutoit le Prince d'Espagne
les mêmes motifs qui déterminb
la Reine à lui donner la préféren
tel fut l'objet de la négociation
Granvelle.

Le Chancelier son pére avoit
senté à l'Empereur, Simon Regn
Franc-Comtois, Magistrat capabl
servir dans les affaires les plus
portantes. Granvelle le choisit p
l'Ambassade d'Angleterre, dans c
occasion qui demandoit beauc
de lumières, de prudence & de c
rage. La négociation fut longue
pénible; enfin Regnard prit to
les précautions possibles, pour
franchir l'Angleterre du joug des

pagnols, & pour assurer la Couronne Britannique à la seule postérité
d'Henry VIII, c'est-à-dire aux enfans
qui naîtroient de ce mariage, & à la
faveur de ces précautions, il eut la
grande pluralité des voix du Parlement.

L'Empereur donnoit à son fils en
faveur de ce mariage, le Royaume
des deux Siciles; mais Philippe vouloit réunir à ce titre, celui de Roi
d'Angleterre & d'Irlande; ce fut la
première difficulté, que Granvelle
eut à vaincre. Les Anglois paroisꞏ-
soient persuadés, que le titre de Roi
d'Angleterre étoit incommunicable
à un Étranger; ils craignoient qu'un
Prince puissant & ambitieux n'en abu-
sât, pour les asservir; ils ne se rendirent, qu'à condition que Dom Philippe promettroit d'observer inviolablement les coutumes d'Angleterre,
qu'il conserveroit tous les priviléges
de la Nation, que la Reine seule nom-
meroit aux Bénéfices, qu'elle confé-
reroit toutes les Charges, & qu'elle
disposeroit de toutes les graces. On
donna une exclusion formelle, pour
la succession à la Couronne d'Angleterre, à Dom Carlos né du premier

mariage de Philippe ; cette exclusion étoit juste ; en récompense l'Empereur lui assura tous les États qu'il possédoit en Espagne, en Italie, en Bourgogne, & aux Indes.

Ce qui flattoit les Anglois, & ce qui avoit déterminé leur Parlement à approuver ce mariage, étoit l'espérance de réunir à leur Couronne les dix-sept Provinces des Pays-Bas. S'il naissoit des enfans de ce mariage, l'aîné devoit avoir les Royaumes d'Angleterre & d'Irlande, & la Souveraineté des Pays-Bas ; condition séduisante en effet pour une Nation, qui a toujours ambitionné de posséder quelques Provinces dans le Continent. On lui présenta un appas encore plus fort, mais plus éloigné. Si Dom Carlos mouroit sans enfans, ceux de Philippe & de la Reine d'Angleterre devoient succéder au Royaume d'Espagne, à celui des deux Sicles, au Duché de Milan, au Comté de Bourgogne, à la Souveraineté des Pays-Bas, aux possessions des Indes orientales & occidentales ; tant d'États réunis aux Royaumes d'Angleterre & d'Irlande, pouvoient former une Puissance énorme, capable de subjuguer l'Europe; il sembloit qu'aucun Anglois ne dût s'opposer à un mariage si avantageux.

Tout paroissoit en effet tranquille en Angleterre, quoique les Anglicans & les prétendus Réformés ne voulussent point d'un Roi Catholique. Ils ne le disoient pas ouvertement, ils ne se plaignoient que de ce qu'on leur donnoit un Roi étranger, sans penser, que telle est la constitution des Royaumes qui tombent en quenouille, & qu'on y est presque toujours soumis à des Nations étrangéres; l'Angleterre elle-même en est un exemple des plus frappans.

Quoique le prétexte fût très-foible, des esprits inquiets & de mauvais Citoyens en profitérent, pour exciter une guerre civile : Pierre Carrew, & Thomas Wiat formérent un parti considérable, qui se proposa d'empêcher le mariage de leur Reine; ils tinrent le langage commun à tous les Révoltés; sujets fidéles à la Reine, ils ne prenoient les armes, disoient-ils, que contre l'Etranger qu'on vouloit leur donner pour Roi, & ils tâchérent de grossir leur parti de tout ce qu'il y avoit de mécontens en Angletterre. La Reine avoit traité avec trop de bonté le Duc de Suffolk & Jeanne sa fille, elle leur avoit fait grace, quoiqu'ils fussent évidemment coupables de haute trahison. Le Duc de Suffolk avoit même obtenu la liberté ; retiré dans sa maison, il paroissoit avoir abandonné la chimére de la Royauté de sa fille, peut-être même y avoit-il rénoncé sincérement. Carrew & Wiat vinrent le tenter dans sa solitude, ils lui firent craindre la sévérité du Prince Espagnol, ils le flattérent de faire proclamer encore sa fille Reine d'Angleterre : l'ambition & la crainte le rendirent rebelle une seconde fois. Les séditieux se promirent mutuellement de prendre les armes ; mais ils ne voulurent éclater qu'au moment où Philippe descendroit en Angleterre, pour persuader aux Peuples, qu'ils attaquoient seulement le Prince étranger, & que tout auroit été tranquille, si la Reine ne s'étoit déterminée à l'épouser.

Carrew se retira dans le pays de Cornouaille, en attendant le temps marqué pour se déclarer. Les préparatifs qu'il croyoit faire secrettement,

& les moûvemens qu'il fut obligé de
se donner, pour lever des troupes,
le trahirent, la frayeur le prit, il sortit d'Angleterre, dans la crainte d'ê-
tre puni comme il le méritoit. Wiat
eut plus de courage, ou plutôt de témérité & d'adresse. Il souleva toute
la Province de Kent, mais il fut forcé à lever l'étendart de la révolte,
sans attendre l'arrivée de Philippe.

La Reine envoya promptement
des troupes, pour étouffer cette révolte dans sa naissance. Elle étoit si
persuadée que Suffolk étoit rentré
sincérement dans son devoir, qu'elle
le nomma pour commander les troupes qu'elle envoyoit contre les Révoltés. L'occasion auroit été belle
pour lui, s'il avoit pû séduire les troupes de la Reine; il n'osa s'en flatter,
il aima mieux renoncer au Commandement, où il étoit éclairé de trop
près, & se retirer à Varwik, pour travailler à fortifier son parti. Il ne put
y rassembler qu'un petit nombre de
Conjurés, qui le laissérent exposé à
la juste colére de la Reine; on le saisit,
& on lui fit son Procès.

La Reine lui substitua le Comte de
Norfolk dans le Commandement

des troupes de la Couronne
troupes étoient déjà gagnées p
Rébelles, elles abandonnérer
Général que Wiat fit prisonnier
il lui rendit bientôt sa liberté
l'espérance de le gagner, & far
dre de temps Wiat s'avança ver
dres, qu'il trouva consterné.
défection des troupes de la Cc
ne. Sa présence & son Armée
dirent les Partisans secrets qu'il
dans la Capitale ; la sédition
en peu de temps si violente, q
Ambassadeurs de l'Empereur
Prince d'Espagne se retirérent,
ne pas être exposés aux fureurs
populace mutinée, qui ne con
& qui ne respecte point de ca
res.

Alors la Reine prit une résol
courageuse ; malgré la sédition
se rendit à Londres, & elle har
le Peuple, pour justifier sa con
Son mariage avoit été résolu
vis même du Parlement, dan
pérance de faire l'acquisition ir
tante des Pays-Bas, peut-être e
de plusieurs Royaumes, & de
vinces très-riches, tant dans l'ar
que dans le nouveau Monde. S

royoit que ce mariage ne fût pas
utile à l'État, s'il devoit exciter une
guerre civile, la Reine offroit d'y renoncer, elle n'en dit pas davantage,
& son discours fut extrêmement applaudi.

L'impression qu'elle avoit faite sur
le Peuple, ne lui laissoit plus rien à
désirer, que de rendre Wiat odieux.
Elle fit lire publiquement les propositions qu'il avoit eu l'insolence de
lui envoyer par écrit. Il prétendoit,
que la Reine fût mise en son pouvoir,
qu'il fût autorisé à décider seul du
mariage de cette Princesse, & à punir
les Ministres qui avoient osé conclure
le mariage du Prince d'Espagne avec
elle. Des demandes si téméraires eurent tout l'effet que la Reine en avoit
attendu. Le Peuple parut fort animé
contre Wiat, il s'en rapporta entiérement à ce que la Reine en ordonne-
roit; alors elle accorda une amnistie
générale, à condition que les Rebelles mettroient bas les armes; le seul
Wiat en fut excepté, sa tête fut mise
à prix, & les applaudissemens du Peuple de Londres furent unanimes.

Wiat, bien loin d'être intimidé par
sa condamnation, parut à la tête de

affez loin de lui, il s'avança feul, p
avoir avec Courtenay une conféré
qui ne demandoit point de témo
Pendant le pourparler, le Comt
Pembrok furprit & défit les trои
de Wiat. Courtenay pris fur le f
craignit qu'on ne le foupçonnâ
négocier avec Wiat, & d'être de
parti. Il l'arrêta, & il le fit cond
à la Tour de Londres; fon Prо
fut bientôt fait, lui & plufieurs dо
complices furent punis de mort

La Reine connut par les dép
tions des Accufés, tout le dat
qu'elle avoit couru. Elle n'eut p
de ménagement pour le Duc de
folk, pour Jeanne fa fille, & p
Gilfort de Northumberland leur
                                    t

an déclaré. Tous trois souffrirent mort avec beaucoup de constance. iat avoit nommé parmi ses comices Elizabeth fille d'Henry VIII. le fut emprisonnée à cette occa- on, & elle ne recouvra la liberté ר'à la mort de la Reine.

L'émeute étoit appaisée ; il restoit donner la derniere forme au con- at de mariage. La Reine vouloit core le soumettre à l'examen du arlement. On y ajouta quelques onditions nouvelles, & on décida, ה les Dignités & les Charges ne ourroient être confiées à des Etran- rs, que le nouveau Roi auroit plu- urs Anglois dans sa Maison, qu'il e pourroit emmener hors du Royau- e la Reine & leurs enfans, & que ils n'avoient pas de postérité, il ne teroit à Philippe aucune trace d'au- rité & de droits sur le Royaume Angleterre. Les autres conditions oient des précautions sages, pour évenir l'aliénation des Domaines, celle des diamans de la Couronne, ur assurer les priviléges de la Na- on, pour veiller à la défense du oyaume, & pour entretenir la paix e la France avoit faite avec l'Ar:gle- rre.   K

Toutes les conditions preſcrites à Londres furent acceptées à Bruxelles. Philippe étoit alors en Eſpagne. Sur la nouvelle de la ſignature de ſon contrat de mariage, il partit de la Corogne le 16 Juillet 1553, en trois jours il arriva à Southampton, eſcorté par une flotte de cent vingt Vaiſſeaux, Eſpagnols, Flamans & Anglois. A la deſcente du Vaiſſeau, il prit le titre de Roi des deux Siciles, & il fit ſon entrée dans Londres avec la plus grande magnificence. La Reine l'attendoit à Vinceſter, où l'Evêque de Londres leur donna la bénédiction nuptiale.

Ce mariage fut célébré ſous les auſpices les plus triſtes. Le Peuple ſembloit avoir oublié les preuves qu'il avoit données de ſon attachement pour la Reine; il parut même voir avec chagrin les Eſpagnols établis dans Londres. Les Sectateurs du glois ; il leur déplaisoit également, & la Reine obligée d'exécuter à la rigueur les clauses de son contrat de mariage, acheva de l'indisposer, en refusant de le consulter sur l'administration & sur la distribution des graces ; après un séjour assez court en Angleterre, le Roi passa aux Pays-Bas, pour calmer, disoit-il, la jalousie des Anglois, & pour laisser à la Reine son autorité toute entière.

Elle l'employa avec zéle en faveur de la Religion Catholique, qu'Henry VIII. & Edouard VI. avoient attaquée avec fureur, sans avoir pû la détruire ; mais le regne de Marie fut trop court, pour la rétablir. A peine quatre années s'étoient écoulées depuis son mariage, qu'elle mourut sans enfans ; ainsi s'évanouit le projet dont Granvelle s'est tant glorifié, & qu'il avoit suivi avec la plus grande ardeur. L'Angleterre & l'Irlande échappérent à la Maison d'Autriche ; les Anglois perdirent toute espérance d'acquérir les Pays-Bas ; la France fut délivrée de la crainte que ce mariage lui avoit donnée : il est remarquable, que dans le même temps Henry II. inspiroit beaucoup de jaloufie aux Anglois, par le mariage du Dauphin avec Marie Stuart, Reine d'Ecoffe ; fon acquifition ne fut pas plus folide, que celle de Philippe ; la Providence ne permit pas, que des événemens qui avoient attiré l'attention de toute l'Europe, fuffent d'aucune utilité aux Maifons de France & d'Autriche.

Négociations Granvelle ſur la paix ſre la France l'Eſpagne. 1553.

Granvelle avoit un defir fincére de rétablir la paix entre la France & l'Efpagne. La fanté de l'Empereur s'affoibliffoit tous les jours. Ce Prince ne cachoit pas le deffein qu'il avoit d'abdiquer, & de fe retirer dans une folitude. Il étoit important au commencement d'un nouveau regne de n'avoir pas une guerre auffi vive, & auffi dangereufe que celle que Charles-Quint & Henry II. fe faifoient depuis long-temps, moins encore par ambition, que par la haine qui leur étoit perfonnelle. Des motifs fi preffans déterminérent l'Empereur à la paix, il autorifa Granvelle à y travailler, & il fembloit que les vues de l'Empereur duffent applanir tous les obftacles.

Cependant la paix étoit extrêmement difficile, dans un temps où l'on venoit d'ajouter aux anciens fujets de querelles une fource intarissable de nouvelles dissensions. L'Empereur & le Roi espéroient que leur postérité regneroit en Angleterre & en Ecosse. Indépendamment de l'ancienne antipathie des Anglois & des Ecossois, il étoit impossible que des Royaumes renfermés dans la même Isle, n'eussent de fréquens intérêts à démêler. Granvelle vit ces difficultés sans se décourager. Il engagea le Pape Paul IV. à se porter pour médiateur, & à faire les premières propositions. Le Pape envoïa des Légats en France & aux Pays-Bas; mais ils n'eurent que de ces réponses vagues, où l'on ne manque pas d'affecter un grand amour pour la paix, lors même qu'on laisse entrevoir un dessein formé de continuer la guerre, ou du moins d'obtenir des conditions trop avantageuses.

Granvelle prit une autre route, qui ne le conduisit pas plus heureusement au terme qu'il désiroit. La Reine d'Angleterre étoit en paix avec la France, il la détermina à offrir sa médiation. Henry II. ne dissimula pas que cette médiation lui seroit suf-

pecée. Il'étoit trop naturel, que la
Reine eût les mêmes sentimens que
son mari, qu'elle s'intéressât pour
l'Empereur, & qu'elle désirât d'affoiblir la France devenue redoutable
pour elle, par l'acquisition de la Couronne d'Ecosse. Ce fut en vain que
Marie promit l'impartialité la plus
parfaite, Henry n'en parut pas persuadé, & la Reine n'osa se plaindre
d'une défiance si juste. L'Ambassadeur d'Angleterre eut ordre de ne
plus insister sur un traité de paix, il
proposa seulement une trève de plusieurs années.

La trève convenoit également à
l'état de lassitude où étoient alors la
France & l'Espagne. Rien ne s'y opposoit pour les Pays-Bas; chacun
pouvoit garder ce qu'il y possédoit,
sans donner de jalousie à son ennemi. Il n'en étoit pas de même de l'I-
talie. Charles-Quint auroit vou-
établir pendant la trève une barrière
qui éloignât les troupes Françoises
du Milanez. Henry II. espéroit de
faire des conquêtes; il avoit pris des
récemment des engagemens secrets
avec le Pape, qui paroissoient lui
promettre de grands avantages; d.

noins ces grands engagemens ne permettoient pas qu'il y eût aucune suspenfion d'armes, & Henry ne voulut pas que la négociation interrompît un feul moment les opérations de la guerre.

Il entra le premier en campagne. Son Armée étoit nombreufe, il la difperfa dans la Champagne, dans l'Artois qui appartenoit à l'Empereur, & en Flandre, afin que l'ennemi ne pût pénétrer fon véritable projet. Le Prince de la Roche-fur-Yon ravagea l'Artois. Le Connétable feignit de vouloir affiéger Avennes. Les Ennemis abandonnérent plufieurs Châteaux, pour renforcer la garnifon de cette Place. Le Connétable les fit rafer; enfuite il rabattit fur Mariembourg qu'il prit en trois jours de tranchée ouverte. D'autres troupes commandées par le Duc de Nevers, pafferent la forêt d'Ardennes, elles s'emparérent de différens poftes du pays de Liége, & elles campérent fur la rive droite de la Meufe; telle étoit la difpofition des troupes Françoifes, lorfque le Roi en vint prendre le commandement, fur la fin du mois de Juin.

K iv

Son premier soin fut de faire
tifier Rocroy, de rassembler son
mée, & d'établir son camp près
Givet, sur la Meuse. De-là il ma
à Bouvines, où les troupes Fran
ses firent un grand carnage; quel
habitans même furent pendus, J
avoir osé attendre le canon, dan
poste qui n'étoit pas en état de :
tenir un siége: Ceux de Dinant fi
une réponse insolente à la som
tion qu'on leur fit de se rendre.
Ville fut prise en peu de jours
Allemâns qui étoient dans l'Ar
du Roi, refuserent d'observer la
pitulation, ils pillérent la Ville
ils y commirent de grandes cruaı
La citadelle de Dinant, & la tou
Bouvines furent détruites, par re
sailles du saccagement & de la
truction de Terouane.

Le projet du Roi étoit de fai
siége de Namur. Le Duc de Sav
Général des troupes de l'Emper
le prévint, il y envoya un ren
considérable; cette précaution
pêcha le siége; mais l'Armée F
çoise étoit trop près de Bruxe
pour ne pas donner de grande
quiétudes à l'Empereur qui y rési

Il voulut se retirer à Anvers. Gonzague lui représenta, que cette espéce de fuite terniroit sa gloire, & qu'elle allarmeroit tous les Pays-Bas : il demeura à Bruxelles, jusqu'à ce que de nouveaux événemens l'obligérent d'en sortir, pour paroître à la tête de ses troupes.

Tous les mouvemens qu'il leur fit faire, prouvoient qu'il vouloit éviter une affaire générale, & Henry II. ne cherchoit qu'à l'engager. L'Armée Françoise s'approcha de la Sambre, dont les Impériaux devoient probablement lui disputer le passage, elle n'y trouva point d'ennemis ; le passage se fit sans obstacle ; Henry fit attaquer Mariemont, & il fit bruler le Château magnifique que la Reine d'Hongrie, Gouvernante des Pays-Bas, y avoit fait bâtir. Dans une guerre si cruelle, on avoit toujours quelques prétextes pour justifier les exécutions militaires. La Reine d'Hongrie avoit fait bruler par les troupes du Comte de Rœux le Château de Follembray, ancienne maison royale. Pour se venger de cet embrasement, & pour punir les auteurs, Henry fit bruler Mariemont & le Château de Rœux.

K v

· L'Armée Françoise avançoit continuant toujours ses ravages ; elle emporta facilement Binche, Bavais & Crevecœur ; enfin elle se rendit dans le Comté de S. Pol, dont la conservation importoit davantage à l'Empereur. Henry II. fut persuadé que l'Armée Impériale s'y porteroit pour le défendre, & il ne se trompa pas dans sa conjecture. Renti étoit alors une place bien fortifiée, dans le voisinage des ruines de Térouane. Le Roi la fit assiéger par le Connétable, lui - même commandoit l'Armée d'observation, ayant sous ses ordres le célébre Duc de Guise. Cette Armée étoit couverte par un bois, où le Roi plaça seulement trois cens Arquebusiers avec quelque Cavalerie ; il leur ordonna, si le bois étoit attaqué, de se battre, & de se replier sur l'Armée, pour attirer les Impériaux dans la plaine de Renti. L'exécution de ces ordres étoit importante ; le Duc de Guise s'en chargea ; il conduisit sa petite troupe avec cette prudence & ce courage qui fait le caractére des Héros.

L'Empereur marcha à la tête de son Armée, pour secourir la Place

Il fit attaquer le bois par des troupes nombreuses ; Guise se retira lentement, & au moment où il déboucha dans la plaine, le Connétable sortit de ses retranchemens pour voler à son secours. Les troupes Impériales croyoient avoir forcé le bois, & marcher à une victoire certaine ; on avertit l'Empereur qu'elles tenoient l'Armée Françoise enfermée dans la vallée marécageuse de Renti ; en effet leur première attaque se fit avec toutes les apparences d'un grand succès ; tant qu'elles n'eurent à combattre que la troupe du Duc de Guise, & celles que le Connétable avoit tirées des retranchemens ; mais la fortune changea : lorsque Henry eut marché avec son Armée, les Impériaux furent mis en déroute, ils regagnerent le bois avec précipitation, la nuit leur donna la facilité de s'y former, autant que des chemins embarrassés pouvoient le permettre, & le lendemain ils se retrancherent dans un poste très-avantageux.

Les Ducs de Guise, d'Aumale & de Nevers avoient environné le bois pendant la nuit ; ils y entrérent à la poin-

te du jour, & ils le trouvérent a
donné. Les Impériaux n'y avo
laissé que leur artillerie, qui, fi
proie des Vainqueurs, ils n'ar
perdu que quinze cens hommes
le combat ; mais jusqu'à jou
avoient été dans la plus grand
quiétude sur le sort de l'Emp
qui ne paroissoit plus. Lorsqu
Prince avoit appris que le bois
évacué par les François, il y
couru, suivi de Granvelle, & d
ce qui résidoit à sa Cour. Q
diligence qu'ils eussent faite
être témoins du triomphe des
pes Impériales, ils n'arrivére
moment, où ces troupes fuy
La nuit les surprit dans le bois
la passérent dans les allarmes le
vives, ne sçachant s'ils étoient
ronnés d'amis, ou d'ennemi
jour ils eurent le bonheur d'é
per, dans cette occasion la bra
dont se piquoit Granvelle, a
mise à une épreuve un peu forte

　　Le Roi avoit passé la nuit

noître les retranchemens des Impériaux, jugérent qu'ils étoient inattaquables. Le Roi envoya un Trompette à l'Empereur, pour lui dire, qu'il l'attendoit. La bravade ne réuffit pas, l'Empereur refta dans fes retranchemens; on fe contenta de fe canoner, fans fe faire beaucoup de mal.

Les François étoient fans vivres. Leur Armée étoit remplie de maladies, le camp voifin du champ de bataille étoit infecté par l'odeur des cadavres; il fallut lever le fiége de Renti, & finir la campagne, quoiqu'il y eût encore deux mois propres à faire la guerre; il n'y eut plus d'actions remarquables. Charles - Quint en fe retirant, ravagea les frontières de France. Le Duc de Vendôme, qui avoit pris le commandement de l'Armée Françoife après la retraite du Roi, fe vengea par d'autres ravages.

On s'étoit fait une guerre barbare, & on n'avoit rien fait, qui fût décifif pour la paix.

Les Pays-Bas n'étoient pas la feule victime de l'animofité de Charles-Quint & d'Henry II. L'Italie étoit en-

core remplie de troupes Fran
& Espagnoles, & malheureu
le même esprit y dominoit. P
& Charles-Quint étoient enne
puis long-temps : leur inimiti
née à l'occasion de l'élection d
Le Cardinal de Santafioré,
des intérêts de l'Empereur au
clave, avoit reçu des ordres
de lui donner l'exclusion ; cep
il le laissa élire. L'Empereur l
des reproches très-vifs, & il
sa confiance. La disgrace de
fioré fut si marquée, que le Pa
me ne put en ignorer les n
pour se venger du projet d'
sion, quoiqu'il n'eût pas été ex
Paul IV. résolut d'enlever à l'
reur le Royaume de Naples &
ché de Milan. Tout chimériq
fût ce dessein, le Cardinal Ca
proposa sous des apparences
cieuses, qu'il plut à Henry II ; l
nétable & le Cardinal de To
s'y opposèrent avec force, per
que cette entreprise ne réussiro
qu'elle acheveroit d'épuiser la
d'hommes & d'argent, & que
même on réussiroit à conqu

aume de Naples & le Duché de
n, il feroit impoſſible de les gar-

: Cardinal de Lorraine vouloit
e au Roi, & avancer les grands
ins de ſa Maiſon. Elle deſiroit de
er, & ſur tout ce qui ſe préſen-
elle avoit des prétentions qu'elle
ɔit rendre plauſibles. Le Cardinal
ɔit que le Duc de Guiſe ſon frere
it le commandement de l'Ar-
d'Italie, qu'il ne manqueroit·
l'y former de grands établiſſe-
s, & peut-être même qu'il au-
ɔccaſion de ſe faire Roi de Na-
& de Sicile. Il fut d'avis d'accep-
es propoſitions du Pape. Hen-
. aimoit la guerre, il écouta plus
ɔnſeils flateurs & perfides des
ains, que les avis ſages du Con-
ble & du Cardinal de Tournon;
ierre fut réſolue. Le Roi envoya
ɔme les Cardinaux de Tournon
: Lorraine, pour ſigner le traité
gue offenſive avec le Pape con-
Empereur.
: départ de ces Miniſtres donna à
welle de grands ſoupçons ſur
et de leur négociation. Il n'en

fut que plus animé à fuivre les
pofitions de la trève, pour déco
fi le Roi avoit pris avec la Cou
Rome quelques engagemens
traires. L'Ambaffadeur d'Angle
demanda une réponfe décifive
Roi lui dit, qu'il accepteroit la tr
pourvû qu'il reftât en poffeffio.
toutes fes conquêtes : c'étoit
Trois-Evêchés, l'Ifle de Corfe,
partie du Piedmont, quelques
ces du côté de la Tofcane, &
riembourg aux Pays-Bas. Vrai
blablement il croyoit que l'Er
reur ne voudroit pas accepte
conditions, qu'il craindroit de
donner le temps d'affurer fes con
tes, & de fe préparer même à en
de plus grandes.

A Bruxelles les conditions d
trève ne parurent pas trop fo
Les Trois-Evêchés, l'Ifle de Cc
& la partie du Piedmont qui
occupée par les François, n'app
noient pas à l'Empereur; les P
de Tofcane dont il s'agiffoit, &
riembourg étoient un objet mé
cre, qu'on ne devoit abandonr
la France que pour un temps; l'

ır étoit impatient de faire cef-
es hoſtilités, & de ſe retirer en
gne, il propoſa des conféren-
on choiſit de concert le Cou-
de Vaucelles près de Cambray,
leʒtenir, & quelque répugnan-
l'Henry II. pût avoir pour la trè-
à parole l'engageoit à ne pas la
ɛr à des conditions avantageu-

envoya à Vaucelles l'Amiral de
ʒni & de Laubepine Maître des
ɪêtes. Granvelle ne voulut pas
ɛr l'Empereur; il fit nommer le
ɪte de Lallain chef de l'Ambaſ-
Impériale, & il·lui aſſocia plu-
ʒ Juriſconſultes, parmi leſquels
Simon Regnard, qui avoit·né-
ɪ le mariage du Roi de Sicile
la Reine d'Angleterre : il paroît
lans ces Conférences, Regnard
la direction principale des inté-
lɛl'Empereur.

*Trève con-
cluɛ à Vaucel-
les.*

anvelle avoit preſcrit aux Pléni-
ntiaires de l'Empereur de ne pas
piter la négociation, & d'eſſayer
ɛnir quelques adouciſſemens
premières propoſitions que le
avoit faites. Il fut inflexible, &

il avoit de grandes raisons pour
tre. Lallain & Regnard n'ayant
eune espérance de le fléchir, sig
rent une trève pour cinq ans, fou
condition que chacun garderoit p
dant la trève ce qu'il possédoit al
Granvelle en parut irrité. Il se p
gnit de ce que les Plénipotentia
avoient précipité la signature
traité, qui étoit humiliant pour l'
pereur ; Lallain & Regnard n'eu
plus de part aux affaires du Gou
nement ; on verra dans la suite t
ce qu'ils firent pour se venger
Granvelle, qu'ils accusoient d'êtr
seul auteur de leur disgrace.

. La trève de Vaucelles avoit
conclue avec trop de répugnance
Henry II, pour être solide, elle
peu, mais elle eut un grand e
elle acheva de déterminer Char
Quint à abdiquer. Ce Prince é
accablé d'infirmités. Dans les der
rès années de son regne, il n'a
éprouvé que des revers, après a
été le Prince le plus puissant,
plus heureux de son siécle. Il ne p
voit se consoler de la perte des Tr
Evêchés, de sa fuite d'Inspruk, d

levée du siége de Metz, & de la déroute de l'Armée qu'il avoit commandée en personne à la bataille de Renti. Ses Alliés étoient foibles ou infidéles. Les Protestans d'Allemagne l'inquiétoient. Les Peuples des Pays-Bas n'attendoient que le moment favorable pour se soulever. Des dettes immenses, des finances épuisées par des guerres continuelles, & des sujets surchargés d'impôts; l'Empire transmis irrévocablement à la branche cadette de sa Maison; les regrets inutiles que Philippe en avoit, l'impatience de regner, que ce Fils ne prenoit pas la peine de dissimuler; tout sembloit concourir a dégoûter Charles-Quint de l'autorité suprême. Il croyoit que son Fils auroit assez de lumières & d'activité, pour un Gouvernement si difficile; souvent même il avoit la foiblesse de dire, que la fortune s'étoit lassée de le suivre, qu'elle l'abandonnoit dans sa vieillesse, & que son Fils seroit plus heureux, parce qu'il étoit plus jeune. Grotius ajoute, que Charles-Quint comptoit beaucoup sur Granvelle, pour la prospérité du regne de Philippe.

Abdication
e l'Empereur
harles-Quint
1555.

L'Empereur réſolut de renoncer à toutes ſes dignités, & à tous ſes Etats, ſans aucune exception; il ſemble cependant qu'il héſita, lorſqu'il fallut franchir ce pas terrible pour un Prince poſſeſſeur de tant de Couronnes, & que la nature frémit autant pour cette eſpéce de mort civile, qu'elle auroit pû frémir pour la mort naturelle; du moins il ne ſe dépouilla que peu à peu, & par intervalles. En 1553 il avoit cédé à ſon Fils le Royaume des deux Siciles, en faveur de ſon mariage avec la Reine d'Angleterre. Au commencement de cette année 1555, il lui avoit fait une donation particulière du Milanez, pour ôter à Henry II. toute eſpérance de le recouvrer, que par la voie des armes; enfin il convoqua à Bruxelles une aſſemblée des Chevaliers de la Toiſon d'or, & des Etats des dix-ſept Provinces, pour le 24 Novembre. Son abdication n'étoit plus un myſtère; on ſçut qu'elle étoit l'unique motif de cette convocation; on s'y rendit en foule de tous les Pays de la domination de l'Empereur; jamais aſſemblée ne fut plus nombreuſe & plus auguſte.

jour marqué l'Empereur mon-
un thrône élevé dans la grande
du Palais de Bruxelles. Il avoit
droite Philippe son Fils, alors
le Sicile & d'Angleterre, Maxi-
n, Roi de Bohéme, & Philibert
nuel Duc de Savoye. A sa gau-
toient Eléonore Reine douai-
de France, Marie Reine douai-
de Hongrie, ses sœurs Marie
e de Bohéme, & Christine de
nemark sa nièce, Duchesse de
aine ; le reste de l'assemblée étoit
é des Chevaliers de la Toison
. & de tous ceux qui avoient
e aux Etats des Pays-Bas.
Empereur commença par créer
ils Chef de l'Ordre de la Toison
; puis il ordonna à Brusselli,
seiller au Conseil privé de Flan-
d'exécuter les ordres qu'il lui
: donnés. Brusselli lut les Let-
Patentes par lesquelles l'Empe-
remettoit aux Sujets des Pays-
& du Comté de Bourgogne le
ent qu'ils lui avoient prêté, &
nnoit ces Provinces à son Fils.
ès la lecture de cet acte, il dit,
l'Empereur accablé & abbatu par

ſes infirmités, & ne pouvan
ſoutenir les fatigues du comm
ment, ſe hâtoit de le transféré
Fils, que ſon âge & ſa ſage
avoient rendu digne. Puis l'E
reur ſe levant & appuyé ſur Gr
me Prince d'Orange, lut le di
qu'il avoit écrit pour ſoulager
moire.

Ce diſcours étoit en Langue
çoiſe, il rappelloit les actions le
mémorables de l'Empereur, ſu
un détail ſingulier de tous ſes
ges, & de ſes expéditions, ne
Allemagne, ſix en Eſpagne, ſe
Italie, quatre en France, dix en
dre, deux en Angleterre, auta
Afrique, onze voyages par Me
guerres qu'il avoit ſoutenues
traités de paix qu'il avoit fait
alliances qu'il avoit contracté
victoires qu'il avoit rempor
étoient expoſés ſelon Strada*,

* De bell.
Belg. lib. 1.

plus de dignité, que d'orguei
dans tous ces travaux, l'Emp
aſſuroit, qu'il ne s'étoit propoſé
tres motifs, que de défendre la
ligion, & les États que la Provi
lui avoit confiés. Ces grands c

voient été remplis, tant que sa santé avoit pû y suffire, en sorte qu'il n'y eût que ses ennemis qui pussent regretter, que Charles eût vécu & regné si long-temps ; alors ses forces l'abandonnoient, la vie même lui échappoit presqu'entiérement, il ne vouloit pas préférer aux avantages de ses Sujets, la satisfaction de dominer plus long-temps, il confioit l'autorité suprême à un Prince d'un courage éprouvé. L'Empereur invitoit les Peuples à rendre à leur nouveau Souverain l'obéissance qu'ils lui devoient, à conserver entr'eux une union parfaite, à signaler leur persévérance dans la Religion orthodoxe. S'il avoit commis quelque faute dans le Commandement, il prioit ses Peuples de les lui pardonner, & de s'assurer qu'il n'oublieroit jamais les preuves qu'ils lui avoient données de leur fidélité, qu'il les porteroit devant Dieu, à qui seul il consacroit le reste de ses jours.

Après avoir harangué les Etats, Charles-Quint parla à son Fils. *Si ces Provinces, lui dit-il, vous étoient échues Par ma mort, je pourrois encore attendre*

de vous quelque reconnoiſſance , *pour vous*
avoir laiſſé un patrimoïne ſi opulent , &
augmenté par mes ſoins * ; à préſent que
je vous tranſmets librement une ſucceſſion
ſi brillante , & que je préviens ma mort
pour vous combler de biens , je vous demande pour toute reconnoiſſance , d'aimer *tes*
Peuples , & de faire leur félicité. *Les autres*
Monarques ſe contentent d'avoir donné *à*
leurs enfans la vie & l'eſpérance de regner ;
je n'ai pas voulu que mon bienfait fût poſt-
hume , & que le deſtin ſeul en décidât ; j'ai
plus de ſatisfaction de vous voir regner ,
que de vous voir vivre par moi. *Peu de*
Souverains ſuivront mon exemple , & à
peine en ai-je trouvé quelque modéle dans
l'Antiquité ; tous applaudiront à ma réſolution , ſi vous vous montrez digne d'une faveur ſi rare. *Vous* la mériterez par la ſageſſe qui a fait juſqu'à préſent votre caractère , par la crainte de celui qui eſt le vrai
Maître de tous les hommes , par la protection que vous accorderez à la *Religion* Catholique , par le ſoin que vous aurez à faire
obſerver les *Loix* , & à maintenir les droits
des Peuples ; tels ſont les plus fermes ap-
puys des Empires. L'amour paternel ne me
ſuggére plus qu'un ſouhait ; c'eſt que vous
ayiez , mon *Fils* , une poſtérité digne que
vous

* Du Bra-
bant que le
Duc de Clèves
lui avoit cedé.

ous lui remettiez vos Royaumes, plus par
hoix, que par néceſſité.

Alors Philippe ſe jetta aux genoux
le l'Empereur, il lui baiſa la main,
& il lui dit quelques paroles qui ne
purent être entenduës de l'aſſemblée,
par ſa timidité naturelle, peut-être
par le ſaiſiſſement où il étoit. L'Empereur l'embraſſa en verſant des larmes, il pria le Seigneur de le combler de proſpérités, & Philippe ordonna à Granvelle de parler pour lui,
s'excuſant ſur le peu d'uſage qu'il
avoit de la Langue Françoiſe.

Ce Miniſtre fit l'éloge du gouvernement de l'Empereur; il ſeroit difficile qu'un Orateur pût avoir un
ſujet plus vaſte & plus fécond. Il
donna de grandes eſpérances pour le
regne qui commençoit; c'étoit encore une carrière, où il pouvoit donner l'eſſor à ſon imagination, & plûtôt préſenter à Philippe même les
grandes maximes du Gouvernement,
que de donner aux Peuples des Pays-
Bas des aſſurances d'une domination
tranquille & modérée. Granvelle rejetta ſur la France ſeule le malheur
qu'on avoit eu, de ne pouvoir con-

L

clure une paix solide ; il dit que les
Etats ne devoient l'attendre que de
leur union, de leur vigueur à se préparer à la guerre, de leur courage
dans les expéditions, de leur constance dans la variation des événemens. Il demanda de la soumission
pour le nouveau Souverain, & sur-
tout de la fidélité à la Religion la plus
ancienne & la plus sainte qui soit dans
le Monde ; quelle carrière pour un
Ministre, & pour un Evêque ! Aussi
les Historiens disent, que sa harangue fut très-diserte, & qu'il en reçut
de grands applaudissemens.

Maës, Pensionnaire de Gand, répondit pour les Etats ; il jura solemnellement en leur nom une fidélité
inviolable à leur nouveau Souverain,
& à la Religion, dans un temps où
les cœurs de la multitude le désa-
vouoient, & où une foule de Rebelles se promettoit de la retraite de
l'Empereur, de grandes facilités à exciter des troubles. La cérémonie finit
par une seconde sorte d'abdication.
La Reine d'Hongrie remit à Philippe le Gouvernement des Pays-Bas,
qu'elle avoit administrés au nom de

l'Empereur son Frère, pendant vingt-
cinq ans. Philippe nomma Philibert
Emanuel Duc de Savoye, pour la
remplacer; c'étoit pour ce Prince un
dédommagement bien médiocre de
la perte de ses Etats, qu'il avoit sa-
crifiés à son attachement constant
aux intérêts de la Maison d'Autriche; encore n'en eut-il que le vain
titre: Philippe résida plusieurs années aux Pays-Bas; un Gouverneur
étoit effacé en sa présence.

Deux mois après cette première
assemblée, Charles-Quint en convoqua une nouvelle, pour disposer des
Royaumes d'Espagne & de Sardaigne, des Isles de Majorque & de Mi-
norque, & de tout ce qu'il possédoit
dans le nouveau Monde. Il abandonna tout à son Fils, & il ne se réserva qu'une pension de cent mille
écus d'or, pour vivre dans sa retraite. A l'égard de l'Empire, il crut devoir en différer l'abdication, pour
essayer encore s'il pourroit obtenir
de Ferdinand le Vicariat sur toute l'I-
talie en faveur de Philippe. Ferdinand
ne voulut pas à ce prix avancer la
possession du titre d'Empereur, dont

il avoit depuis long-temps toute l'autorité. Il refufa conftamment de la divifer, & Charles-Quint emporta dans fa folitude le regret le plus vif d'en avoir dépouillé fa poftérité.

Il refta encore quelque temps aux Pays-Bas, perfuadé que fes confeils étoient néceffaires à fon Fils. Alors toute l'Europe étoit infatuée des folies de l'Aftrologie judiciaire ; on vouloit bien croire, que la Providence a écrit notre deftinée dans les aftres. Des Sçavans de temps-là, des hommes d'ailleurs d'une grande réputation en paroiffoient perfuadés ; il n'eft pas étonnant que Charles-Quint eût une foibleffe fi commune alors, & fi propre à flatter la curiofité. Il parut cette année une cométe, & l'on ne manqua pas de lui faire prédire quelque événement funefte. Charles-Quint prit pour lui la prédiction : fon imagination étoit déjà frappée de la mort récente de fa mére, il croyoit l'entendre à chaque inftant, & qu'elle l'appelloit dans le tombeau ; il fe détermina à confommer fon abdication. Le Prince d'Orange, à la tête d'une Ambaffade folemnel-

le, porta aux Electeurs sa démission
de l'Empire, & les ornemens Impériaux.

Au mois d'Août l'Empereur s'em- 1556.
barqua à Zuitbourg en Zélande, avec
ses sœurs les Reines douairières de
France & d'Hongrie, pour se retirer
en Espagne. Il aborda à Laredo sur
les côtes de Biscaye. On dit qu'au
moment où il descendit de son vaisseau, il s'éleva une tempête si furieu-
se, qu'elle engloutit le vaisseau même qui l'avoit porté & une partie de
sa flotte. Touché de ce spectacle, il
se jetta à genoux, & il dit, qu'il étoit
prêt à rentrer dans le sein de la mére
commune de tous les hommes, dépouillé de tout ce qu'il avoit possé-
dé. On a ajouté qu'il fut étonné de
la solitude où il se trouva sur sa route, & qu'arrivé à Burgos il fut indigné de n'y pas recevoir le premier
terme de sa pension, qu'il vouloit
employer à récompenser & à congé-
dier ses anciens domestiques; de-là
on a présumé qu'il se repentoit déjâ
de son abdication. Ce qui est certain,
c'est qu'il a vécu environ deux ans
dans sa retraite de S. Just, avec la plus

L iij

grande édification , sans richesses
sans cortége , sans aucun retour au
affaires du Monde. Il mourut le 2
Septembre 1578 , âgé de cinquant
huit ans.

Fin du premier Livre.

HISTOIRE

DU CARDINAL

DE

GRANVELLE,

MINISTRE DE L'EMPEREUR

CHARLES-QUINT,

ET DE PHILIPPE SECOND,

ROY D'ESPAGNE.

LIVRE SECOND.

 E Roi d'Espagne demeura
aux Pays-Bas, dans l'espérance d'y affermir son autorité, & de faire un traité
de paix définitif avec la France. Charles-Quint lui avoit conseillé d'employer Granvelle dans le Ministère:

L iv

c'étoit un titre bien foible pour le
conferver; on jugea même que Granvelle avoit beaucoup de bonheur, ou
d'adreffe, ou de mérite, lorfqu'on
vit que le fuffrage de Charles-Quint
ne lui nuifoit pas, & que Philippe
l'honoroit de toute fa confiance.

Ils donnérent toute leur attention
à la paix; mais il étoit furvenu des
événemens, qui la rendoient prefqu'impoffible. Le Pape IV. avoit été
conftérné de la trève de Vaucelles,
fans perdre de vue fon premier projet. L'appât qu'il avoit préfenté, étoit
trop flatteur: Henry II. l'avoit faifi avec trop d'empreffement, pour
craindre qu'il y renonçât, & qu'il ne
voulût pas du moins effayer de faire
des conquêtes en Italie. Le Pape prit
un détour, qui devoit néceffairement
renouveller la guerre entre la France
& l'Efpagne. Il haïffoit les Colonnes chefs du parti que la Maifon
d'Autriche avoit en Italie; le Pape
les profcrivit, & fans leur donner le
temps d'appeller du fecours, il leur
enleva les Places fortes, qu'ils avoient
dans la Campagne de Rome; ce fut
le fignal d'une nouvelle guerre, qui
porta la défolation dans l'Italie même, & aux Pays-Bas.

Il avoit été facile de prévoir, que le Roi d'Espagne donneroit infailliblement du secours aux Colonnes ; il ne s'agissoit plus que de déterminer Henry II. à rompre la trève, & à faire marcher les troupes qu'il avoit en Italie, pour défendre le Pape son allié. Le Cardinal Caraffe neveu du Pape, ne voulut pas confier à d'autres une négociation qui pressoit, & qui étoit susceptible de grandes difficultés. Il se fit nommer Légat auprès des Rois de France & d'Espagne, en apparence pour travailler à un traité de paix entre ces deux Couronnes, sur la médiation du Saint Siége, mais réellement pour engager Henry II. à entrer dans la guerre que le Pape & les Colonnes se faisoient en Italie. Le Légat obtint en France ce qu'il voulut ; ses désirs étoient remplis, il se hâta de retourner à Rome, sans passer à Bruxelles, & sans s'embarrasser des ombrages que le Roi d'Espagne devoit prendre naturellement d'un départ si précipité.

Le Duc d'Albe étoit Viceroi de Naples. Il n'attendit pas que son Maître envoya de nouvelles troupes en Italie, pour venger les Colonnes.

L v

Avec les seules troupes du Royaume de Naples, il ravagea les Etats du Pape; Rome même étoit ménacée, si elle n'étoit secourue promptement. Henry II. ordonna au Duc de Guise de secourir Rome, & de passer à Naples; la seule nouvelle de la marche de l'Armée Françoise suspendit les hostilités du Duc d'Albe : il fit une trève avec le Pape, pour avoir le temps dé se préparer à une guerre plus importante.

La trève étoit rompue, les François firent les premières hostilités aux Pays-Bas. L'Amiral de Coligni tenta inutilement de surprendre Douai, il saccagea l'Artois qui appartenoit au Roi d'Espagne, & il abandonna la ville de Lens au pillage. Alors les François & les Espagnols s'accusérent mutuellement de l'infraction de la trève. La Reine d'Angleterre n'hésita pas à prendre le parti du Roi d'Espagne son mari; elle reprocha à la France d'avoir manqué au traité, qui avoit été fait par sa médiation, & elle lui déclara la guerre. La Régente d'Ecosse promit à Henry II. de faire la diversion la plus forte qu'elle pourroit faire. Tout cet appareil se rédui-

fit à des événemens peu importans.
La Reine d'Angleterre, & la Reine
d'Ecoffe firent dans cette guerre des
perfonnages très-médiocres; les feules forces de la France & de l'Efpagne en décidèrent.

Granvelle avoit toujours été mé- *Bata*
content de la trève de Vaucelles, il *S. Que*
s'en étoit défié, & il avoit profité de *155*
l'intervalle de repos qu'elle lui donnoit, pour fe préparer à la guerre
avec beaucoup d'activité. Il propofa
d'ouvrir la campagne par le fiége de
S. Quentin, dont les fortifications
étoient en mauvais état. Avant que
la Place fût inveftie, Coligni y entra
à la tête de quelques troupes, & le
Connétable lui promit de le fecourir. En effet, il fit avancer fon Armée
jufqu'à la Fére, d'où il détacha d'Andelot, pour porter des vivres & des
munitions aux Affiégés. Ce détachement fut taillé en piéces; d'Andelot
lui-même eut bien de la peine à échapper avec une poignée de foldats, &
fa défaite jetta la confternation dans
la Place.

Le Connétable efpéra qu'un fecond détachement feroit plus heureux. Il partit de la Fére avec fon ar-

tillerie & toute son Armée. Arrivé à
la vue des ennemis le jour de S. Laurent, il reconnut lui-même un chemin qu'on lui avoit indiqué, pour
faire passer des secours dans la Ville.
Ce chemin étoit marécageux, &
presqu'impraticable. D'Andelot eut
l'audace de s'y engager; la plus grande partie de sa troupe périt dans le
marais; cependant il pénétra suivi
de quelques soldats, portant un secours trop foible pour sauver la Place, & acheté trop chérement. En
même temps le Connétable attaqua
le camp du Duc de Savoye, qui commandoit les troupes Espagnoles : l'attaque réussit, le Duc de Savoye fut
obligé de se replier en désordre sur le
camp du Comte d'Egmont, le Connétable le suivit de près, avec la confiance d'un Général qui va à une victoire certaine. Les Espagnols réunis
eurent une grande supériorité de troupes, & assez pour envelopper le Connétable. La Cavalerie Françoise fut
défaite entièrement; l'Infanterie fit
plus de résistance, mais enfin elle eut
le même sort. Journée funeste où la
France perdit ses meilleures troupes,
& toutes les espérances de la cam-

gne. Le Connétable fut fait prifon-
r. Jean de Bourbon, frère du Prin-
de Condé, y perdit la vie ; il n'y
point de grande Maifon qui n'eût
éplorer la mort, ou la captivité de
elque Officier de diftinction. Cette
aille fut fuivie de la perte de Saint
entin, du Catelet, & de Ham.
Pour furcroît de malheurs, les
nçois furent obligés d'abandon-
· les grands projets qu'ils avoient
més fur l'Italie. Les Princes Lor-
ns, oncles de la Dauphine, Reine
coffe, oférent tout, lorfqu'ils vi-
t les Montmorency & les Coligni
miliés & prifonniers chez les Ef-
gnols. Le Duc de Guife, après avoir
s Valence en Italie, marcha vers
oyaume de Naples, dont la con-
ête le flattoit perfonnellement. Il
tarda pas à reconnoître que la
ur de Rome ne lui avoit donné
: des efpérances vaines. Le Duc
lbe étoit en état de le recevoir,
le rendre inutiles tous fes efforts.
ife demanda de nouvelles troupes
le l'argent, qu'on ne put lui en-
er. Il revint à Rome faire de juf-
plaintes, & fous prétexte que fa
fence devenoit néceffaire en Fran-

ce, il abandonna le Pape à ſ⟨

reſſentiment du Roi d'Eſpagne

On peut juger de l'embarr

Paul IV. Il étoit le ſeul auteur

guerre. Son deſſein avoit été d

ver au Roi d'Eſpagne le Roy

des deux Siciles, & le Ducl

Milan. Dans les premiers m

mens de ſa colere, il avoit fa

fermer au Château S. Ange le C

nal de Santafioré, qui avoi

l'homme de confiance de l'E

reur, & il avoit refuſé toute aud

à l'Ambaſſadeur d'Eſpagne. A

occaſion, Granvelle parla au N

qui réſidoit à Bruxelles, avec un⟨

teur extrême. Le Nonce lui repr

d'avoir conſeillé à l'Empereur

Roi d'Eſpagne de dépouiller le

de tout ſon domaine tempor

écrivit à Rome, que Granvelle

parlé avec mépris du Pape & ⟨

Neveux, & que ſans égard pou

caractére de Nonce, il l'avoit

traité perſonnellement. Ces en

temens mutuels s'évaporérent

tôt. Le Pape abandonné à lui-n

devint plus ſouple: il offrit de ſ

fier l'alliance qu'il avoit faite

Henry II; à cette condition le

d'Espagne lui accorda la paix, pour
se délivrer d'une guerre importune
& coûteuse. En France on auroit prévenu cette catastrophe, si l'on avoit
plus écouté les avis sages du Connétable & du Cardinal de Tournon, que
les conseils intéressés des Guises.

Henry. II. se releva promptement *Siége*
lais.
1551
de ses malheurs. Il forma une Armée
plus nombreuse que la première, &
bien loin de se borner à la défensive,
il entreprit de faire aux Pays-Bas des
conquêtes capables de rendre à ses
armes toute la réputation qu'elles
avoient eue. Depuis deux cens ans
les Anglois s'étoient emparés de Calais. Les guerres continuelles que la
France avoit été obligée de soutenir,
ne lui avoient pas permis de reprendre une Place si importante ; le Duc
de Guise en forma le dessein, lorsqu'il prit le commandement de l'Armée des Pays-Bas. En plein hyver, il
fit différentes marches, pour donner
le change aux Ennemis ; enfin il in-
vestit Calais le premier de Janvier.
Le siége fut poussé avec tant de vigueur, que la garnison capitula le 8.
Mylord Dumfort, Gouverneur de la
Place, & cinquante Anglois demeu-

rérent prisonniers ; on donna aux habitans & au reste de la garnison la liberté de se retirer en Flandre, ou en Angleterre. Sans perdre un moment, Guise marcha à Guines, dont les Anglois étoient les maîtres. La Ville fut insultée & emportée d'emblée. La Citadelle seule résista pendant quelques jours ; Mylord Grey la rendit sous des conditions encore plus dures ; il demeura prisonnier de guerre avec tous ses Officiers, & toute la Noblesse qui étoit dans la Ville.

Des succès si imprévus étonnérent la Cour de Bruxelles, ils déterminérent Granvelle à travailler sincérement à la paix, & à chercher les occasions d'en conférer avec le Cardinal de Lorraine. Il saisit la première qui se présenta. Henry II. faisoit élever à sa Cour le jeune Duc de Lorraine, afin qu'il servît d'ôtage pour la neutralité que la Lorraine avoit promise, & pour prévenir les liaisons que la Duchesse douairière de Lorraine n'auroit pas manqué de prendre avec les Espagnols, si elle avoit pû suivre son inclination. Elle étoit cousine germaine du Roi d'Espagne, & quoiqu'elle eût marié sa fille au

uc d'Anjou, fils d'Henry II, elle ne
ouvoit diffimuler fon attachement
la Maifon d'Autriche. Cette Prin-
ffe demanda à voir fon fils. Péron-
: fut marqué pour le lieu de l'en-
:vue. La Duchesse y amena Gran-
lle, & le jeune Duc fut accompa-
ié du Duc de Guife & du Cardinal
: Lorraine, qu'on lui donna bien
oins pour lui faire cortége, que
our éclairer la conduite de fa mére;
: fut dans cette entrevue, que le
ardinal de Lorraine & Granvelle
tterent les premiers fondemens de
paix.

Granvelle n'héfita pas à en faire la
opofition. Il repréfenta combien
guerre étoit fatale aux Rois de
ance & d'Efpagne, combien elle
onnoit d'avantages aux hérétiques,
ii profitoient des troubles, pour
mer leurs erreurs, qui animoient
s Peuples à la révolte, & qui ne
ouvoient être domptés, pendant
i'on étoit occupé d'une guerre, qui
uifoit les finances de la France &
: l'Efpagne. Il avoua, que l'Efpagne
oit befoin de la paix pour fe réta-
ir, pour défendre les côtes d'Italie
ontre le Turc, & pour tenir en ref-

pect les Peuples des Pays-Bas ; mais il prétendit que la paix étoit également nécessaire à la France, que l'héréfie y préparoit une révolution prochaine, & que le mal étoit plus grand, que le Roi & ses Ministres ne paroissoient le croire. Pour le prouver, il dit au Cardinal de Lorraine que l'Amiral de Coligni & d'Andelot son frére étoient Calvinistes décidés. Les Espagnols avoient intercepté des livres favorables au Calvinisme que Coligni & d'Andelot avoient fait venir de Genève ; ils ne cachoient pas même leurs sentimens, ils tâchoient de séduire les Officiers & les Soldats qui les gardoient dans leur prison ; d'Andelot sur-tout parloit sans aucun ménagement, il traitoit d'idolatrie le Sacrifice de la Mesfe, & le culte que les Catholiques rendent à l'Euchariftie.

C'étoit flatter le Cardinal de Lorraine, que de lui donner des armes pour perdre les Colignis, & pour affoiblir au moins indirectement le crédit du Connétable leur oncle, qu'on ne manqueroit pas de rendre responsable des fautes de ses neveux quoiqu'il fût Catholique très-sincére

très zélé. Eux feuls en France
oient réfifter à la Maifon de Guife.
ranvelle confeilla au Cardinal de
ofiter du moment de leur captivi-
, pour achever de les abbattre, &
our former les plus grands projets
t faveur des Princes Lorrains éta-
is en France. De Thou prétend,
ie ce fut dans cette Conférence,
ie les Guifes prirent des liaifons
op étroites avec l'Efpagne; elles
éclatérent pas d'abord; mais elles
:latérent enfin, pour le malheur
:s Guifes mêmes, & pour celui du
oyaume.

Quoique le Cardinal de Lorraine
l'Evêque d'Arras defiraffent fincé-
ment la paix, ils ne purent étai-
ir, même des préliminaires. Les
pagnols étoient encore trop fiers
: la victoire de S. Quentin, & Hen-
II. vouloit attendre un moment
: fupériorité, pour traiter avec plus
avantages. La guerre continua. Le
uc de Guife prit Thionville, après
t fiége très long & très-difficile; il
it encore le Château d'Arlon, &
autres poftes qui couvroient la Pla-
de Luxembourg, qu'il fe propo-
it d'affiéger. Du côté de la Mer,

de Thermes, nouveau Gouverneur de Calais, emporta Dunkerque d'assaut, il s'empara de Bergues-S.-Vinox, & tout le pays jusqu'à Nieuport fut ravagé; mais de Thermes avoit eu plus de courage que de prudence, il s'étoit avancé dans le pays ennemi, sans assurer sa retraite. Le Comte d'Egmont le battit à Graveline, & le fit prisonnier; cet événement étoit nécessaire pour rassurer la Cour de Bruxelles, qui étoit déjà dans la plus grande consternation.

La Reine d'Angleterre s'étoit bornée d'abord à donner quelques troupes, & des subsides au Roi son mari; elle voulut employer aussi ses forces navales, pour se venger de la prise de Calais, & pour s'emparer du port de Brest, qui étoit encore plus important. Sa Flotte étoit de cent vingt voiles chargées de troupes de débarquement; elles descendirent au port du Conquet, sans trouver de résistance, & elles y commirent de grandes cruautés; mais au premier mouvement des troupes qui étoient dans la Province, les Anglois se rembarquèrent avec précipitation, toute leur arrière-garde demeura prisonnière de

;uerre, & l'on n'entendit plus parer de la Flotte Angloife. Quant aux
Armées de France & d'Efpagne, elles
l'étoient retranchées, pour s'obferver mutuellement, il n'y eut en campagne que des partis, qui firent quelques ravages, fans livrer aucun combat.

Le moment étoit venu d'écouter *Conférence pour la paix Sercamp.*
a raifon, & de penfer férieufement
à la paix. Le Connétable & le Maré- **1558.**
chal de Saint André prifonniers chez
les Efpagnols depuis la bataille de
S. Quentin, n'avoient ceffé d'y travailler, & par le même motif, Granvelle avoit entretenu une correfpon-
dance avec le Cardinal de Lorraine.
Ils obtinrent enfin de leurs Maîtres,
qu'on établiroit des Conférences
à Lille, enfuite elles furent tranf-
férées à l'Abbaye de Sercamp. L'Affemblée fut nombreufe, & compo-
fée des Négociateurs les plus habiles.
Henry II. nomma pour fes Plénipo-
tentiaires le Connétable, le Cardinal
de Lorraine, le Maréchal de Saint
André, Morvilliers, Evêque d'Orléans, & Laubefpine, Sécrétaire d'E-
tat. Le Roi d'Efpagne y envoya le
Duc d'Albe, le Prince d'Orange,

glois ambitionnoient d'avoir des Places fortes dans le Continent, plus il importoit aux Souverains leurs voisins de les renfermer dans leur Isle; ils n'avoient aucun équivalent à offrir à Henry II, pour demander Calais; les Ministres de France déclarérent, que la Reine d'Angleterre n'avoit que la voie des armes, pour recouvrer cette Place. Philippe II. devoit craindre, que les Anglois en fussent les Maîtres, & qu'ils eussent la facilité d'entrer par Calais dans les Pays-Bas; cependant il jugea qu'il étoit de sa gloire de soutenir les intérêts de la Reine sa femme, & de ne pas abandonner la Nation Angloise, qui ne s'étoit exposée à perdre Calais, que pour le secourir lui-même. Les Ministres de Philippe II. ne furent pas plus heureux à cet égard, que les Ministres Anglois; & les Conférences cessèrent pour quelque temps.

Les intérêts des Princes engagés dans cette guerre, changèrent bientôt de face, par un de ces événemens que la prudence humaine ne peut prévoir, & que la Providence réserve pour fixer le sort des Empires. Marie, Reine

Reine d'Angleterre, mourut le 15 Novembre, sans laisser de postérité. Les liens de l'Espagne & de l'Angleterre étoient rompus par cette mort. On espéra en France, que Philippe se rendroit moins difficile sur les conditions de la paix, & que l'Angleterre ne demeureroit pas armée en faveur d'un Prince qui lui étoit devenu au moins indifférent.

Granvelle se vantoit d'avoir porté la Couronne Britannique dans la Maison d'Autriche, il ne se détermina pas facilement à renoncer à une acquisition si flatteuse. Il proposa à Philippe d'épouser Elisabeth, qui avoit été proclamée Reine, après la mort de Marie sa sœur, ou du moins de négocier le mariage de cette Reine avec Dom Carlos fils unique de Philippe. Le projet de Granvelle ne put s'exécuter, soit qu'Elizabeth eût déjà résolu de ne pas se marier, soit qu'elle voulût observer la promesse qu'elle avoit faite aux Anglois, lorsqu'elle étoit montée sur le thrône, de ne pas épouser un Prince étranger, ou enfin qu'elle fût déterminée à ressusciter le schisme d'Henry VIII, que le Roi d'Espagne, ou le Prince

M

fon fils n'auroit jamais toléré, &
& qu'elle eût une haine perfonnelle
contre Philippe, pour les mauvais
traitemens qu'elle avoit reçus pendant le regne de Marie.

Le mauvais fuccès de cette négociation débarraffa Granvelle du foin
d'appuyer la demande de la reftitution de Calais ; il penfa à renoüer les
Conférences, ne voyant plus rien qui
pût empêcher la paix entre la France
& l'Efpagne, & il y réuffit. Le nouveau Congrès s'affembla à Câteau-
Cambrefis. Le Cardinal de Lorraine
voulut profiter du reffentiment que
le Roi d'Efpagne avoit contre Elizabeth, pour engager ce Prince à reconnoître les droits inconteftables
que la Dauphine, Reine d'Ecoffe,
avoit fur la Couronne d'Angleterre.
Granvelle en rejetta abfolument la
propofition. Le Roi d'Efpagne voyoit
déjà avec jaloufie la réunion de l'Ecoffe à la Couronne de France ; il étoit
bien éloigné de fouffrir que la France
y ajoutât encore l'Angleterre. A la vérité la reconnoiffance que le Roi d'Efpagne auroit faite des droits de la Reine Dauphine, étoit affez indifférente.
Le Cardinal de Lorraine n'infifta pas,

& la négociation n'eut d'autre objet, que de finir la guerre.

On pensa d'abord aux intérêts de la Religion. Les Rois de France & d'Espagne se proposérent d'arrêter les désordres que le Calvinisme faisoit en France, & aux Pays-Bas. Ils se promirent mutuellement de prendre les moyens les plus capables de rendre la paix à l'Eglise, sur-tout de procurer un nouveau Concile œcuménique, qui pût éteindre enfin les nouvelles erreurs.

A l'égard des conquêtes qu'on avoit faites pendant cette guerre, Henry II. se rendit facile, pour celles qu'il avoit faites sur l'Espagne. Il conservoit les Trois-Evêchés & Calais ; leur possession fortifioit plus ses frontières, que toutes les Places que la France & l'Espagne se disputoient depuis long-temps. Les Pays-Bas restérent dans leur ancien état, sauf la restitution de Bouillon & de Bovines, qu'on rendit à l'Evêque de Liège. En Italie, Henry II. rendit Montalcin, & tout ce qu'il avoit pris dans la Toscane. Le Duc de Mantoue rentra dans le Montferrat, que les François occupoient encore, & la République de

Gènes recouvra ce qu'elle avoit
du dans l'Isle de Corse. Le seul
de Savoye ne pût réparer tous
malheurs qu'il avoit éprouvés
dant la guerre. Quoiqu'il dût é
ser la sœur d'Henry II, & que ce
riage parût être garant d'une rè
ciliation parfaite, Henry garda
rin, Pignerol, Quiers, Chivas
Villeneuve d'Asti, jusqu'à ce qu
droits de Louise de Savoie, me
François I, eussent été fixés & re
nus. Ces droits furent du moi
prétexte dont Henry II se servit
garder des Places dans le Piedm
mais il pensoit moins à exerce
droits, qu'à s'ouvrir une route
la conquête du Milanez, dont
flattoit toujours. Par la même rai
Philippe II. se réserva la liberté
voir des garnisons dans Asti &
Verceil, pour couvrir le Mila
C'étoit se préparer à une nou
guerre; cependant les Rois de Fr
& d'Espagne contractèrent une
velle alliance, par le mariage de Ph
pe avec Elizabeth fille d'Henry,
cesse qui fut la vraie victime de
guerre. Les autres articles du t
ne concernoient que des intérêts
culiers,

La paix entre la France & l'Angleterre étoit plus ... ... paroissoit même impossible ... la mort de ... ... la Reine Dauphine ... ... & les armes ... ... un pan ... ... Bretagne. ... ... les Anglois, pour ... ... connoître ... ... de la Maison de Stuart ... ... ces ... ... à pou... ... de co... ...

D... ... der Calais ... ... zabeth ... ... son regne ... ... portante ... ... avoient ... ... donner ... ... peut être ... ... rance ... ... s'appl... ... la paix. Henri ... ... zabeth ... ... nouvelle. ... ... autant par la ... ... que par ... ... laquelle elle ... ...

devoir diffimuler les prétentions de
la Reine Dauphine, pour avoir le
temps de les détruire, elle prit le
parti de faire une ceffion véritable de
Calais, en laiffant aux Anglois une
lueur d'efpérance de pouvoir un jour
rentrer dans cette Place.

*Traité de
ix entre la
·ance &
Angleterre.*　Par le traité, où l'Efpagne n'eut
aucune part, il fut décidé, qu'Hen-
ry II. demeureroit en poffeffion de
Calais pendant huit ans; après ce
délai, il devoit rendre la Place, ou
payer cinq cent mille écus, pour lef-
quels il donneroit caution hors du
Royaume. Si pendant cet intervalle
Elizabeth faifoit la guerre à la France,
ou à l'Ecoffe, le Roi étoit quitte des
cinq cent mille écus. Si lui - même
faifoit la guerre à Elizabeth, il s'o-
bligeoit à rendre Calais fans aucun
dédommagement. Par ce traité bizarre, Henry II. s'affuroit la proprié-
té de Calais, au moins en payant
cinq cent mille écus, & Elizabeth
fe débarraffoit d'une guerre qui pouvoit la perdre.

L'ombre de tranquilité que cette
paix donna à la France, s'évanouit
bientôt. Henry II. fut bleffé dans un
tournois qu'il donna à l'occafion des

ariages de sa Fille & de sa Sœur; il
ourut de sa blessure. La France per-
t un Roi aimé de ses Sujets, & re-
outé de ses ennemis; la minorité
ui suivit son regne, devint funeste
la Religion & à l'Etat, dont les in-
érêts sont toujours inséparables.

Ce fut dans ce temps-là que le Cardinal de Granvelle sacra à Bruxelles
Barthelemy de Carranza, Archevé-
que de Toléde; l'exemple mémorable de ce Prélat dut apprendre à Granvelle, combien étoit fragile la faveur
de Philippe II, & que ce Prince paf-
soit en un moment de la plus grande
confiance à la haine, & à la sévérité
la plus terrible.

Carranza étoit Religieux
dre de S. Dominique. Sa s
sa vertu déterminérent Charl
à lui offrir l'Evêché de Cusco
Pérou, & celui des Canarie
refusa par modestie. Philippe
choisit pour son Prédicat....
que ce Prince passa e
pour épouser la Rein
mena Carranza, qu'il
ble de rétablir la Religie
que persécutée & presque
par Henry VIII., & par Edou.

M.

Carranza travailla en Angleterre avec beaucoup de réputation & de succès; lorsqu'il vint aux Pays - Bas rendre compte à Philippe de l'état de sa mission ; ce Prince le nomma à l'Archevêché de Toléde , & il l'obligea à accepter sa nomination. Carranza passa en Espagne , pour résider dans son Diocèse ; la première fonction qui se présenta à son zéle fut d'assister à la mort l'Empereur Charles-Quint , & de lui donner les secours spirituels. On ne sçait par quelle bizarrerie quelques Espagnols rendirent suspecte la foi de cet Empereur , qui avoit donné tant de preuves de sa Catholicité, & par quels motifs Philippe II. eut la foiblesse de souffrir qu'on attaquât & qu'on flétrît la mémoire de son pére. Carranza qui avoit reçu les derniers soupirs de l'Empereur , fut enveloppé dans la même accusation; sous prétexte de quelques propositions qui étoient susceptibles de différens sens, l'Inquisiteur d'Espagne obtint du Roi la permission de faire enfermer l'Archevêque de Toléde son Primat, dans les prisons de l'Inquisition ; sa captivité dura seize ans & sept mois : toute la grace que Philippe II. lui fit, fut de permettre qu'il fût transféré à Rome, & jugé par le Pape même. Il ne furvécut que dix-fept jours à fa liberté ; mais dans fon adverfité il ne donna que des marques de patience & de refpect pour un Maître qui l'avoit livré à fes ennemis.

Après la paix, Granvelle s'appliqua entièrement à rétablir la Religion aux Pays-Bas. On doit lui rendre cette juftice, qu'il l'aima, & qu'il la foutint de toutes fes forces ; mais fon zéle fut pour lui une occafion de perfécutions continuelles, qu'il fupporta avec un courage vraiment digne de la caufe qu'il avoit embraffée. Le Roi d'Efpagne fe livrant à fon humeur auftére, & fuivant fes principes de domination abfolue, vouloit établir l'inquifition aux Pays-Bas. Granvelle fouhaitoit qu'on prît des moyens plus doux, & peut-être plus efficaces en matière de Religion. La feule crainte de l'Inquifition foulevoit les Religionnaires, le plus grand nombre des Catholiques mêmes n'y penfoit qu'avec terreur, la fermentation devint fi forte, que Philippe fut obligé de défavouer fon projet, &

M v

d'affurer que jamais il ne l'avoit formé.

Granvelle profita du moment pour
perfuader au Roi de reprendre le deffein qu'avoient eu les Ducs de Bourgogne, lorfqu'ils étoient Souverains
des Pays-Bas, que Charles-Quint
avoit renouvellé, & qu'il avoit confeillé à fon Fils d'exécuter; c'étoit de
créer de nouveaux Evêchés, afin que
les Peuples fuffent mieux inftruits,
& que l'héréfie fût combattue avec
plus d'attention. Ce deffein avoit
d'ailleurs un avantage temporel, qui
avoit flatté Charles-Quint, & qui
pouvoit encore déterminer Philippe
à le fuivre. Les nouveaux Evêchés
devoient être dotés des biens de plufieurs Abbayes electives & régulières.
Jufques-là les Abbés avoient eu féan-
ce aux Etats de leurs Provinces, &
aux Etats généraux. Uniquement re-
devables de leur dignité aux fuffrages de leurs Religieux, ils fe croyoient
difpenfés de toute complaifance
pour la Cour, & ils étoient toujours les plus difficiles à accorder des
fubfides au Souverain. Par leur fup-
preffion, le Roi devoit acquérir la
nomination à plufieurs Evêchés, il

plaçoit dans les Etats des Pays-Bas
des Evêques qui lui devroient toute
leur fortune, & il avoit lieu d'en attendre de la reconnoiſſance.

D'abord que ce deſſein eut tranſ-
piré, les Religionnaires s'élevérent
auſſi vivement contre la création des
nouveaux Evêchés, que conrre l'établiſſement de l'Inquiſition ; ils diſoient, que c'étoit toujours le même
projet ſous des noms différens, que
les Evêques auroient ſous le regne de
Philippe les mêmes pouvoirs que les
Inquiſiteurs, & qu'ils ne manqueroient pas d'affecter la même ſévérité. Quoique ce projet fût très-ancien, les Religionnaires l'attribuérent
à Granvelle, même ſans lui faire honneur des vues de Religion qu'il avoit ;
ils ne lui prêtérent d'autre motif, que
celui de changer ſon Evêché d'Arras
contre un Archevêché de nouvelle
création, & d'avoir dans les Pays-
Bas plus d'autorité & plus de richeſſes.

Ces diſcours répandus hautement
& avec malignité n'étoient pas la
ſeule peine de Granvelle ; ſon entrepriſe devoit ſouffrir de grandes difficultés, non-ſeulement de la part des

Réguliers, qui paroiſſoient réſolus à défendre leurs biens, & leur prérogative la plus eſſentielle, mais encore de la part d'un grand nombre d'anciens Evêques, dont on vouloit diminuer les Diocèſes. Dans les dixſept Provinces, il y avoit des Pays ſoumis à la domination temporelle du Roi d'Eſpagne, & à l'autorité ſpirituelle des Archevêques de Cologne, & de Rheims, des Evêques de Munſter, de Paderbon, & d'Oſnabruk. Il étoit néceſſaire de diſtraire ces Pays de leurs anciens Diocèſes, pour former les nouveaux, & pour ne laiſſer aux Sujets du Roi d'Eſpagne aucune relation avec les Evêques François & Allemands. Le Cardinal de Lorraine, Archevêque de Rheims, acquieſça ſans peine à la diſtraction qu'on lui demandoit. Il vouloit plaire au Roi d'Eſpagne, & mériter ſa protection, pour la branche de la Maiſon de Lorraine qui étoit établie en France; quant aux Evêques Allemands, on ne put obtenir leur conſentement, & Paul IV. ſoutenu de toute l'autorité de la Maiſon d'Autriche, crut pouvoir négliger leurs oppoſitions.

Ainſi furent créés dans les Pays-Bas trois Archevêchés, & douze Evêchés. Les Archevêchés furent placés à Malines, à Cambray, & à Utrecht. Les Evêchés furent deſtinés à Anvers, à Gand, Bruges, Ypres, S. Omer, Namur, Boſleduc, Harlem, Deventer, Lewarde, Groningue & Midelbourg; mais toutes ces deſtinations ne furent pas remplies.

Créati pluſieurs veaux chés da Pays Ba

En attendant que les Abbayes dont on devoit doter les nouveaux Evêchés, fuſſent vacantes, le Roi nomma les Evêques, & il leur aſſigna des penſions ſur les plus riches Evêchés d'Eſpagne, pour terminer cette affaire d'une manière irrévocable. Granvelle parut refuſer l'Archevêché de Malines, il craignoit de juſtifier les diſcours injurieux qu'on avoit répandus contre lui à cette occaſion. Philippe lui ordonna de l'accepter; il n'en fut pas moins chargé de tout ce que cette création avoit d'odieux parmi les Religionnaires; bien loin d'être perſuadés que Granvelle eût refuſé ſincérement l'Archevêché de Malines, ils publiérent que ſon ambition étoit allée juſqu'à demander pour ſon Siége la Primatie des Pays-

Bas, & que le Pape l'avoit refufée,
ce qu'il y a de certain, c'eſt que l'Archevêque de Malines n'eut que le
droit de préféance, ſans avoir le titre
de Primat, & ſans les droits de Jurifdiction qui ſont attachés à la Primatie.

Les Réguliers qu'on dépouilloit
de leurs élections & de leur biens, ſe
plaignirent encore plus amèrement,
que les Religionnaires. Ils diſoient
hautement, que la création des nouveaux Evêchés étoit contraire à l'é-
quité & aux Loix Canoniques, qu'elle
changeoit la deſtination des biens
donnés aux Abbayes par leurs Fon-
dateurs, & qu'on pouvoit pourvoir
à la ſûreté de la Religion, ſans introduire dans les Pays-Bas cette multitude d'Evêques. Ils animérent les
Peuples, ils ſoulevérent les Etats de
chaque Province, ils prodiguérent la
dépenſe, ils remplirent les Provinces
de leurs plaintes, & la commotion
fut ſi grande, que Philippe dégoûté
de ce ſéjour, réſolut de le quitter,
pour n'y retourner jamais.

Il eſt vrai qu'il n'avoit pas ſçû ſe
concilier l'amour & le reſpect des Peuples des Pays-Bas. Son caractére étoit

Sévére & fier, son extérieur étoit trop grave, pour plaire à une Nation qui aime la franchise, & qui avoit vécu avec Charles-Quint dans une sorte de familiarité ; un gouvernement despotique, du zéle pour la Religion, mais qui ne connoissoit point les voies de la persuasion, de la douceur, de la charité ; une vie rétirée & presque sauvage, une affectation de stile sententieux, une taciturnité qui paroissoit marquer du mépris, une obstination invincible dans ses sentimens, des dons gratuits trop souvent réitérés & accablans, des dépenses excessives, jamais d'arrangement dans les finances, jamais de clémence dans l'administration de la justice, tout avoit indisposé les Flamans, tout sembloit nourrir l'antipathie du Souverain & des Sujets.

Philippe résolut de passer en Espagne, où il n'avoit plus à craindre la censure de Charles-Quint, qui étoit mort l'année précédente dans sa retraite de S. Just. La difficulté étoit d'établir une bonne administration aux Pays-Bas ; tout ce qu'il y avoit de plus grand à la Cour de Philippe en demandoit le Gouvernement ; c'étoit une forte de Viceroyauté, où éloigné du Souverain, le Gouverneur devoit commander avec un empire abfolu. Il eft vrai que les difficultés étoient extrêmes, mais les difficultés n'arrêtent jamais l'ambition; on fe perfuade que l'autorité doit triompher de tout, & l'on croit trop facilement avoir affez de lumières pour gouverner.

Il ne s'agiffoit plus de donner le Gouvernement des Pays-Bas au Duc de Savoye; ce Prince étoit rentré dans fes États, il ne defiroit que d'en jouir paifiblement, & de recouvrer ce que la France & l'Efpagne lui retenoient encore. Les Prétendans étoient la Ducheffe douairière de Lorraine, le Prince d'Orange, & le Comte d'Egmont.

Chriftine de Dannemark, Ducheffe douairière de Lorraine, niéce de l'Empereur Charles-Quint & coufine germaine du Roi d'Efpagne, paroiffoit avoir les plus grandes efpérances d'obtenir ce Gouvernement; dans toutes les occafions elle avoit marqué fon attachement à la Maifon d'Autriche, & elle en attendoit la récompenfe; mais elle étoit devenue suspecte à Philippe, pour avoir souffert que son Fils fût élevé en France ; & pour l'avoir marié à Claude de France, fille d'Henry II. D'ailleurs elle avoit promis de marier sa fille au Prince d'Orange ; Philippe craignoit leurs liaisons & leurs intrigues : le voisinage même des Etats de Lorraine lui donnoit de l'ombrage, & il refusa de confier les Pays-Bas à la Duchesse.

Guillaume de Nassau, Prince d'Orange, étoit déjà comblé des bienfaits de Charles-Quint. Il avoit les Gouvernemens des Provinces de Franche-Comté, d'Hollande & de Zélande, & le Gouvernement particulier de la ville d'Utrecht. Son ambition n'en étoit pas satisfaite, il vouloit avoir encore le Gouvernement général des Pays-Bas, pour se frayer le chemin au rang suprême, & pour avoir plus de facilités d'enlever ces Provinces à l'Espagne. Sa fidélité & sa religion étoient au moins suspectes. Protestant dans l'ame, mauvais Catholique à l'extérieur, ou plutôt également indifférent pour toutes les Religions, qu'il faisoit servir tour à tour à sa politique, il étoit uni de parenté & d'intérêt avec plusieurs Princes Protestans d'Allemagne. Le Gouvernement général des Pays-Bas l'auroit rendu trop redoutable ; Philippe n'hésita pas à le lui refuser.

Lamoral, Prince de Gaure & Comte d'Egmont, pouvoit y prétendre par sa naissance & par ses services. Il s'étoit distingué à la bataille de Saint Quentin, & à la journée de Graveline, où il avoit battu & fait prisonnier le Maréchal de Thermes. Sa religion n'étoit pas suspecte, il s'étoit déclaré hautement pour la Catholicité. Il avoit les vœux des Peuples, & toute la confiance du soldat. Sa fidélité ne s'étoit pas encore démentie, peut-être même y auroit-il persévéré, si dans cette occasion il n'avoit éprouvé un refus, qui lui parut injurieux, & qu'il n'eut pas le courage de pardonner. Philippe ne vouloit pas confier son autorité à un Flamand ; l'attachement même que les Peuples & les Troupes avoient pour le Comte d'Egmont, étoit un motif d'exclusion, suivant les maximes d'un Prince aussi ombrageux que Philippe ; il craignit la rivalité du Comte d'Egmont & du Prince d'Orange. Tous.

les Concurrens exclus du Gouvernement des Pays Bas, se réunirent contre Granvelle, ils s'accordérent à lui imputer uniquement leur exclusion, & tous ensemble cherchérent l'occasion de s'en venger.

On étoit dans l'attente du choix que le Roi d'Espagne devoit faire, lorsqu'on apprit que Marguerite d'Autriche, Duchesse de Parme, venoit aux Pays-Bas. Elle étoit fille naturelle de Charles-Quint & de Marguerite Vangest Demoiselle Flamande. En premières noces elle avoit épousé Alexandre de Médicis, Grand Duc de Toscane; alors elle étoit mariée en secondes noces à Octave Farnèse Duc de Parme, dont elle avoit eu Alexandre Farnèse, qui devint fameux dans la suite par ses talens & par ses exploits. La Duchesse de Parme venoit aux Pays-Bas, sous prétexte de saluer le Roi son frére, & de le voir avant qu'il passât en Espagne; mais le mystére fut bientôt dévoilé. Le Roi la reçut à Bruxelles avec la plus grande magnificence, il la déclara dépositaire de son autorité, & il exigea que les Peuples lui rendissent des respects & des hommages, au-

La Duchesse de Parme nommée Gouvernante des Pays-Bas.

Granvelle nommé Ministre.

1559.

delà de ce qu'elle pouvoit espéret.

Philippe ne douta pas qu'elle ne fût agréable aux Flamans. Elle avoit été élevée parmi eux par la Reine d'Hongrie sa tante, alors Gouvernante des Pays-Bas; tous les Historiens disent, qu'elle avoit beaucoup d'esprit, de la douceur dans le caractére, du zéle pour la Religion, des mœurs, de la décence dans toute sa conduite, une grande application aux affaires, un desir extrême de plaire au Roi son frére, & la noble ambition d'avoir l'approbation des Peuples. On ne lui reprocha que de l'avarice & de la timidité, dans des temps où le salut de l'Etat demandoit le sacrifice de tout intérêt personnel, & de la fermeté pour soutenir l'autorité royale.

Ce n'étoit pas l'intention du Roi de la laisser seule chargée d'un Gouvernement si difficile, que lui-même en abandonnoit les rênes par dégoût, & par le peu d'espérance qu'il avoit d'y réussir. Il déclara que Granvelle seroit Ministre de la Gouvernante. Ses services passés lui répondoient de ceux qu'il en attendoit encore, & il le combla de si grands éloges, qu'on

fut perfuadé, que la Gouvernante auroit des ordres fecrets de ne rien décider, que par les confeils de ce Miniftre. Il ne faut pas diffimuler, que
ce choix déplut prefqu'univerfelle-
ment. On n'avoit rien à reprocher à
Granvelle, on s'attacha à fa qualité
d'Etranger dans les Pays-Bas. Ceux
qui avoient été exclus du Gouvernement, & une partie de la haute Nobleffe, redoutoient les lumières & le
courage de Granvelle, ils fe plaignoient d'être fubordonnés à un homme d'une naiffance obfcure. Les Peuples malheureufement avides de nouveautés en matière de Religion, craignoient fon zéle & fa févérité; tous
prétendoient que les emplois, & à
plus forte raifon l'autorité fupérieure, ne devoient être confiés qu'aux
Naturels du Pays. Philippe fut témoin du mécontentement général;
ce qu'il voyoit, l'affermit dans la réfolution de quitter les Pays-Bas & de
n'y jamais retourner.

Il affembla à Gand les Etats Généraux des dix-fept Provinces, pour inf-
taller la Gouvernante & fon Miniftre, & pour donner fes derniers ordres dans l'Affemblée la plus folem-

Etats
raux des
Bas affe
à Gand.
1559

nelle des Pays-Bas. Granvelle fut chargé de haranguer les Etats. Il expliqua les motifs qui déterminoient le Roi à retourner en Espagne, d'où Charles-Quint & lui avoient été absens très-long-temps, & où le bien de l'Etat l'appelloit nécessairement. Il assura que le Roi reviendroit bientôt aux Pays-Bas, pour y apporter l'abondance & la tranquillité, ou qu'il y enverroit Dom Carlos son fils, afin qu'il prît de bonne heure les sentimens d'affection, qui étoient dûs à des Peuples si fidéles. Charles-Quint les avoit aimés, il appelloit ces Provinces son pays natal & la base de toute sa grandeur. Granvelle dit, que Philippe avoit hérité de cette prédilection, & qu'il la transmettroit à la postérité. Il fit l'éloge de la Gouvernante, que le Roi avoit choisie, moins encore pour la tendre amitié qu'il avoit pour elle, que par l'espérance de voir les Flamans fidéles & attachés à une Princesse élevée parmi eux, & formée à la vertu par la Reine d'Hongrie leur ancienne Gouvernante. Il exhorta tous les Ordres des Etats à conserver un attachement constant à l'ancienne Religion, à s'oppofer fortement aux nouveautés, à obferver exactement les Edits de Charles-Quint, à éviter toute difcorde, & à rendre à la Gouvernante le refpect & l'obéiffance qui lui étoient dûs.

Jufques-là le difcours de Granvelle ne pouvoit qu'être applaudi ; mais les murmures éclatérent de toute part, lorfqu'il demanda un don gratuit confidérable, qu'il déclara que les troupes Allemandes qui étoient aux Pays-Bas, ne pouvoient être renvoyées, qu'après que les Etats leur auroient payé tout ce qui leur étoit dû, & que l'intention du Roi étoit d'y laiffer les troupes Efpagnoles, dont il n'y avoit qu'un terce, ou régiment néceffaire à la défenfe des Pays-Bas, & dont la folde feroit à la charge des Etats.

Ces Etats prirent du temps pour déliberer. Ils offrirent au Roi un don gratuit annuel de neuf cent mille florins, pendant neuf ans, à condition que toutes les troupes étrangéres, Allemandes & Efpagnoles feroient renvoyées, qu'il n'y auroit aux Pays-Bas que des troupes Nationales, & qu'elles feroient payées par les Dé-

putés des Etats fur le don gratuit qui
avoit été accordé. Borluce, Penfion-
naire de Gand, fut chargé de cette
propofition. Il fit au nom des Etats,
les proteftations en apparence les plus
fincéres de fidélité envers le Roi, &
de foumiffion aux ordres de la Gouvernante ; mais il fupplia le Roi de
n'admettre aucun Etranger dans les
Confeils ; cette demande ne pouvoit
intéreffer que Granvelle ; le Roi en
fut irrité, fans y répondre un feul
mot il promit peut-être trop légére-
ment de rappeller dans quatre mois
les troupes Efpagnoles, & de laiffer
enfuite aux Flamans le foin de fe garder.

Pendant les Etats, le Roi tint un
Chapitre de l'Ordre de la Toifon d'or.
Il rendit cet Ordre au Duc de Parme,
mari de la Gouvernante, qui avoit
eu de grands intérêts à fe reconcilier de bonne foi avec l'Efpagne, &
qui dans le temps de fes démêlés avec
Charles-Quint, avoit eu la fierté de
lui renvoyer la Toifon. Les Ducs de
Mantoue & d'Urbin la reçurent dans
le même Chapitre ; alors c'étoit l'u-
fage qu'on fit une efpéce d'élection
de ceux qu'on admettoit dans l'Ordre.

dre. Le Prince d'Orange se servit de cet usage, pour faire donner la Toison d'or à deux de ses amis, Montmorency de Montigny, & Lalain, Comte de Hocstrate. Ils étoient suspects avec raison au Roi d'Espagne : cependant ils eurent la pluralité des suffrages, par les intrigues du Prince d'Orange, & le Roi ne crut pas pouvoir leur refuser la Toison.

Il nomma en même temps ceux qui devoient entrer dans les différens Conseils des Pays-Bas. Charles-Quint en avoit établi trois; le Conseil d'Etat, le Conseil privé pour les affaires contentieuses, & le Conseil des Finances. Le Roi ne changea rien à cette forme d'administration. Le Conseil d'Etat fut composé du Prince d'Orange, du Comte d'Egmont, du Comte de Horn, Amiral des Pays-Bas, du Comte de Barlaymont, de Granvelle, & de Viglius de Zuichem. Barlaymont fut encore nommé chef du Conseil des Finances, & Viglius fut Président du Conseil privé. Quelques-uns de ceux qui furent admis dans le Conseil d'Etat, crurent que le Roi avoit rendu justice à leur mérite, & qu'il avoit accordé cette dis-

tinction à leur naissance, ou plutôt
qu'il n'avoit osé la leur refuser : tels
étoient le Prince d'Orange, le Comte
d'Egmont, & le Comte de Horn;
d'autres qui y aspiroient, & qui en
furent exclus, jurérent une haine
éternelle à Granvelle, à qui seul ils
attribuoient leur exclusion. C'est ainsi
que les promotions ne font le plus
souvent que des ingrats & des ennemis.

On prétendit que le Roi avoit ordonné en secret à la Gouvernante de
ne porter au Conseil d'Etat assemblé,
que les affaires moins importantes,
& que pour les affaires qui demandoient du secret & une prompte expédition, il avoit formé un Conseil
restraint, où la Gouvernante ne devoit admettre que Granvelle, Barlaymont, & Viglius. Il est certain du
moins que le Prince d'Orange & ses
amis se plaignirent de ce que la Gouvernante se conduisoit ainsi ; ils pré-
sumoient qu'elle ne le faisoit pas,
sans en avoir reçu l'ordre ; ce Conseil
fut nommé *la Consulte* : on tâcha de
rendre odieuses toutes ses délibérations, on affecta de dire que Granvelle y dominoit, & on lui reprocha

de s'être réservé à lui seul les dépê‑
ches & les chiffres, pour se rendre
maître absolu des affaires d'Etat. Phi‑
lippe II. vit l'orage qui se formoit
contre son Ministre, & il lui laissa le
soin de se défendre.

Il y avoit encore un objet essentiel
à régler, pour l'administration des
Pays-Bas. Non-seulement le Gouver‑
nement général des Pays-Bas avoit
toujours été amovible, mais encore
le Souverain changeoit les Gouver‑
neurs particuliers de chaque Province
& des Villes, lorsqu'il le jugeoit à
propos, & il étoit plus essentiel que
jamais de conserver cet usage, dans
un temps où la religion & la fidélité
de plusieurs Gouverneurs étoient sus‑
pectes, & où il falloit les tenir en
respect par la crainte qu'ils auroient
d'être révoqués. Philippe II. fit une
nouvelle distribution des Gouverne‑
mens : mais il n'osa la faire telle
que le bien de son service le deman‑
doit.

Le Prince d'Orange étoit Gouver‑
neur de Franche-Comté, d'Hollan‑
de, de Zélande, & de la Province
d'Utrecht. Ces Gouvernemens lui
donnoient plus d'autorité & de ri‑

cheffes, qu'il ne convenoit ; mais il étoit trop redoutable pour être deftitué. Il conserva tout, & il se plaignit encore de la médiocrité de son partage. Le Comte d'Egmont eut le Gouvernement de la Province de Flandre, & de celle d'Artois. Le Comte Pierre Erneft de Mansfeldt fut nommé Gouverneur de Luxembourg. Brimeu, Comte de Megue, eut la Gueldre & Zutphen. De Glimes, Marquis de Bergopzoom, eut le Hainaut ; le Comte d'Aremberg eut la Frise ; Barlaymont eut Namur ; le Comte de Frise eut Limbourg & le Pays d'au-delà de la Meufe. Pour le Brabant, & le Marquisat de Malines, ou du Saint Empire, on étoit dans l'usage de ne point leur donner de Gouverneurs particuliers : ils reftérent foumis immédiatement à la Gouvernante. Cette nomination fit naître bien des plaintes ; entr'autres Philippe de Montmorency, Comte de Horn, ne pardonna jamais au Roi & à Granvelle de l'en avoir exclus, il avoit été Gouverneur de Gueldre & de Zutphen, il ne lui reftoit rien, l'espoir de la vengeance le rendit rebelle, & dès ce moment il courut à grands pas à sa perte.

· Parmi tant de précautions que Philippe II. prit pour établir l'ordre dans les Pays-Bas, il fit une faute inexcusable, qui fut la premiere cause de la perte de ces Provinces. L'état malheureux où elles étoient, exigeoit qu'il y laissât assez de troupes, pour appuyer l'autorité, & des troupes bien disciplinées & bien payées, afin qu'elles n'augmentassent pas le désordre par leurs exactions & par leurs insolences. Philippe ne laissa qu'environ trois mille cinq cens Espagnols, pour garder les dix - sept Provinces, encore les laissa-t-il sans solde, & sans espérance d'en obtenir. Les Etats qui vouloient s'en débarrasser, étoient bien éloignés de les payer. Borluce représenta au Roi, que les Peuples des Pays-Bas avoient le privilége, & qu'ils étoient en possession de se garder eux-mêmes; il dit, que l'Empereur Charles-Quint n'avoit pas voulu enfraindre cet usage, que les Garnisons Espagnoles étoient inutiles pour le service du Roi, & humiliantes pour les Flàmans; Mariembourg & Thionville étoient devenues désertes, & leurs Citoyens les avoient abandonnées, pour se souftraire à la tyrannie

& aux défordres que ces Garnifons
exerçoient impunément ; le don gratuit n'étoit deftiné qu'à la folde des
troupes nationales, & les Etats
étoient réfolus de n'en rien détourner, pour payer des troupes étrangéres.

Philippe II. perfifta dans fon premier deffein. Il étoit évident que c'é-
toit trop peu de trois mille cinq cens
hommes, pour tenir en refpect des
Peuples indociles & mécontens ; c'en
étoit trop, fi le Roi vouloit conferver leur privilége., & regagner leur
confiance. Il crut faire un coup d'E-
tat, en donnant le commandement
de ces troupes au Prince d'Orange &
au Comte d'Egmont. L'un & l'autre
le refufa, pour ne pas fe rendre odieux
aux Peuples, & pour ne pas contribuer à l'infraction du privilége de la
Nation. Ce fut à la Gouvernante & à
Granvelle à fe tirer de cet embarras ;
ils n'avoient aucune reffource dans
des finances qui étoient épuifées &
en défordre depuis long-temps ; le
Roi refufa même d'y fuppléer fur le
principe, que chaque pays de fa domination devoit fupporter fes charges. Principe qui auroit été jufte dans

des temps tranquilles ; mais qui devenoit pernicieux, lorsqu'il s'agissoit de
relever la Religion & l'autorité presqu'entièrement abbatues. Granvelle
demanda qu'il lui fût permis du
moins d'emprunter des Négocians
d'Anvers la somme qui étoit nécessaire pour la solde des troupes. Le
Roi le permit, sous la condition que
cette somme seroit remboursée sur
les revenus des Pays-Bas, qui étoient
déjà beaucoup au-dessous des autres
charges de l'Etat ; dans la suite Philippe refusa absolument de se charger de cet emprunt, & son refus causa le soulevement d'Anvers.

Philippe ne resta plus à Gand, que
pour être présent au service solemn-
nel qu'il fit faire pour Henry II. Témoin de la haine que les Flamans
avoient pour lui, & du peu de respect que les Etats avoient pour ses
ordres, il précipita son départ, il
sembla même fuir devant ses Sujets.
Sa flotte l'attendoit à Flessingue capitale de la Zélande, il s'y embar-
qua, & il arriva en Espagne au mois
d'Août de l'année 1559.

D'abord après son départ, le Prince
d'Orange s'éleva hautement contre

1559.

N iv

Granvelle. Il paroiſſoit avoir pour la Gouvernante tout le reſpect qu'elle avoit droit d'attendre, il louoit ſes qualités perſonnelles, il la plaignoit d'être, pour ainſi-dire, dans la dépendance d'un Miniſtre dur & impérieux ; mais il oſa prédire qu'il le feroit ſortir des Pays-Bas. Ce deſſein étoit en effet un préliminaire indiſpenſable, pour ceux qu'il avoit formés contre la Religion, & contre l'autorité Royale. Il les couvroit encore ſous une diſſimulation profonde. Le temps d'éclater n'étoit pas venu : c'etoit beaucoup de porter au Miniſtre des coups, qui devoient retomber néceſſairement ſur l'autorité dont il étoit dépoſitaire.

Souvent le Prince d'Orange parloit avec mépris de la naiſſance de Granvelle, & de la préférence que le Roi d'Eſpagne lui avoit donnée ſur tant d'hommes de qualité & de mérite qu'on voyoit aux Pays-Bas ; quoique lui-même fût originaire d'Allemagne, quoique ſa Maiſon eût été tranſplantée en Flandre, il diſoit, que Granvelle étoit étranger dans les Etats du Roi d'Eſpagne, qu'il étoit né à Beſançon, ville impériale alors,

& qu'il falloit le renvoyer dans l'Empire, auquel son serment de fidélité l'attachoit. Ce prétexte n'avoit pas même de vraisemblance; mais un homme du caractére du Prince d'Orange saisit tout, pour perdre celui qui lui porte ombrage. Granvelle étoit né à Ornans, ville de la domination du Roi d'Espagne : il ne pouvoit donc être étranger dans les États de ce Monarque. Le Prince d'Orange & Granvelle avoient le même serment de fidélité; ils n'étoient incompatibles que par la différence des sentimens.

C'étoit encore trop peu pour le Prince d'Orange que de répandre des discours injurieux contre Granvelle : il falloit former un parti considérable, rassembler & aigrir davantage tous les ennemis de ce Ministre, exciter un cri général qui s'élevât de toutes les Provinces, & qui se fît entendre jusqu'à Madrid. Le Comte d'Egmont étoit de tous les Seigneurs Flamans celui dont l'exemple pouvoit être d'un plus grand poids. Avec de la probité, de l'amour pour la Religion, un caractére peu entreprenant, de la jalousie, de la haine même contre le Prince d'Orange, il se laissa séduire par les conseils artificieux de celui qu'il haïssoit, & par l'espérance qu'il lui donnoit de le venger du Ministre. Malheureusement pour le Comte d'Egmont, on lui donna de nouveaux sujets de mécontentement. Il étoit Gouverneur des Provinces de Flandre & d'Artois : il demanda encore le Gouvernement particulier d'Hesdin, on le lui refusa. Il demanda l'Abbaye de Trulles pour son fils, Granvelle la prit pour lui même : la reconciliation devint impossible ; le Comte d'Egmont se signala parmi les ennemis de Granvelle, & il porta son ressentiment à un excès qui le perdit.

La cabale du Prince d'Orange s'accrut bientôt des noms les plus illustres, & les plus respectés aux Pays-Bas. Le Comte de Lalain avoit encouru la disgrace du Roi, par sa négociation de Vaucelles, il ne s'en prenoit qu'à Granvelle, & il embrassa volontiers le parti du Prince d'Orange. Lalain avoit épousé la sœur de Philippe de Montmorency, Comte de Horn : il entraîna son beau-frere avec d'autant plus de facilité, que le

Comte de Horn avoit été dépouillé
le son Gouvernement, & qu'il n'en
avoit pas été dédommagé. Le Comte
de Hochstrate avoit embrassé le Luthé-
anisme, il ne cherchoit que l'occasion d'éclater contre le Ministre. Robert de Brederode ne pardonna pas le
refus qu'on lui fit de l'Archevêché
de Cambray, qui fut donné à Maximilien de Berghes. Lazare Quevendi,
Officier d'une grande distinction,
avoit commandé en Hongrie : il
avoit eu beaucoup de part à la victoire de Saint Quentin ; pour récompense de ses services, il demandoit
d'entrer dans le Conseil des Pays-
Bas, & il ne put l'obtenir. Hochstrate, Brederode & Quevendi devinrent
plutôt les ennemis de Granvelle, que
les amis du Prince d'Orange, dont ils
ne vouloient pas servir l'ambition.

Une infinité d'autres mécontens se
joignirent à eux, par vengeance, par
intérêt, par amour pour les nouveautés de Religion, par la haine
qu'ils avoient pour les Espagnols,
par le desir de devenir libres, & de
secouer le joug d'une domination
étrangére, & plus encore par les intrigues & la souplesse du Prince d'O-

u Bailliage de Vefoul en
omté. Ambitieux , habile,
, il efpéra de s'avancer à la
Empereur Charles-Quint;
du Chancelier de Granvel-
our lui un grand objet d'é-
, & ce fut ce Miniftre mê-
oifit pour fon protecteur:
lier lui donna toute fa con-
is la Chanceliere de Gran-
avoir démêlé le caractère
d, & fouvent elle répéta,
capable d'établir fa fortu-
ruines de celle de fon pro-
n peu de temps il devint
s Requêtes de l'Empereur,
fadeur en France. Strada a
ranvelle & Regnard avoient
is dès leur enfance: il a été
né. Après la mort du Chan-
Granvelle : fon fils conti-
otéger Regnard; on voit
ns les manufcrits de Gran-

velle des preuves de leur intimité. Il n'y en a point de plus forte, que la préférence que Granvelle lui donna pour l'Ambaſſade d'Angleterre, & pour lui confier la négociation du mariage de Philippe avec la Reine d'Angleterre. Cette confiance continua juſqu'aux Conférences de Vaucelles, où Regnard étoit Plénipotentiaire de l'Empereur. Granvelle accuſa Regnard d'avoir précipité la ſignature de la trève de Vaucelles, trop favorable, diſoit-il, à la France. Regnard n'eut plus de part aux affaires : il tomba dans la diſgrace, qui lui fut commune avec le Comte de Lalain, & il ne fut pas aſſez maître de lui-même, pour plier devant ſon bienfaiteur. Fier du ſuccès de ſa négociation d'Angleterre, perſuadé que la place de Conſeiller d'Etat qu'il avoit obtenue pour récompenſe, le mettroit à l'abri de la colére du Miniſtre, il oſa prendre ouvertement des liaiſons avec le Prince d'Orange, lutter contre Granvelle, & travailler même à le perdre.

Malgré cette multitude d'ennemis qui ſe déclarérent après le départ du Roi d'Eſpagne, il fut glorieux à Granvelle d'avoir conservé un grand nombre d'amis illustres ; c'est faire son éloge que de dire, que tous ceux qui furent fidéles à la Religion & à leur Souverain, demeurérent constamment attachés à ce Ministre. Dans une partie de chasse, le Comte d'Egmont proposa au Duc d'Arschot de se joindre aux ennemis de Granvelle, & de signer l'association dont le Prince d'Orange étoit l'auteur & le chef. Le Duc d'Arschot répondit, *qu'il n'avoit pas à se plaindre de Granvelle, qu'il ne vouloit pas prescrire à son Maître de quels Ministres il devoit se servir, & qu'il n'entreroit jamais dans une ligue où d'Orange & d'Egmont dominoient, ne leur connoissant aucune sorte de supériorité sur lui.* Le Comte d'Aremberg étoit un des Seigneurs Flamans que le Prince d'Orange souhaitoit davantage de gagner à son parti : il l'enyvra, & dans l'yvresse il lui fit signer l'association contre Granvelle. D'Aremberg, revenu à lui, reprocha au Prince d'Orange de l'avoir surpris ; il parla avec mépris d'une cabale qui se servoit de moyens si odieux, pour augmenter le nombre de ses partisans, & il n'en fut que plus inviolablement

attaché à son devoir. Le Comte de
Bossu, le Marquis de Renti, le Comte
de Barlaymont, Ferdinand, Comte de
Lanoy, fils de Charles de Lanoy, Viceroi de Sicile, furent toujours les
amis déclarés de Granvelle; dans la
suite Lanoy fut nommé Général de
l'Artillerie aux Pays-Bas, & il épousa
Marguerite Perrenot, sœur de Granvelle, veuve d'Antoine de Laubes-
pin.

Ainsi la Cour de Bruxelles étoit
dans le trouble & dans la confusion.
Tout ce qu'il y avoit à cette Cour de
gens distingués par leur naissance, ou
par leurs emplois, paroissoit réuni
en faveur de la Gouvernante. Le parti
du Prince d'Orange la flattoit; il lui
applaudissoit pour la tromper, & en
apparence il avoit pour elle tout le
respect & toute la soumissic   'le
pouvoit desirer; à l'égard (
tre, il falloit être déclaré
contre, & la division étoit (
plus funeste, qu'il s'agissoit
des intérêts de Granvelle, que de
tenir, ou d'abattre l'ancienne Reli
gion & l'autorité royale.

En partant pour l'Espagne, le
avoit laissé des ordres qui ache

d'aigrir les Proteſtans, & qui indiſ-
poſérent même un grand nombre de
Catholiques. Il vouloit qu'on obſer-
vât à la rigueur les Edits que Charles-Quint avoit donnés contre les
Religionnaires, & ces Edits portoient la peine de mort, pour des
fautes qui étoient trop communes
aux Pays-Bas, telles que de tenir des
diſcours, & d'avoir des Livres contre la Religion, & pour exécuter ces
ordres, il auroit fallu inonder de ſang
les Pays-Bas. Granvelle en jugea
mieux, il réſerva la peine capitale
pour les Prédicans, & pour une multitude de Moines apoſtats, qui par-
couroient ces Provinces déguiſés en
Marchands, pour ſemer leurs erreurs,
& pour ſéduire les Peuples. Preſque
ſans troupes, & toujours ſans argent,
il ſçut faire reſpecter l'autorité par
les autres Religionnaires : il ne vouloit pour eux, diſoit-il, que des inſtructions, de la douceur, & de la fermeté. Auſſi le regrettérent-ils ſous le
Gouvernement du Duc d'Albe, &
ils lui rendirent juſtice, lorſqu'ils furent accablés par un Miniſtre impérieux & cruel.

création des nouveaux Evêchés
oit déja suscité beaucoup d'en-
s parmi les Catholiques, sur-
parmi les Réguliers. Le Roi
agne lui envoya encore un or-
ui en augmenta le nombre ;
ces occasions on excusoit tou-
la Gouvernante, & toute la
retomboit sur Granvelle. On
combien Philippe II. avoit de
t & d'attachement pour la Re-
Catholique. Non-seulement il
les Decrets dogmatiques du
ile de Trente, qu'aucun Chré-
e pouvoit se dispenser de rece-
mais il voulut que dans tous
ats on se soumît purement &
ement aux Decrets de ce Con-
qui concernoient la discipline.
vrai que, lorsqu'un Concile
iénique a porté de semblables
ts, on ne peut les refuser sans
isons très-fortes ; mais l'Eglise
posant ce qu'il y a de plus par-
ur la discipline, ne désapprou-
qu'on maintienne ses privilé-
ses anciens usages, s'ils n'ont
e contraire aux mœurs & à la
é de la Religion.

Granvelle proposa la réception du Concile de Trente, sans aucune modification, pour les Decrets dogmatiques, & même pour ceux de discipline, suivant les ordres qu'il avoit reçus. On peut juger facilement quelles furent les clameurs de ceux qui avoient adopté les erreurs de Calvin & de Luther, foudroyées avec justice par le Concile; parmi les Catholiques mêmes, il y eut des oppositions très-vives pour quelques Decrets de discipline. Les uns paroissoient craindre que l'autorité royale n'en fût affoiblie; d'autres vouloient conserver des priviléges, que le Concile défiroit de supprimer. Granvelle négocia si heureusement, qu'il obtint une acceptation pure & simple selon les desirs de son Maître; en même temps il prit des mesures propres à affermir l'autorité royale qui lui étoit confiée, & à conserver les prérogatives, dont les Ecclésiastiques des Pays-Bas étoient extrêmement jaloux.

Il survint alors aux Pays-Bas un nouvel orage contre la Religion, que tout le zéle & toute la prudence de Granvelle ne purent dissiper entièrement. Les événemens que je vais rap-

rter, fe font paffés en plufieurs an-
es. Je les expliquerai tou▪de fuite,
▪ur ne pas en interrompre trop fou-
▪▪t la narration, & pour ne pas mê-
r cette affaire eccléfiaftique aux af-
▪▪res temporelles, dont Granvelle
toit chargé.

L'Univerfité de Louvain, quoi-
▪u'elle fût alors très-recente, avoit
donné à l'Eglife dans le cours de peu
d'années, un Pape *, plufieurs Evêques célébres, & une multitude de
fçavans Théologiens. Elle avoit encore tout fon premier éclat. Beaucoup de Profeffeurs s'y diftinguoient
par leur piété & par leur fcience, &
fa réputation attiroit des Etudians de
tous les Pays Catholiques. Deux Docteurs, de ceux-mêmes qui avoient
paru avoir plus de zéle contre les
nouveautés de Luther & de Calvin,
fe laifférent furprendre : ils embraf-
férent des opinions qui approchoient
fort du Luthéranifme & du Calvinifme, fur la grace, & fur le libre arbitre ; c'étoient Jean Heffels appellé
communément Jean de Louvain,
& Michel Lebay, plus connu fous le
nom de Baïus. Les Hiftoriens du
temps rendent juftice à leurs talens.

Affaire de Baïus.

* Adrien VI. qui avoit été Précepteur de Charles V.

& à leur érudition ; mais ils ne rendent pas des témoignages également favorables à leur droiture & à leur sincérité. Aux yeux de la raison, leurs opinions parurent singulières & absurdes, même avant qu'elles fussent condamnées par l'Eglise ; au jugement des gens de probité, leurs variations & toute leur conduite parurent insoutenables.

Hessels & Baïus prétendoient que la grace est toujours efficace ; que Dieu la refuse souvent même aux Justes, quoique leur chûte soit inévitable sans son secours ; qu'ils sont punis avec justice, pour avoir violé des préceptes qui leur étoient impossibles, la grace ne leur ayant pas donné le pouvoir de les observer. Ils proposérent une distinction monstrueuse entre la nécessité & la contrainte. L'homme, disoient-ils, demeure libre, quoiqu'il soit nécessité à pécher par le défaut de la grace, & pour justifier la sévérité qui le punit, il suffit qu'il ne soit pas contraint. Dieu, quoiqu'infiniment juste, lui impose des obligations impraticables à sa foiblesse, qu'il abandonne à elle-même, & quoiqu'infiniment bon, il le

ﾍne à des peines éternelles ,
'avoir pas accompli des pré-
ﾏui furpaſſoient ſes forces na-
, après lui avoir refuſé le ſe-
ﾍns lequel il ne pouvoit rien.
ﾗt état de privation de la gra-
ﾍtes les actions de l'homme
ﾍs péchés , ſelon Heſſels &
l'Ecriture ne reconnoit de foi
le , que celle qui opére par la
; une bonne œuvre mérite la
nelle , même avant la rémiſ-
s péchés ; un homme coupa-
péché mortel , peut avoir la
. Ils enſeignoient encore d'au-
eurs , ſur le péché originel ,
ndulgences , ſur le ſacrifice de

Tapper , Chancelier de l'U-
e Louvain , s'éleva avec
or e des dogmes ſi extraor-
, eux qui aimoient la Reli-
ﾏui vouloient conſerver in-
ﾍent le dépôt de la foi , s'u-
lui , & l'on prit des précáu-
ﾏui devoient naturellement.
r ces erreurs dans leur ber-
D'abord on les dénonça à la
de Théologie de Paris , qui
plus grande réputation , &

qui n'avoit à prendre que le parti de
la vérité, fur des difputes nées dans
une Univerfité étrangére. Elle cen-
fura dix-huit propofitions, qui lui
avoient été dénoncées; mais Heffel
& Baïus ne jugérent pas que la décifion de cette Faculté célébre fût d'un
affez grand poids, pour les obliger à
fe foumettre; Baïus écrivit même
contre la cenfure, & il continua à
foutenir les propofitions cenfurées.

On eut recours à Granvelle, qui
avoit l'autorité néceffaire, pour prononcer fur ces queftions. Il aimoit
l'Univerfité de Louvain, où il avoit
étudié en Théologie, & où il faifoit
élever fes neveux. Il étoit Archevêque de Malines. Louvain étoit de
fon Diocéfe, & il lui appartenoit de
décider en cette matiére. Il avoit l'a-
vantage de réunir l'autorité temporelle à la jurifdiction fpirituelle; Miniftre du Roi d'Efpagne aux Pays-
Bas, honoré de toute la confiance
de la Gouvernante, maître des grâ-
ces & des punitions, il femble qu'il
pouvoit facilement impofer filence
à deux hommes timides, mais vains
& ambitieux, qui n'avoient encore
de fectateurs que parmi les Étudians

le l'Université, & dans quelques Monastéres de Flandre, où leurs partisans dogmatisoient en secret.

Certainement Granvelle avoit du zéle pour la Religion, du courage dans les affaires, & toute la fermeté nécessaire à un Ministre, pour soutenir l'autorité qui lui étoit confiée; il en a donné des preuves dans tous les différens ministères qu'il a exercés; cependant on l'a accusé d'avoir eu trop de ménagemens pour Hessels & pour Baïus, & de n'avoir pû réduire au silence deux Ecclésiastiques qui devoient tout craindre & tout attendre de lui. On en jugera plus équitablement, si l'on réfléchit à la situation pénible où il étoit.

La France, l'Allemagne, la Suéde, le Dannemark, la Hongrie, la bohême, la Suisse, les Pays-Bas, l'Europe presqu'entière étoit en armes, & la Religion étoit le prétexte des guerres qui la désoloient. Luther, Calvin, Zuingle, Œcolampade, & tant d'autres déserteurs de la Religion de leurs péres, n'avoient eu qu'à paroître, pour entraîner dans leurs erreurs les Peuples toujours avides de nouveautés, & toujours impatiens

du joug d'une morale fainte & auftére. Henry VIII. d'un feul mot avoit
précipité l'Angleterre dans le fchif-
me : il n'avoit trouvé que trop de lâches qui s'étoient foumis aveuglé-
ment à fa prétendue fuprématie. Il
fembloit que l'efprit d'irréligion & de
vertige eût faifi toutes les Nations;
la vraie Religion auroit été anéantie,
fi elle pouvoit l'être.

Les Pays-Bas étoient l'azile & la
fentine de toutes les Sectes. L'autorité royale y étoit peu refpectée. Philippe II. vouloit être abfolu, il croyoit
être ferme, & il ne fçavoit fe faire
obéir que par les châtimens les plus
rigoureux. La Gouvernante perdoit
courage. La Nobleffe ne fe contentoit pas de conferver fes anciens priviléges; elle vouloit plutôt commander abfolument, que partager l'autorité avec fon Maître. Les Peuples re-
fufoient l'obéiffance, & les fubfides
les plus néceffaires. Les Réguliers dé-
fendoient encore avec vivacité leur
temporel. Les Proteftans avoient rendu l'autorité Epifcopale auffi odieufe,
que l'Inquifition. Point de reffource
du côté de l'Efpagne, point d'ordre
dans les finances, peu de troupes
pour

pour garder les frontières, & pour intimider les féditieux. Heffels, Baïus, & leur parti nàiffant paroiffoient réfolus à profiter des défordres de l'Etat, pour porter le trouble & la confufion dans l'Eglife ; il étoit de la prudence du Miniftre d'éviter le fcandale de leur réunion avec les Proteftans, de prévenir de nouveaux embarras, & d'employer les voyes de la douceur, avant que d'avoir recours à la force & à l'autorité.

L'extérieur de piété, & la régularité des mœurs d'Heffels & de Baïus, avoient féduit bien du monde, ils en avoient impofé à Granvelle même. Perfuadé qu'ils avoient de la fincérité & de l'amour pour la Religion, il fe flatta de les ramener en leur faifant du bien, & en leur laiffant entrevoir les peines canoniques qu'il pouvoit leur impofer. Heffels & Baïus furent mandés à Bruxelles. Le Miniftre leur reprocha de s'être éloignés des fentimens & du langage reçus dans les Ecoles Catholiques, & d'avoir foutenu des opinions, au moins très-dangereufes ; il les exhorta à demeurer conftamment attachés à l'autorité & à la foi de l'Eglife. Heffels &

O

Baïus promirent tout ce que le Miniftre exigea d'eux; il falloit même qu'ils euffent affecté la fincérité avec beaucoup d'artifice, puifque Granvelle crut que l'affaire étoit finie; ce ne fut qu'après plufieurs rechûtes, qu'il revint de la prévention favorable qu'il avoit eue pour eux.

Granvelle prit le parti d'impofer un filence abfolu à l'Univerfité de Louvain, fur toutes ces difputes, & il le fit obferver avec la plus grande rigueur. C'eft toujours un expédient bien délicat dans les difputes fur la foi, que d'impofer filence, fans aucune exception; on eft fûr de fermer la bouche à la vérité, & pendant que les plus hardis profitent de cette efpéce de trève, pour établir leurs opinions, les plus modeftes & les plus vertueux gardent un filence fouvent funefte à la Religion. Granvelle efpéroit que le filence calmeroit les efprits, & il doit produire cet heureux effet, lorfqu'on cherche la vérité de bonne foi, & qu'on veut la paix fincérement; mais il ne fe borna pas à cette précaution : il fit obferver de près Heffels & Baïus, & fes recherches le perfuadérent de leur obftina-

tion. Ils avoient entrepris secrettement une édition des œuvres de Saint
Prosper, où ils croyoient voir leur
justification ; l'édition devoit être ac-
compagnée d'une préface injurieuse
aux Docteurs de Louvain, & pour la
souftraire à l'autorité du Ministre des
Pays-Bas, l'édition se faisoit à Paris,
avec les mesures les plus propres à
en dérober la connoissance. Granvelle en fut informé ; il en écrivit à
son frére le Baron de Chantonnay,
Ambassadeur du Roi d'Espagne à la
Cour de France ; toute l'édition fut
supprimée : elle ne servit qu'à convaincre Hessels & Baïus de leur mauvaise foi.

Il étoit temps de prendre d'autres
mesures pour les réduire. Ils paroissoient encore respecter l'autorité du
S. Siége. Granvelle envoya leurs écrits
à Rome, & il pria le Pape Pie IV. d'en
décider. Le Pape leur défendit, sous
peine d'excommunication, de soutenir les propositions dénoncées, & il
chargea Granvelle de l'exécution de
son Bref. Hessels & Baïus feignirent
encore de se rendre absolument &
sans retour ; Granvelle assigna à chacun d'eux une pension sur ses propres

revenus ; il publia leur soumission
avec de grands éloges ; il ne craignit
pas même d'en répondre, lorsqu'il
rendit compte de cette affaire au Roi
d'Espagne, & l'Université de Louvain jouit pendant quelque temps
d'un calme qui n'étoit qu'apparent.

Granvelle avoit alors toute la confiance de son Maître. La Gouvernante effrayée des malheurs de la Religion, & menacée d'une guerre civile, n'ordonnoit rien que par ses conseils ; elle crut qu'elle le rendroit plus
redoutable à ses ennemis, si elle lui
procuroit la dignité de Cardinal. Sans
doute elle ne forma ce projet, qu'a-
près s'être assurée qu'il ne déplairoit
pas au Roi d'Espagne ; cependant elle
voulut paroître l'avoir formé & exécuté à l'insçû du Roi & de Granvelle
même. Elle en écrivit au Pape de la
manière la plus pressante ; la grace
qu'elle demandoit, étoit d'autant
plus grande, qu'elle ne voûloit pas la
demander au nom du Roi d'Espagne, & qu'elle prioit le Pape de nommer Granvelle hors de la nomination
des Couronnes. Le Pape l'accorda,
il envoya la barrette en Flandre, sans
consulter le Roi d'Espagne, dont la

Gouvernante répondit. Granvelle parut surpris d'une grace qu'il assuroit n'avoir pas sollicitée ; mais il refusa de se décorer de la pourpre Romaine, sans en avoir obtenu la permission du Roi. La Gouvernante le pressa inutilement de ne pas différer, jusqu'a ce qu'il eût reçu les ordres du Roi ; il résista, & il donna cette marque de soumission que tout Ecclésiastique doit à son Souverain. Aussi Strada lui fait dire, qu'il n'avoit pas accepté le Cardinalat comme un ambitieux, mais en homme prudent, qui prévoit l'avenir. Il voyoit la tempête qui s'élevoit contre lui ; s'il étoit obligé de quitter les Pays-Bas, il étoit heureux pour lui d'avoir un azile à Rome, où il pût se retirer avec dignité. La faveur des Princes vieillit rarement ; les Ministres doivent attendre avec une certitude presqu'égale la disgrace & la mort ; ce sont les sentimens philosophiques que Strada lui attribue dans les momens, où il devoit être encore ébloui de sa nouvelle dignité.

Il en étoit à peine revêtu, lorsque Commendon arriva aux Pays-Bas, pour preparer, suivant les ordres du

Pape, les députations que les Provinces devoient faire aux dernieres sessions du Concile de Trente. L'Université de Louvain proposoit quatre Docteurs pour y assister ; Lindanus, Titelman, Hessels & Baïus. Commendon se défioit d'Hessels & de Baïus, il marqua beaucoup de répugnance à les laisser députer au Concile ; on lui répondit de leur soumission, eux-mêmes protestérent qu'ils acquiesçoient de bonne foi à leur condamnation, & Commendon donna son consentement à la nomination de l'Université ; cependant leur tranquillité ne dura pas long-tems. Quelques Réguliers, surtout de l'Ordre de S. François, renouvellérent les disputes dans leurs Cloîtres. Leurs divisions éclatérent au-dehors, les partis de l'Université de Louvain se réveillérent, les troubles devinrent si scandaleux & si vifs, que le Concile en fut informé, & qu'il résolut de n'admettre à ses séances aucun Docteur de cette Université.

Baïus s'applaudissoit des ménagemens qu'on avoit eus pour lui. Le moment lui parut favorable, il réso-

lut d'en profiter, pour mieux expliquer ſes dogmes, & pour tâcher de
leur donner une nouvelle force. Ce
n'étoit pas ſans craindre l'indignation du Cardinal de Granvelle ; pour
l'éviter il ſe ſervit d'un moyen qui
lui réuſſit d'abord : il parut ne vouloir attaquer que les Proteſtans,
qu'on le ſoupçonnoit de favoriſer.
Sous ce prétexte ſpécieux, il avoit
préparé différens traités ſur le libre
arbitre, ſur la juſtice Chrétienne, ſur
la juſtification, & ſur le ſacrifice.
Ces traités étoient compoſés avec
aſſez d'adreſſe, pour ſurprendre quelques approbations : ils ſe ſoûtinrent
à la faveur du ſilence que le Cardinal
de Granvelle faiſoit obſerver rigou-
reuſement, & le déſir de conſerver
la paix les déroba pendant quelque
tems aux coups que le zéle auroit dû
leur porter. Granvelle avoit réſolu
d'éloigner de Louvain Heſſels &
Baïus : en attendant qu'il pût leur
procurer des Bénéfices à Malines,
ou dans d'autres Diocèſes, il reprit
le deſſein de les envoyer au Concile
de Trente, afin que leur éloignement
eût un prétexte honorable. D'ailleurs c'étoit les placer à la ſource des

lumieres : on préfumoit encore affez
de leur Religion, pour efpérer qu'ils
ne réfifteroient pas à l'autorité d'un
Concile œcuménique.

Heffels & Baïus allérent au Concile de Trente, avec les Evêques de
Namur, d'Arras & d'Ypres. Ils y furent reçus fur les témoignages que
le Cardinal de Granvelle voulut bien
leur rendre. Leurs ouvrages n'a-
voient pas été dénoncés, le Concile
ne les examina pas ; il ne s'agit dans
fes dernieres feffions que des Sacremens de l'Ordre & du Mariage, du
Purgatoire & des Indulgences. Il eft
vrai que quelques Peres du Concile,
informés des erreurs d'Heffels & de
Baïus, en parlérent hautement, &
Salmeron Jéfui　　　　　du
Pape, les leur rep
thové, Evêque d'Ypres, fe rendit garant de leur docilité, & on laiffa à
la prudence du Cardinal de Granvelle
le foin de terminer cette affaire ; ils
échappérent ainfi à une condamnation définitive. Après la conclufion
du Concile, ils revinrent à Louvain,
où Heffels obtint une Chaire de
Théologie. Il expliqua le Maître des
Sentences à fa maniere, quoiqu'avec

de grandes précautions. Tant que le Cardinal de Granvelle fut Ministre aux Pays-Bas, Hessels & Baïus se conduisirent avec beaucoup de circonspection : ils attendirent à la fin de son ministere, pour dogmatiser en liberté.

Lorsque le Cardinal de Granvelle se fut retiré en Franche Comté, Baïus se hâta de semer ses dogmes erronés dans quelques nouveaux Traités qu'il donna au Public sur le péché origi-nel, sur la premiere justice de l'hom-me, les Indulgences & les bonnes actions des pécheurs. Ces ouvrages furent attaqués vivement par plu-sieurs Docteurs Catholiques, sur-tout par Ravestein, l'un des Profes-seurs de l'Université de Louvain ; ses justes plaintes retentirent jusqu'à Rome & à Madrid. Il ne s'adressa pas au Gouvernement des Pays-Bas, dont il ne pouvoit espérer aucun se-cours. Depuis que Philippe II. avoit eu la foiblesse de sacrifier son Minis-tre, & de retirer les troupes Espa-gnoles, la Gouvernante n'avoit plus d'autorité ; elle étoit également em-barrassée des ordres sévéres qu'elle recevoit du Roi, & de l'audace avec laquelle on lui réfiſtoit en Flandres ; même pour ce qu'il y avoit de plus inconteſtable & de plus juſte. Raveſtein envoya en Eſpagne les ouvrages de Baïus ; toutes les Univerſités de ce Royaume les cenſurérent unanimement. L'erreur avoit paru à découvert, elle ſe répandoit inſenſiblement dans les Etats Catholiques, on jugea que les ménagemens étoient hors de ſaiſon, & qu'il falloit publier la cenſure avec éclat ; mais Heſſels & Baïus la mépriſérent : il fallut implorer encore l'autorité du Saint Siége.

Pie IV. étoit mort, après avoir porté le premier coup au Baïaniſme : le Cardinal de Granvelle étoit au Conclave, où Pie V. fut élu. Raveſtein lui envoya les nouveaux ouvrages de Baïus, il lui rendit compte des derniers troubles de l'Univerſité, on ne pouvoit plus ſe flatter d'y rétablir la paix, ſans une déciſion définitive, qui pût enfin aſſurer la Foi, & vaincre l'obſtination de Baïus. Granvelle en fut perſuadé. Il ſollicita avec tout le zéle poſſible le Décret du Saint Siège, ſans abandonner le premier plan qu'il s'étoit for-

mé pour cette affaire, & toujours
réfolu à épuifer toutes les voyes de
la douceur , avant que d'appliquer
des remédes violens , capables de
perdre celui qu'on vouloit fauver.
Le Saint Pape Pie V. approuva ces
fentimens de charité. Il diftribua
aux Théologiens les plus habiles les
ouvrages qui lui avoient été dénoncés , différentes Congrégations furent formées pour les examiner ; on
procéda avec toute l'attention que
méritoit une affaire fi importante ;
en forte , dit le Cardinal Granvelle
dans l'une de fes lettres, *que fi ce fût
été pour gagner tout le monde , l'on n'eût
fçu faire plus.*

Au mois d'Octobre 1567. Pie V.
donna une Conftitution , pour terminer définitivement les queftions
élevées dans les Pays-Bas par Baïus,
& par d'autres Auteurs, qui avoient
profité des malheurs du tems, pour
répandre leurs erreurs. Après avoir
déploré les maux qui accabloient
l'Eglife : *Nous fommes faifis ,* dit Pie
V. *d'une douleur très-vive, lorfque nous
voyons des perfonnes d'une probité &
d'une capacité reconnues d'ailleurs , fe
porter à des opinions fcandaleufes & dan-*

O vj

*gereufes, dans leurs difcours, dans leurs
écrits, & dans les difputes des Ecoles.*
Baïus & les Auteurs condamnés ne
font point nommés, ils ne font
même défignés que fous cette qua-
lification honorable *de perfonnes d'une
probité & d'une capacité reconnues d'ailleurs.* Enfuite le Décret rapporte quatre - vingt propofitions, qu'il condamne comme hérétiques, erronées,
fufpectes, téméraires, fcandaleufes
& capables d'offenfer la piété des Fidéles. Il eft adreffé au Cardinal de
Granvelle, pour le faire exécuter,
& il lui permet de confier le détail
de l'exécution à qui il jugera à propos, l'exhortant à donner tous fes
foins, pour procurer la paix de l'E-
glife.

Heffels étoit mort pendant que
l'on examinoit à Rome les erreurs
qu'il avoit foutenues, avec plus de
vivacité encore & d'obftination que
Baïus. Plufieurs autres Théologiens
des Pays-Bas étoient enveloppés dans
la condamnation émanée du Saint
Siége ; mais le Cardinal de Granvelle s'attacha plus particulierement à
perfuader Baïus, & à le rappeller à
des fentimens Catholiques. Il ne

pouvoit retourner aux Pays-Bas, sa
vie n'y auroit pas été en sûreté, &
le Duc d'Albe lui avoit succédé dans
ce ministere. Granvelle délégua pour
l'exécution de la Bulle Maximilien
Morillon, Prevôt d'Aire, son grand
Vicaire dans le Diocèse de Malines,
& l'homme qu'il avoit jugé le plus
digne de toute sa confiance. Il lui
écrivit deux lettres, l'une où il lui
parloit à cœur ouvert, l'autre osten-
sible à Baïus, & propre à le ramener
à son devoir, s'il avoit été susceptible de conseils salutaires. Dans la
premiere, le Cardinal exposoit à Morillon le chagrin que lui avoit donné
la rechûte de Baïus, la crainte que
tous les Catholiques avoient, qu'il
ne persévérât dans ses erreurs, &
l'orage que cette persévérance lui
préparoit : *quelquefois, dit-il, ces gens
sçavans tiennent leurs œuvres, comme les
peres leurs enfans, tant sont rassotés......
Il ne doit tant attribuer à son opinion,
quelque sçavant qu'il puisse être, qu'il
ne défére plus à celle que tiennent les Ecc-
les : & sont toutes nouvelletés, comme
vous sçavés, dangereuses.... Vous lui pour-
rez montrer ma lettre**, & conférer amia-
blement avec lui, pour voir s'il se laissera*

* La Let
ci-aprés.

ranger à ce qui lui convient, qui feroit un
grand bien, & je le défire fincèrement pour
l'affection que je lui porte....... Bien veux
vous dire, que s'il ne s'accommode réellement à la raifon, à ce que je puis appercevoir, il fe mettra en grand hafard. Ce
dit Livre (celui de Baïus du libre arbitre) eft le pis, & faut néceffairement
qu'il fe défende, & que ceux de l'Univerfité entendent, que telles propofitions ne
doivent fe comporter.

Dans la Lettre oftenfible à Baïus,
Granvelle faifoit l'éloge de la piété
& de la fcience de cet Auteur, qui
dans toutes les occafions marquoit
une fenfibilité extrême fur fa réputation. J'ai ramentu, dit il, à Sa Sainteté
la qualité dudit Docteur Lebay, & le fruit
qu'il peut faire en l'Eglife de Dieu, le
fuppliant que tenant refpect à ce, & à la
vertu & bon zèle dudit Docteur, il lui plût
traiter cette affaire, de forte que ce fût
avec le moins de fcandale dudit fieur Lebay,
que faire fe pourroit ; par quoi Sa Sainteté
condefcendit avec une piété & une charité
vraiment Chrétiennes, & ayant compaffion
dudit Lebay, préfuppofant qu'il fût tombé
en ceci, ftimulé de la contention de fes émula-
teurs ; & comme il eft advenu fouventesfois,
que pour foutenir une propofition qui eft

e , quand l'on prend le chemin du
, l'on tombe néceſſairement à être
à concéder & affirmer autres plus
es , & plus éloignées de la Religion ;
:oncéda Sa Sainteté, que l'on feroit
dit Lebay tout ce que , la vérité & la
uves , & ſans faire préjudice à la
é & Autorité d'icelles , ſe pourroit ,
que ledit Docteur ſe voulſit ſoumettre
e la raiſon veut , & à la cenſure de Sa
té .... & s'eſt examiné l'Œuvre (le
de Baïus) par Gens ſçavans de
rs Nations , leſquels uniformement
ſuré pluſieurs des Propoſitions trou-
dans le Livre en la forme que vous
par la Bulle de N. S. P. le Pape ,
vous envoye. Au reſte , ſi le Car-
demandoit à Baïus de la doci-
l exhortoit ſes Adverſaires à la
é & à la douceur , & il recom-
oit à Morillon la prudence ſi
àire , pour ne pas aigrir les eſ-
toujours trop animés dans les
es de Religion.
tillon manda Baïus à Bruxelles,
lui communiquer la Bulle de
. & la Lettre du Cardinal de
elle. Baïus les reçut avec mo-
, avec une ſoumiſſion appa-
il reconnut qu'il étoit néceſ-

13 Novemb
1567.

faire de publier la Bulle dans l'Université de Louvain, & ils prirent ensemble les mesures les plus justes pour faire cette publication avec toutes sortes d'égards pour les Auteurs condamnés. L'Université souscrivit à cette condamnation sans aucune opposition, elle en fit expédier l'Acte conçu en ces termes. *Nous avons accepté avec toute sorte de respect & avec soumission la Bulle Apostolique de N. S. P. le Pape Pie V. & chacun des Articles qui y sont contenus ; n'ayant d'autre intention que de nous y conformer religieusement en tout, comme de vrais enfans d'obéissance ; rendant tous à Sa Sainteté de très-humbles & très-vives actions de graces du soin paternel qu'Elle prend de cette Université, & promettant de donner toute notre attention, pour bannir de notre Ecole la diversité des sentimens.* Cet Acte fut expédié & signé par Jansénius, alors Doyen de la Faculté de Théologie de Louvain, & qui fut depuis Evêque de Gand. Il ne faut pas le confondre avec Jansénius Evêque d'Ypres, qui eut le malheur d'adopter quelque tems après les erreurs de Baïus, qui enchérit même sur ces erreurs, & dont les sentimens ont été proscrits par l'Eglise.

Univerſelle. Pour achever ſon Ouvrage, Morillon notifia auſſi la Bulle aux Supérieurs & aux Profeſſeurs de l'Ordre de S. François ; lorſqu'il en rendit compte au Cardinal de Granvelle, il l'aſſura, *qu'ils s'etoient démontrés fort humbles & obéiſſans , & qu'ils avoient promis d'abſtenir de ces controverſes.*

Après l'Acceptation pure & ſimple de l'Univerſité de Louvain, on crut que l'Affaire étoit conſommée, & on ne penſa plus qu'à ménager la réputation des Auteurs condamnés , ſurtout de Baïus qui voyoit avec peine flétrir la gloire qu'il ſe flattoit d'avoir acquiſe par des opinions nouvelles. Ce fut dans cet eſprit que l'Univerſité demanda á Morillon , que l'on ne ſupprimât pas les Livres, dont les Propoſitions condamnées avoient été extraites, avec promeſſe de veiller exactement à ce que l'on ne ſoutînt aucune de ces Propoſitions. Morillon avoit des Ordres précis de ſupprimer ces Livres ; il repréſenta combien il ſeroit dangereux de laiſſer ſubſiſter des Ouvrages qui pourroient devenir funeſtes aux Candidats de l'Univerſité , & il ne crut pas que la charité la plus compatiſſante dût aller juſqu'à cet excès de condefcendance ; cependant il furfit la prohibition des Livres, jufqu'à ce qu'il eût reçu de nouveaux Ordres ; les feuls Exemplaires qui étoient entre les mains des Libraires furent arrêtés, & Baïus parut fe foumettre à tout avec l'humilité la plus édifiante.

Une année fe paffa dans la tranquillité & dans le filence. Morillon voulut voir par lui même, fi la Bulle étoit exécutée de bonne foi, il alla à Louvain, ou fon premier foin fut de s'affurer des difpofitions de Baïus. Cet homme, qui dans le tems de la réception de la Bulle avoit paru effrayé du danger où il avoit expofé la Foi, étoit entiérement changé. Il fit des plaintes ameres, de ce qu'on l'avoit condamné fans l'entendre ; fi on avoit voulu l'en croire, fes Propofitions avoient été mal extraites, fes Examinateurs n'avoient pas pris fes vrais fentimens : on pouvoit, difoit-il, s'en affurer facilement, en confrontant fes Ouvrages avec les Articles condamnés ; la Bulle, felon lui, avoit même cenfuré des Propofitions, qui ne lui étoient jamais échapées, elle avoit profcrit des opinions que les

Ecoles Catholiques avoient toujours
eu la liberté de foutenir ; enfin il avertit Morillon , que l'on devoit s'attendre à voir bientôt paroître quelque
Ecrit dogmatique , fur des objets fi
importans. Morillon furpris de cette
variation répondit à Baïus , que fes
Livres avoient parlé pour lui. Ils
avoient été examinés avec l'attention
la plus fcrupuleufe , leur condamma-
tion avoit été unanime ; tous les Tribunaux du monde ont toujours été
dans l'ufage de condamner des Ecrits
pernicieux , fur leur examen feul , &
l'équité n'exige que l'on entende les
Auteurs , que lorfqu'il s'agit de prononcer des condamnations , qui
doivent réjaillir fur leurs perfonnes.
A la vérité , parmi les Propofitions
condamnées , il y en avoit d
n'étoit point Auteur ; mai.
pofitions n'étoient attribué
fonne , elles avoient été rép.
dans les Pays-Bas , leur pub.
exigeoit une Cenfure , & le
Siége s'étoit propofé de pou
un feul Décret à tout ce q.
maintenir l'unité de la F.
Provinces. Morillon rapp.
à Baïus les Cenfures des U.

de Paris, & d'Espagne, qui avoient
précédé la Bulle & qui lui étoient absolument conformes ; il le fit souve-
nir du scandale que ses Ouvrages
avoient donné à une multitude de
sçavans Théologiens de toutes les
Nations, & des reproches que lui en
avoient faits plusieurs Prélats du Concile de Trente ; quant aux Ecrits que
Baïus annonçoit, pour défendre ses
Propositions, Morillon lui dit, qu'on
s'en prendroit à lui seul, & qu'il se
perdroit.

Baïus assura qu'il ignoroit si l'on
écrivoit contre la Bulle : tout ce qui
dépendoit de lui, étoit de promettre
qu'il n'écriroit point lui-même, qu'il
arrêteroit de plus tous les Ecrits qui
viendroient à sa connoissance ; & il le
promit. Au reste prévenu avantageu-
sement de la supériorité qu'il avoit sur
Morillon, pour la science, il voulut
entrer en dispute, & justifier ses opinions. Morillon dit, *qu'il lui coupa la*
buchette, & qu'il refusa d'entrer en
dispute ; il ne parla que du concours
des deux Puissances disposées à éteindre, à quelque prix que ce fût, le feu
que Baïus avoit allumé ; puis il lui demanda, s'il n'étoit donc plus dans

ces fentimens de modeftie & de foumiffion, dont il avoit donné des preuves , lorfque l'Univerfité avoit reçu
la Bulle , fans aucune contradiction.
Baïus répliqua , *que tant qu'il vivroit , il*
fe montreroit fils d'obéiffance & qu'il per-
févereroit dans cette réfolution. Morillon
ne voulut pas porter plus loin la conférence , quoiqu'il fût chargé de demander à Baïus une abjuration de
fes erreurs. Il le vit fi émû , qu'il craignit de l'aigrir , & il écrivit au Cardinal de Granvelle , qu'il n'avoir pas
jugé à propos de lui offrir alors l'Abfolution des Cenfures qu'il avoit en-
courues par fes rechûtes , *encore ,* dit
Morillon, *qu'il me femble qu'il en ait bon*
befoin.

La fuite des événemens prouva ,
que tous les ménagemens étoient
inutiles , & que Baïus ne vouloit pas
renoncer à fes fentimens. Il parla
même & il écrivit avec plus d'audace
qu'auparavant ; le fignal de la nouvelle guerre qu'il déclara , fut une des
Propofitions condamnées , qui avoit
pour objet le Sacrifice de la Meffe : il
la foutint publiquement , fous le prétexte fpécieux des raifons nouvelles
dont il fe flattoit de l'appuyer ; plu-

· fieurs Théologiens le combattirent,
& l'Univerfité entière vit fa rechûte
avec indignation. Le tems lui parut
propre à donner au Public une Apologie qu'il avoit eu tout le loifir de
méditer ; il ne la répandit point avec
myftere, fa hardieffe alla jufqu'à l'envoyer au Cardinal Simonetta , qu'il
avoit connu au Concile de Trente,
& à le prier de la préfenter au Pape
Pie V. dont il avoit déja éprouvé la
patience & la charité ; mais il n'ofa
l'adreffer au Cardinal de Granvelle,
qu'il avoit juftement irrité , & que
tant de récidives avoient entiérement
défabufé. Dans la Lettre que Baïus
écrivit au Pape , il dit de la Bulle qui
avoit condamné fes opinions , *qu'il
étoit à craindre que cette condamnation ne
fît tort à Sa Sainteté, non-feulement à caufe
des calomnies manifeftes ; que cette Cenfure
paroit renfermer ; mais encore , parce que
les termes , & comme il femble , les fentimens des Saints Peres y font condamnés .
C'eft pourquoi, ajoute-t-il , nous avons
cru néceffaire d'envoyer à Votre Sainteté,
au Jugement de laquelle nous foumettons
tout , ces Propofitions , avec ce qui fait
le fujet de nos allarmes , afin que les ayant
mûrement péfées , elle prononce fi elle*

veut que nous regardions ces Propofitions comme légitimement condamnées, & dûment examinées, ou leur condamnation comme fubreptice, & obtenue plutôt par artifice, & par les importunités de ceux qui font jaloux de la vertu des gens de bien, que par de bonnes raifons.

L'apologie étoit auffi captieufe, que la lettre étoit orgueilleufe & téméraire. Baïus s'attachoit à prouver, que quelques-unes de fes propofitions condamnées pouvoient avoir un fens Catholique, fans eraindre le fens hétérodoxe, qu'elles préfentoient naturellement, & qui feul avoit donné lieu à leur prefcription. Le faint Pape Pie V. voulut bien diffimuler l'injure que Baïus lui faifoit. Granvelle follicita la révifion du jugement qui avoit été prononcé, le nouvel examen ne produifit que la même condamnation, dont les motifs furent expliqués dans un Bref, que le Pape confia à Granvelle pour le faire notifier à Baïus. Le Bref portoit que, quoique les Ecrits de cet Auteur euffent été examinés la premiere fois avec la plus grande attention, cependant ils avoient été foumis à un nouvel examen, avec l'Apo-

logie que Baïus avoit envoyée. *Tout
confidéré*, dit le Pape, *nous avons jugé
que le Décret que nous avons donné, s'il
n'étoit pas déjà rendu, feroit le même à
tous égards, & nous le confirmons préfen-
tement.* Il impofe à Baïus un filence
abfolu, fur les propofitions condamnées, & il l'exhorte à fe foumettre *à
ce que la fainte Eglife fa Mere & fa Maîtreffe lui ordonne.*

Le Cardinal de Granvelle envoya
lè Bref à Morillon, pour le rendre à
Baïus ; Morillon le rendit, fans ménager davantage la fauffe délicateffe
du coupable ; il l'avertit qu'il avoit
encouru les cenfures eccléfiaftiques,
pour avoir foutenu fes erreurs, malgré la défenfe que fon Archevêque
lui en avoit faite, fous peine d'excommunication, & malgré les in-
jonctions portées expreffément par
la Bulle de Pie V. Baïus répondit,
qu'il ne pouvoit avoir encouru les
cenfures, pour avoir fait fes repréfentations au Saint Siége, & pour
avoir eu recours au Juge naturel de
toutes les queftions dogmatiques ;
auffi Morillon ne lui difoit pas qu'il
eût encouru les cenfures pour avoir
fait des repréfentations, mais pour
avoir

avoir soutenu en différentes occasions les propositions condamnées, & pour y avoir persévéré. Baïus parut le reconnoître de bonne foi, il en demanda l'absolution, & il se mit à genoux pour la recevoir. Morillon répliqua, qu'il falloit préalablement abjurer. Baïus feignit de douter sur quoi tomberoit son abjuration ; Morillon le lui expliqua, & il dit, qu'elle auroit pour objet toutes les propositions réprouvées par le Saint Siége, & par les Universités de Paris & d'Espagne. Baïus se releva fort ému; il soutint que la Bulle même déclaroit, que quelques-unes des propositions condamnées pouvoient être soutenues à la rigueur, & dans le sens qui leur étoit propre ; il demanda comme un préliminaire indispensable qu'on lui donnât copie de la Bulle, & qu'on lui laissât le temps d'y réfléchir. Etoit-elle donc nouvelle & inconnue à Baïus, qui l'avoit reçue de concert avec son Université, qui l'avoit réfutée dans son apologie, & qui avoit expliqué fort en détail tous les motifs qu'il croyoit avoir de s'en plaindre ? Morillon se borna à lui rappeller, qu'après la

publication de la Bulle , on avoit
pris le parti de n'en point laisser de
copie , pour éviter l'éclat , pour
étouffer cette affaire dans sa naissance , & pour ne pas laisser dans l'Université de Louvain des traces igno-
minieuses aux Auteurs qui avoient
été condamnés. Baïus l'avoua ; il
donna même des éloges à une conduite si charitable , & il demanda,
que l'on donnât des ordres sévéres,
pour anéantir toutes ces disputes ;
puis revenant sur ses pas, & craignant
de s'être trop avancé , il protesta que
l'on se seroit concilié facilement, si
le Pape avoit pris la précaution de
censurer, & de qualifier chaque proposition en particulier: il s'en prit au
Cardinal de Granvelle seul , & de la
Bulle & du Bref que Pie V. avoit
donnés. Morillon lui représenta toutes les obligations qu'il avoit au Cardinal , & l'ingratitude dont il le
payoit ; enfin il lui demanda s'il ne
persistoit pas dans ses anciens sentimens d'obéissance envers le Chef de
l'Eglise , & s'il ne reconnoissoit pas
encore , que le Vicaire de Jesus-
Christ est Juge de la Doctrine. Baïus
ne répondit rien. Il relut le Bref, &

enfuite la lettre du Cardinal de Granvelle ; touché des bontés que le Prélat lui témoignoit , il demanda pardon des reproches qu'il lui avoit faits
dans un moment de colére, il ajouta, *qu'il étoit prêt , pour obéir , de ne
jamais plus rien toucher auxdites propofitions , & qu'il défiroit d'être abfous.* Morillon infifta fur l'abjuration ; Baius
s'en défendit , fous prétexte de ne
pouvoir envelopper dans une abjuration pure & fimple des propofitions qui méritoient des cenfures, &
des qualifications bien différentes ;
Morillon dit , qu'il ne demandoit
qu'une abjuration relative à la condamnation prononcée par le Saint
Siége : & c'étoit ce que Baius vouloit éviter.

Cette fcène vive & finguliere fe
paffoit dans l'Hôtel du Cardinal de
Granvelle à Bruxelles. Morillon ,
fans en avertir Baius, y avoit fait
venir le Curé de fainte Gudule, qui
avoit la réputation d'un Théologien
fçavant, & d'un homme très-ver-
tueux ; il propofa à Baius de s'en
rapporter au fentiment de ce Cafuif-
te, fur l'abjuration dont il s'agiffoit.
Baius voulut bien le confulter. Le

Curé lui parla avec beaucoup de zèle
& de force, & enfin il le détermina
à une abjuration relative à la Bulle
de Pie V. Baïus se mit à genoux, il
fit son abjuration, & il reçut l'absolution des censures. Morillon crut
devoir prendre la même précaution
pour des Religieuses de l'Ordre de
saint François. L'esprit de curiosité
les avoit portées à s'informer du sujet des disputes, qui agitoient depuis
long-temps les Diocèses & les Éco-
les des Pays-Bas : leur ignorance les
avoit précipitées dans le mauvais
parti, & l'amour de la nouveauté les
y soutenoit. Morillon exigea d'elles
une abjuration semblable à celle de
Baius, sans doute, sans discuter en
leur présence des questions épineu-
ses, dont elles auroient dû ne jamais
entendre parler, & qui surpassoient
beaucoup leurs foibles connoissances.

On s'étoit déjà flatté souvent d'a-
voir terminé cette malheureuse affaire, & pour cette fois, on devoit
l'espérer avec une sorte de certitude;
mais Baïus étoit ou fort inconstant,
ou très-dissimulé. Il revenoit toujours à ses opinions; ce n'étoit pas

assez pour lui de les croire vraies
& d'y adhérer en secret ; il vouloit
les répandre , & il travailloit avec
chaleur à se faire des Disciples dans
l'Université de Louvain. Ravef-
tein avoit toujours éclairé de près
sa conduite. Après la mort de Ravestein, Cunerus Petri , l'un des Professeurs de cette Université , fut pour
Baïus un surveillant aussi zélé & aussi
importun. Il se plaignit hautement
des rechûtes fréquentes de Baïus , &
il en donna des preuves. On con-
seilla à Baïus de se justifier en présence de la Faculté. Il s'expliqua
avec cette audace, que le Cardinal
de Granvelle seul avoit pu réprimer ,
& qui renaissoit toutes les fois qu'il
croyoit pouvoir dogmatiser impunément. Parmi les propositions condamnées par la Bulle , Baïus dit ,
qu'il y en avoit plusieurs qui avoient
été condamnées avec justice, que
d'autres avoient été mal entendues ,
& extraites avec peu d'exactitude ,
& que quelques-unes enfin n'avoient
rien d'odieux , que d'avoir été expli-
quées d'une maniere inusitée dans
l'Ecole, quoique les Peres de l'Eglise se fussent servis des mêmes expres-

fions ; enfuite affeĉtant du zèle pour
la paix, & de la patience dans fon
humiliation, il protefta qu'il n'avoit
gardé le filence que pour ne pas exciter de nouveaux troubles, pour ne
pas accufer de fauffeté & de calomnie les Auteurs des extraits inférés
dans la Bulle, pour ne pas reprocher au Saint Siége la négligence &
la précipitation du jugement qu'il
avoit rendu, dans un temps où il
convenoit de ménager la dignité du
premier Siége du Monde Chrétien,
& où il falloit apprendre aux hérétiques à le refpeĉter. Baïus remar-
qua, que dans le nombre des propofitions condamnées, il y en avoit
quarante dont il n'étoit pas l'Auteur,
& dont il n'entreprenoit pas l'apologie ; pour les autres, il affura qu'il
fe feroit difpenfé de les juftifier, fi
Rithovius, Evêque d'Ypres, Sonnius
de Bois-le-Duc, & Janfénius de
Gand, ne lui euffent confeillé de faire ceffer tous les foupçons, & de
faire une profeffion folemnelle de
fa foi. Son amour pour la paix étoit,
difoit-il, fi vif & fi fincére, qu'il
avoit été tenté de renoncer à fa
Chaire de Profeffeur, pour termi-

ner toutes les difputes par fa retraite ; mais il avoit confidéré qu'il devoit répondre à Dieu des talens que
fa Providence lui avoit confiés, qu'il
lui étoit défendu de les enfouïr, &
qu'il avoit appris de faint Auguftin,
que le jufte ne doit pas ceffer de faire le bien, pour éviter les calomnies que l'on répand contre fa réputation.

Après un préambule fi fier , fi
éloigné de la foumiffion & de la
modeftie qu'il avoit affectées dans
les premiers momens de fa condamnation, Baïus entra dans le détail
des propofitions condamnées par la
Bulle , pour difcerner celles qui lui
étoient étrangéres de celles qu'il vouloit adopter ; fur-tout il s'attacha aux
articles de la Grace, du péché originel, du mérite des bonnes œuvres,
du facrifice de la Meffe, de la charité , du prix des actions de Jefus-
Chrift, & du libre arbitre, diffimulant ce que fes opinions avoient de
fingulier & de dangereux , les pré-
fentant fous une apparence propre à
furprendre ceux qui étoient, ou
moins éclairés, ou moins attentifs,
& fe réfervant toujours quelque rou-

Docteur de Louvain d'y souscrire, spécialement Baïus, qui épuisoit tous les artifices pour éviter cette souscription. Alors le Concile Provincial de Malines étoit assemblé. Martin Rithove, Evêque d'Ypres, y présidoit pour l'absence du Cardinal de Granvelle. Le Duc d'Albe crut que la Bulle ne pouvoit être publiée plus convenablement que dans le Concile même : il en écrivit aux Evêques assemblés, persuadé que l'autorité de ce Concile, jointe à celle du Saint Siége, & aux décisions de la Sorbonne & des Universités d'Espagne, détermineroit enfin Baïus à une soumission parfaite. Les Evêques applaudirent aux vûes du Duc d'Albe. Tous unanimement avoient accepté la Bulle ; tous marquérent du zèle pour la faire respecter. Ils député-
vain les F   s d'Ypres
    , dans   ce que
  élébres   cience,

comment réfifter en effet aux deux Puiffances, qui agiffoient parfaitement de concert, & qui menaçoient de févir contre ceux qui s'obftineroient plus long-temps dans leur défobéiffance ? Baïus eut recours à l'artifice qui lui avoit déjà réuffi, il diffimula en préfence des Evêques députés du Concile, il ne parla que de modération & de paix, il promit de fe foumettre au Concile Provincial, *pourvû*, dit-il, *que la vérité ne fût point bleffée*. Une foumiffion fi captieufe ne fatisfit que ceux qui ne le connoiffoient pas. Morillon fe rendit à Louvain ; il y fit publier la Bulle dans une affemblée générale de la Faculté, & tous fans exception s'y foumirent de la maniere la plus abfolue & la plus forte ; mais il s'agiffoit principalement d'avoir un acte authentique de cette acceptation, qui fût figné de Baïus, pour le réduire au filence, & pour le convaincre de duplicité, s'il retomboit dans fes erreurs. Par la même raifon, Baïus étoit réfolu de s'en difpenfer à quelque prix que ce fût ; fes intrigues engagérent la Faculté à prier Morillon de fe contenter de l'acceptation folemnelle de la Bulle que l'on venoit de faire ; les actes du Concile de Malines, & les regiftres de l'Univerfité paroiffoient fuffire pour attefter cette acceptation, & pour la faire paffer à la poftérité ; de plus grandes précautions pouvoient être injurieufes à la Faculté, elles étoient au moins inutiles ; cependant il fut décidé, que fi le Concile de Malines perfiftoit à exiger cet acte d'acceptation, la Faculté le feroit expédier, & munir de la fignature de tous les Docteurs, fans aucune exception. Morillon rendit compte au Concile de ces difpofitions ; il lui demanda de nouveaux ordres pour fe conduire avec plus de lumiéres, & pour n'être pas refponfable des événemens.

Il devoit s'attendre à toute la haine de Baïus, & de fes Sectateurs ; mais il fut étonné des calomnies qu'on répandit contre lui, fi groffierement qu'il lui fut facile de détromper l'Univerfité, & de confondre fes Accufateurs. Ils lui reprocherent d'avoir publié la Bulle de fon propre mouvement, & d'avoir emprunté le nom du Concile, fans y être autorifé. Il

en porta ſes plaintes au Concile même, qui crut devoir un témoignage
public à la vérité, & des éloges à la
conduite de Morillon. Les Evêques
d'Ypres & de Gand furent chargés
d'écrire à la faculté de Louvain, & de
l'aſſurer qu'il n'avoit agi que par les
ordres du Concile, qui s'étoit déterminé à la publication de la Bulle, par
les motifs les plus juſtes & les plus
preſſans. Les erreurs de Baïus étoient
répandues dans les Pays-Bas, -elles
commençoient même à ſe gliſſer
dans les Etats voiſins. On avoit ſou-
haité d'abord de lui épargner la honte
de ſa condamnation.; mais elle étoit
devenue publique par ſa réſiſtance
même, & par ſes clameurs. Il n'y
avoit plus d'eſpérance de faire rentrer
ſes opinions dans les ténebres. Des
rechûtes ſcandaleuſes & fréquentes
avoient exigé les remedes les plus
forts, & les plus grandes précautions.
Il s'agiſſoit d'aſſurer la Foi, & de pré-
ſerver le Monde Chrétien des erreurs
que l'on s'efforçoit de répandre ; la
ſeule publication de la Bulle pouvoit
porter la lumiere dans les eſprits, &
tracer aux Fideles la conduite qu'ils
devoient tenir. Quant à la ſouſcrip-

tion de l'acceptation de cette Bulle ,
les Evêques difoient , qu'elle ne devoit fouffrir aucune difficulté. Le Jugement du Saint Siége avoit été porté
aprè l'examen le plus exact , il avoit
été réitéré , il avoit été accepté folemnellement par le Concile de la
Province , il étoit conforme aux fentimens des Univerfités les plus fa-
meufes : celle de Louvain l'avoit reçu
avec un applaudiffement général ; le
Roi étoit réfolu de le protéger , le
Duc d'Albe avoit l'autorité & la fermeté néceffaires pour le faire exécuter ; Viglius Préfident du Confeil
d'Etat , & Coadjuteur de la Prévôté
de St. Bavon de Gand , étoit dans les
mêmes fentimens ; enfin , difoient
les Evêques d'Ypres & de Gand au
nom du Concile , *on diffipera beaucoup
plus aifément tout foupçon de rechûte , en
foufcrivant l'acceptation que la Faculté a
faite de la Bulle , fi elle l'a faite de bonne-
foi , puifque par là elle mettra le fceau à la
fincérité de fa foumiffion , en confirmant par
fa foufcription la décifion du Saint Siége ,
auquel l'Ecole de Louvain a coutume de
s'en rapporter en toutes chofes.* Le refte de
la Lettre eft une exhortation à figner
l'acceptation , *pour affoupir une affaire
très-odieufe.*

Malgré des raisons si pressantes, la signature de l'acceptation fut encore différée. Ce ne fut qu'en 1572, que le Duc d'Albe, indigné des intrigues & des délais de Baïus, ordonna à la Faculté d'en délibérer définitivement, & de lui rendre compte de sa Délibération. Tous les Docteurs furent présens à cette Assemblée, Baïus seul s'en dispensa, on ne sçait sous quel prétexte. La Faculté jugea, que toutes les Propositions condamnées par la Bulle, l'avoient été avec justice. Elle ordonna, que cette Conclusion seroit notifiée à tous ses suppots, spécialement à ceux qui aspiroient aux Grades, & qu'on lui dénonceroit tous ceux qui refuseroient de s'y soumettre. Tous les Livres qui renfermoient les Propositions condamnées, furent supprimés, la lecture en fut défendue aux Etudians; on nomma des Docteurs exemts de tous soupçons, pour corriger les Ecrits qu'Hessels avoit dictés, & par lesquels il avoit frayé le chemin à Baïus. La Faculté déclara qu'elle acceptoit la protestation que Baïus avoit faite, & qu'il avoit renouvellée tout récemment, de s'en rapporter à la Dé-

cifion de la Faculté, & elle établit
des Conférences pour affermir la
paix & l'union. Baïus n'avoit plus
de prétexte pour refufer d'obéir, il
figna la Délibération, fans aucune difficulté, toujours foumis en apparence, mais toujours déterminé à échapper par les détours qu'il fçavoit fe
préparer.

Morillon rendit compte au Cardinal de Granvelle de tout ce qui s'étoit
paffé ; le Cardinal approuva fa conduite, & il l'en remercia au nom de
Pie V. Ce Saint Pontife mourut très-
perfuadé que le Baïanifme étoit a-
néanti ; en Flandres même on eut
une fi grande confiance dans la prétendue foumiffion de Baïus, qu'il
obtint le Doyenné de l'Eglife Collé-
giale de S. Pierre de Louvain, & que
l'Univerfité le fit fon Chancelier ;
cependant il ne lui manquoit qu'une
occafion, pour rentrer dans la carriere ; elle fe préfenta bientôt, & il la
faifit avec empreffement. Philippe de
Marnix de Sainte Aldegonde Calvi-
nifte des plus emportés, affez vain
pour vouloir dogmatifer dans fa Secte, quoique fort ignorant, lui propofa différentes queftions fur la pré-

sence réelle de Jesus-Christ dans
l'Eucharistie, sur l'Ecriture Sainte, &
sur l'Eglise. Baïus eut le malheur, ou
la malice de répondre à ces questions
d'une maniere si équivoque, & si
foible que De Marnix s'attribua une
victoire complette. Les Calvinistes
des Pays-Bas en triompherent, & ils
eurent quelques raisons de s'applaudir, de ce qu'un Militaire de leur
Secte avoit confondu l'un des plus
sçavans Docteurs de Louvain. Horantius, Religieux de S. François, écrivit, non contre Marnix, qui n'avoit
proposé que des difficultés cent fois
rebattues & détruites, mais contre
Baïus, qui avoit paru trahir la cause
de la Catholicité; cet écrit eut assez
de succès pour obliger Baïus à se justifier. On vit donc encore une apologie de sa doctrine. Il s'emporta
contre son adversaire, & dans l'excès de sa colére, il osa nier l'existen-
ce de la Bulle de Pie V. bien assuré
que Morillon n'en avoit point laissé
de copie. L'Université de Louvain,
étonnée de cette impudence, en écrivit au Roi d'Espagne, & au Cardinal de Granvelle; elle les pria d'obtenir de Gregoire XIII. la confirma-

tion de la Bulle de Pie V. c'étoit en effet l'unique moyen de prévenir des chicanes qui renaiſſoient à chaque inſtant ; elles devoient ceſſer enfin par le dépôt de la Bulle dans les regiſtres de l'Univerſité.

Baïus, juſtement allarmé de ce projet, retoucha l'écrit qu'il avoit envoyé autrefois à Pie V. Il n'oſoit plus s'adreſſer au Cardinal de Granvelle, qui l'avoit abandonné abſolument ; mais il trouva le moyen de faire préſenter ſon apologie à Gregoire XIII. Granvelle reçut à cette occaſion des ordres de Madrid; Miniſtre du Roi d'Eſpagne auprès du Saint Siége, il ne put ſe diſpenſer de ſolliciter un nouvel examen des écrits de Baïus, ſans propoſer aucun de ces ménagemens, qui avoient ſi mal réuſſi, & qui n'avoient ſervi qu'à rendre le coupable plus téméraire & plus entreprenant. Gregoire XIII. donna une Bulle, qui renouvelloit la condamnation des erreurs de Baïus, & qui rapportoit en ſon entier la Bulle de Pie V. pour aſſurer ſon exiſtence & ſon authenticité ; elle fut remiſe à Tolet, Jéſuite & Prédicateur du Pape ; il devoit la

le fujet de fon voyage ; bien lc
former quelque oppofition à
cution de la nouvelle Bulle ,
fixa au dix-neuf du même moi
femblée générale de la Facultc
devoit être convcquée pour la
fication , & pour l'enregiftrem
la Bulle. Ce jour étant venu ,
préfenta à la Faculté le Bref qu
torifoit ; enfuite il fit un difcou
il rappella tout ce qui s'étoit f
l'occafion de la Bulle de Pie V.
ce que quelques Théologiens
nommer perfonne, avoient fait,
fe fouftraire aux Décifions pc
par ce Décret. Il préfenta la Bu
Grégoire XIII. , il demanda au
du Saint Siége qu'elle fût acc
& dépofée dans les Regiftres de

encore de se justifier, puis il se retira,
sous prétexte de laisser opiner en liberté, sur une affaire qui l'intéressoit
personnellement. Le Doyen de la
Faculté remercia le Pape au nom de
tous ses Collégues de la charité pater-
nelle que Sa Sainteté avoit pour l'U-
niverfité de Louvain ; il assura le
Commissaire Apostolique, qu'elle
n'avoit jamais manqué au respect &
à la soumission qu'elle devoit à la
Bulle de Pie V., & pour délibérer sur
la réception de celle de Grégoire
XIII., il indiqua une seconde Assemblée générale au ving-un. Tolet y
fut conduit par Baïus même, & par
deux Docteurs Députés de la Faculté.
Après la lecture du Bref & de la
Bulle, il demanda à Baïus s'il n'a-
vouoit pas que plusieurs des Propositions condamnées étoient dans ses
Ouvrages, dans le même sens où
elles étoient condamnées, Baïus l'a-
voua, sans modification & sans
excuse. Tolet insista, il demanda encore à Baïus, s'il condamnoit ces
Propositions, & toutes celles qui
étoient proscrites par la Bulle. Baïus
répondit, *je les condamne selon l'inten-*
tion de la Bulle, & comme la Bulle les

condamne. Tolet pria la Faculté d[...]
ner. Tous unanimement dire[...]
nous condamnons les Propofitions ,
recevons la Bulle avec refpect , & no[...]
promettons obéiffance. Tolet fin[...]
Séance, en exhortant la Facult[...]
. paix & à la perfévérance.

Sa Commiffion alloit plus lo[...]
s'agiffoit de déterminer enfin B[...]
donner un Acte authentique de f[...]
miffion, & à le figner. Tolet lu[...]
fenta un modele de cet Acte[...]
Baïus devoit reconnoître netten[...]
que fes opinions avoient été j[...]
& condamnées par Pie V., &[...]
Grégoire XIII. On lui propofoi[...]
jouter une déclaration de fes [...]
mens, conçue en ces termes. *J'[...]*
tellement touché , que je fuis tout-
perfuadé de l'équité avec laquelle on [...]
damné toutes ces opinions , que leu[...]
damnation eft très-jufte & très-légiti[...]
qu'elle n'a été prononcée qu'après un[...]
délibération , & un examen très-exc[...]
confeffe de plus , que plufieurs de ce[...]
pofitions font contenues & enfeignée[...]
le fens même auquel elles ont été co[...]
nées , dans plufieurs Livres que j'ai c[...]
fés & publiés , avant que le Pape eût[...]
fa Bulle : enfin je déclare , qu'à pré[...]

renonce à toutes ces mêmes Propositions, que j'acquiesce à la condamnation que le Saint Siége en a faite, & qu'à l'avenir, je ne veux, ni en enseigner, ni en soutenir aucune. Baïus n'hésita pas de signer cet Acte, quoiqu'il prévît, qu'il pourroit le confondre, lorsqu'il renouvelleroit des erreurs abjurées d'une maniere si solemnelle & si précise. C'étoit du moins se tirer d'un embarras présent : l'avenir n'incommode que ceux qui sont vrais, droits & sinceres.

Qu'il est rare que l'on abandonne de bonne foi un parti, dont on se fait honneur d'être le chef! la prévention & l'amour aveugle que l'on a pour des opinions, qu'on se flatte d'avoir créées; la vanité satisfaite d'occuper une place distinguée, plutôt que d'être confondu dans la multitude des Théologiens & des fideles; l'appas de la réputation; la honte de varier, & de reconnoître son erreur; le triomphe de ses Adversaires que l'on hait, & que l'on méprise; la prétendue lâcheté de ruiner un Ouvrage, dont on croit être le plus ferme appui; la douleur de faire passer son nom à la Postérité avec une tache

Tel fut le malheur de Baïus. .
il n'eut la force de renoncer
idées ; quelques précaution:
prît, pour les renfermer dan
intérieur, souvent elles lui (
poient, elles le trahiſſoient. M
& Horantius furent encore au)
avec lui , & pour cette fois (
rendit la juſtice , qu'il avoit é(
l'Euchariſtie d'une maniere (
doxe; mais ſes ſentimens ſur l(
voir de l'Egliſe parurent ſuſ[
il fut obligé de donner enco
explications , toujours hon
à un Théologien , qui doit
avec juſteſſe , & ſans détou
des matieres qui appartiennen
Foi.
Ainſi Baïus paſſa ſa vieilleſſ

également révoltés contre l'Autorité Ecclésiastique, & contre la Puissance Royale. Ces craintes redoublèrent, lorsqu'on vit, qu'il dispensoit ses Disciples de l'acceptation des Bulles de Pie V. & de Grégoire XIII., quoique l'Université eût ordonné expressément qu'on l'exigeât de ses Etudians; lorsqu'il combattit la croyance de l'Eglise-Catholique sur les Indulgences, en ce qu'elle enseigne, que les mérites des Saints entrent dans ce trésor spirituel ; lorsqu'il s'attacha à affoiblir l'autorité que le Saint Siége exerce sur l'Eglise Universelle, pour se venger des condamnations que Rome avoit prononcées contre lui, & qu'embarrassé de quelques Décisions du Concile de Trente, il prétendit, qu'elles n'étoient pas définitives & irrévocables. A chaque pas qu'il fit dans ses égaremens, il rencontra toujours des Adversaires, dont le zèle & la science auroient dû le ramener aux vrais principes ; les Universités de Salamanque & d'Alcala censurérent une seconde fois ses Ouvrages : on peut dire, que l'Autorité, la Charité, les lumieres s'épuisérent pour le persuader.

Le Cardinal de Granvelle i
pas voulu le perdre , & ja
n'avoit pu le convertir. La d
ressource que le zèle inspira à
nistre , fut d'engager le Pape à
de l'Université de Louvain , y
fît un corps de Doctrine sui
les objets , qui avoient fait naî
disputes. L'Université le fît i
avec modération & avec préc
elle ordonna que ses Docteur
Candidats promissent par se
de s'y conformer , & elle eut-l
solation de le voir généralem
prouver. Baïus en devint pl
conspect. La Foi parut être en
par la condamnation de se
vrages ; on le laissa achever tr
lement sa carriere , dans les for
de Chancelier de l'Université d
vain.

J'ai crû devoir expliquer ici
la suite de l'affaire de Baïus, p
pas interrompre trop souvent
cit de cet évenement singulie
dant que le Cardinal de Gr
avoit la plus grande attention

France pour entretenir la division dans le Royaume & pour faciliter par une guerre civile les projets chimériques que Philippe II. avoit formés sur la Couronne de France. Non-seulement il n'y a point de preuves, que ces Ministres ayent eu des liaisons sécrettes avec les Calvinistes de France, & qu'ils les ayent favorisés ; mais encore il est certain, qu'ils ont eu le zèle le plus vif & le plus sincere, pour contribuer à appaiser les troubles de Religion qui s'étoient élevés en France. Personne n'ignoroit alors les relations intimes que les Calvinistes de France avoient avec les Religionaires des Pays-Bas. Si les Ministres du Roi d'Espagne avoient protégé les Calvinistes de France, ils auroient assuré de grands secours aux Séditieux des Pays-Bas, ils auroient agi contre les vues & les intérêts de leur Maître. Qu'on reproche aux Granvelles d'avoir flatté l'ambition des Guises, cela est juste ; il n'est que trop commun qu'on tâche de diviser les sujets d'une puissance qu'on veut abattre, & de les soulever contre leur Souverain légitime ; pour les troubles de la Religion, les Granvelles souhaitoient

sincérement de les calmer, ils en donnerent alors une preuve qui ne peut
pas être équivoque.

Projet de Granvelle pour ir l'affaire la Navarre. Antoine de Bourbon premier Prince du Sang de France avoit épousé
Jeanne d'Albret Héritiere du Royaume de Navarre. L'un & l'autre étoit
imbû des nouvelles erreurs, & ils
étoient encore plus ennemis de la
Cour de Rome, qui avoit entrepris
de dépouiller les Possesseurs légitimes
de la Couronne de Navarre, pour la
transporter à la Maison régnante en
Espagne, sous prétexte de conserver
la Religion dans la Navarre. C'étoit
un projet digne d'un Prélat zélé pour
la Religion, & d'un Ministre habile,
de vouloir détacher le Roi & la
Reine de Navarre du parti des Calvinistes, de les reconcilier avec la Cour
de Rome, & de les faire rentrer dans
le sein de l'Eglise. Le Cardinal de
Granvelle proposa l'échange du
Royaume de Navarre, contre le
Royaume de Sardaigne. Le Baron de
Chantonnay, Ambassadeur en France,
fut chargé de disposer le Roi & la
Reine de Navarre à cet échange, &
d'obtenir le consentement de la Cour
de France, qui y avoit un intérêt sen-
sible.

Profper de Sainte-Croix, Nonce en France fous le Pontificat de Pie IV. avoit ordre d'agir de concert avec les Granvelles ; mais ce projet fouffroit de grandes difficultés. Il étoit avanta-geux à Philippe II, , & ce fut lui qui s'y oppofa avec plus d'obftination. Pour l'y déterminer, on lui repréfen-ta les fcrupules bien fondés que Char-les-Quint avoit portés jufques dans fa retraite fur la poffeffion de la haute Navarre. L'acquifition de la baffe Navarre étendoit la Frontière d'Efpa-gne du côté de la France, & en con-fervant la mouvance du Royaume de Sardaigne, Philippe auroit fait un échange également glorieux & utile à fa Couronne. Cependant il parut craindre de donner un voifin dange-reux à la Sicile, & fon indécifion ac-coutumée fufpendit la négociation.

Le Roi de Navarre étoit très-dif-pofé à accepter l'échange, quoique le voifinage de la Sicile fût plus à craindre pour lui que pour l'Efpa-gne. Il étoit fans marine & fans ef-pérance d'en pouvoir former ; il avoit à redouter toutes les forces de l'Efpagne, & les prétextes dont on ne manque jamais pour dépouiller

Q ij

celui qui ne peut se défendre. La
Reine de Navarre marquoit une répugnance invincible à céder le patrimoine de ses peres, & à embrasser la Religion Catholique, Charles
IX. Roi de France désiroit que la
basse Navarre restât entre les mains
d'un Prince de son sang, & pour
ainsi dire dans sa dépendance. La
négociation languit, elle n'échoua
absolument qu'à la mort du Roi de
Navarre.

Granvelle
ropose le Ma-
iage de Dom
arlos avec
Marie Stuart.

Un Historien a dit, qu'avant que
de proposer l'échange de la Navarre
& de la Sardaigne, Granvelle avoit
eu un autre dessein, Ce Ministre,
dit-il, connoissoit l'obstination de
la Reine de Navarre dans les erreurs
qu'elle avoit embrassées, il proposa
au Roi de Navarre de la répudier,
de reprendre son ancien attachement à la Catholicité, & d'épouser Marie Stuart, Reine d'Ecosse,
alors veuve de François II, il n'est
pas possible d'accuser Granvelle d'a-
voir eu des vûes si contraires à la
Religion & à la politique; à la Religion, parce que le divorce n'est
point admis dans l'Eglise Catholique, & que l'hérésie même ne peut

diſſoudre le lien du Mariage ; à la
Politique, parce qu'il n'étoit pas de
l'intérêt du Roi d'Eſpagne de faire
rentrer la Couronne d'Ecoſſe dans la
Maiſon de France. Philippe II. avoit
une ſi grande appréhenſion qu'elle
n'y rentrât, qu'après la mort de François II., il n'oublia rien pour empêcher le Mariage de Charles IX. avec
Marie Stuart. Granvelle avoit été
chargé de cette intrigue ; peut-être
même en étoit-il l'auteur ; auroit-il
abandonné ſi promptement ſes principes pour favoriſer le Roi de Navarre
ennemi irréconciliable de l'Eſpagne ?
Enfin ce prétendu projet avoit été
contraire aux maximes les plus certaines du droit Public. Antoine de
Bourbon étoit Roi de Navarre parce
qu'il avoit épouſé l'Héritiere de ce
Royaume. S'il avoit répudié cette
Héritiere, il auroit ceſſé d'être Roi,
il auroit tout perdu, & la Religion
n'y auroit rien gagné, puiſque Jeanne d'Albret auroit conſervé ſon
Royaume, & qu'elle n'auroit pas
manqué de continuer à protéger les
Calviniſtes.

Le vrai deſſein du Cardinal de
Granvelle paroît dans les Lettres que

lât à leur conduite. Il proposa de leur donner un surveillant, non sous le titre de Gouverneur, qui leur seroit odieux, mais sous le titre de Protecteur, choisi dans la plus haute Noblesse, chargé seulement en apparence de maintenir leurs Priviléges, mais occupé réellement à éclairer de près leur conduite : c'étoit se désigner clairement pour remplir la place qu'il vouloit créer. La Gouvernante n'eut pas le courage de lui résister ; la proposition fut portée au Conseil, où les amis du Prince d'Orange le donnérent pour être l'homme le plus agréable aux Brabantins, & le plus capable de les bien conduire. Granvelle lui résista en face. Il dit que les Brabançons étoient jaloux du privilége qu'ils avoient, de n'être soumis à aucun Supérieur, qu'au Gouverneur général des Pays-Bas ; ce privilége étoit ancien, celui qui seroit leur Protecteur, pourroit se nommer leur Souverain, & se croire associé à l'autorité du Roi, sur les dix-sept Provinces. Granvelle fit sentir toutes les conséquences de ce projet audacieux, il parla avec tant de force, que malgré les intrigues du Prince d'Orange, sa proposition fut rejettée à la pluralité des voix. Le Ministre alla plus loin, il ne communiqua plus rien au Prince d'Orange de tout ce qui pouvoit intéresser le Brabant, il affecta même de profiter de l'absence du Prince, pour nommer les Magistrats des Villes du Brabant, & pour ne pas lui donner la facilité de s'y faire de nouvelles créatures.

Ce refus ne servit qu'à animer le Prince d'Orange, & à faire éclore une nouvelle intrigue. De toutes les Provinces des Pays-Bas il s'éleva un cri général, pour demander la convocation des Etats. Le prétexte en étoit juste en apparence. On disoit que les bons Rois ne craignent jamais de consulter leurs Sujets, on se proposoit de porter des Loix équitables pour la défense de la Religion, de regler les Finances, & de pourvoir à la garde du Pays, que le Prince d'Orange croyoit exposé à être envahi par les François. Il n'ignoroit pas que le Roi d'Espagne avoit défendu très-expressément à la Gouvernante d'assembler les Etats Géné-

raux des dix-fept Provinces ; mais
pour l'y déterminer, il lui fit efpérer que les Etats lui donneroient des
fubfides affez abondans, pour réparer les défordres des finances,
pour foudoyer les Troupes, pour
dominer abfolument fur les Peuples
des Pays-Bas.

Le Prince d'Orange étoit bien éloigné de tenir parole. Son unique objet étoit d'obtenir la convocation des
Etats, & de les engager à chaffer les
troupes Efpagnoles, à régler l'emploi du fubfide qui avoit été accordé
par les Etats de Gand, & à ufurper la
Législation même pour les affaires
de Religion ; cependant la préfence
du Cardinal de Granvelle l'embarraf-
foit, & il entreprit de l'exclure des
Etats dont il demandoit la convocation. Naturellement les Etats Généraux ne devoient être préfidés que par
la Gouvernante, & par fon Miniftre.
Le Prince d'Orange propofa de leur
donner pour Préfident le Marquis de
Bergue, homme d'une probité reconnue & Catholique fort zèlé, mais
homme foible, & dont il fe flattoit
de difpofer entierement. Si le Marquis de Bergue pouvoit obtenir la

Préſidence des Etats, il étoit sûr
que le Cardinal de Granvelle refuſe-
roit d'y aſſiſter, & c'étoit tout ce
que le Prince d'Orange ſouhaitoit.

L'appas d'un ſubſide extraordinaire & abondant tentoit la Gouvernante ; mais Granvelle lui découvrit
le piége caché ſous de ſi belles apparences, & l'impoſſibilité même d'aſ-
ſembler les Etats Généraux. Le Roi
l'avoit défendu expreſſément, &
c'étoit s'expoſer à toute ſon indignation, que de lui déſobéir dans une affaire de cette importance. Les Etats
aſſemblés devoient infailliblement
s'emparer de toute l'autorité, & ne
laiſſer à la Gouvernante & au Miniſtre, que le ſoin d'exécuter leurs volontés. Ceux qui demandoient la
convocation des Etats, étoient ceux-
là mêmes qui méditoient une révolution, & qui vouloient ſubſtituer le
Gouvernement républicain à l'Autorité Souveraine. Ils auroient attention à remplir les Etats de Séditieux,
& ils emporteroient facilement la
pluralité pour la liberté de conſcien-
ce. On y verroit les Abbés Réguliers
encore irrités de l'établiſſement des
nouveaux Evêchés. La Nobleſſe y

seroit conduite, trompée, & asservie
par le Prince d'Orange. Les Députés
des Villes seroient subjugués par la
Noblesse. Ceux qui avoient embrassé les nouvelles erreurs, demande-
roient la révocation des Edits de
Charles-Quint, ils s'éleveroient contre les Ordres sévères de Philippe II;
si on leur imposoit silence, ils se
plaindroient de la servitude où l'on
tiendroit les Etats. Leur accorder un
autre Président que la Gouvernante,
ce seroit une nouveauté, ce seroit un
exemple pernicieux, ce seroit donner
au peuple un Tribun qu'on oppose-
roit à l'Autorité Royale; & dont les
fonctions passeroient bientôt des
mains du Marquis de Bergue dans
celles du Prince d'Orange. La Gouvernante se rendit à des raisons si fortes, & elle refusa absolument la
convocation des Etats; elle dit que
le Roi devoit bientôt revenir en Flandres, & qu'il falloit attendre sa présence, pour délibérer des intérêts les
plus importans de la Religion & du
Gouvernement.

Tout ce qu'elle ordonnoit d'elle-
même étoit marqué au coin de la
timidité, elle laissoit trop entrevoir

la crainte que le prince d'Orange lui avoit inspirée, & le défir qu'elle avoit de l'appaiser. Pour le consoler du refus d'assembler les Etats, elle permit aux Chevaliers de la Toison d'Or de s'assembler en sa présence, pour délibérer sur les affaires générales. On affectoit de ne parler devant elle que des intérêts des Peuples; mais on avoit toujours quelques prétextes pour achever les Délibérations chez le Prince d'Orange, & là on ne s'entretenoit que des moyens de chasser le Ministre. Il le sçut, ou il s'en douta, il en porta ses plaintes au Roi d'Espagne ; le Roi désapprouva ces assemblées, il voulut que la Gouvernante les fit cesser, & ce fut pour elle une mortification, de voir que les premiers ordres peutêtre qu'elle eût donnés sans la participation de Granvelle, fussent condamnés & révoqués sans aucun ménagement. Telle fut aussi l'époque de la mésintelligence qui survint entre la Gouvernante & le Ministre, & qui acheva de tout perdre. Granvelle se plaignoit de ce que la Gouvernante autorisoit publiquement les Conférences de ses ennemis, & les Délibé-

rations fréquentes, où il ne s'agiſſoit
que de trouver les moyens les plus
ſûrs pour le faire renvoyer. La Gouvernante jugea par la Lettre humiliante qu'elle avoit reçue, que Granvelle avoit à ſon inſçu une correſpon-
dance avec le Roi, & qu'il ne l'épargnoit pas dans les avis qu'il donnoit.
La défiance devint réciproque, elle
éclata même; & le Prince d'Orange
en profita habilement, pour ſe dé-
barraſſer en même-temps de la Gouvernante & du Miniſtre.

Il lui étoit important de commencer
par éloigner des Pays-Bas les troupes
Eſpagnoles. Le Roi l'avoit promis
aux Etats de Gand; le délai qu'il avoit
preſcrit, étoit écoulé depuis long-
tems; les Grands, le Peuple, les
Etats de chaque Province exigérent
unanimement, que la Gouvernante
accomplît la parole du Roi, & ils l'exi-
gerent avec cette chaleur que le Prince d'Orange ſçavoit donner à tous ſes
projets. Granvelle voyoit trop de diſpoſitions à la guerre civile, pour ne
pas conſerver des troupes qui devoient être ſa ſeule reſſource. Il en é-
crivit au Roi d'Eſpagne, & bien loin
de lui conſeiller de rappeller ſes trou-

pes en Efpagne , il lui confeilla de les
aiffer aux Pays-Bas, de les bien payer,
d'y établir une grande fubordination,
& de les augmenter affez pour tenir en
refpect les Peuples des dix-fept Provinces.

La Gouvernante devoit prudemment refufer le renvoi des troupes
Efpagnoles , jufqu'à ce que le Roi en
eût décidé ; elle mollit , & peut-être
pour mortifier Granvelle à fon tour ,
elle ordonna que l'affaire fût portée
au Confeil d'Etat. Le Prince d'Orange y entraîna facilement les fuffrages
pour le renvoi des troupes ; Granvelle
& Viglius furent les feuls qui ofaf-
fent s'y oppofer ; mais la grande pluralité étoit pour le départ des troupes,
& la Gouvernante expédia des ordres , pour les faire marcher en Zélande , où elles devoient s'embarquer
pour l'Efpagne. Déjà elles étoient en
route , lorfque les ordres du Roi arrivérent pour fufpendre leur départ :
la Gouvernante n'ofa réfifter , elle
fufpendit leur embarquement, bien
réfolue d'avoir fa revanche contre le
Miniftre , & de combattre fon avis ,
au rifque de s'affoiblir elle-même,
& de fe mettre dans la dépendance
abfolue du Prince d'Orange.

En effet les plaintes redoublerent.
La Gouvernante parut craindre une
sédition , & que les troupes Espagnoles mêmes, qui étoient en très-
petit nombre , n'en fussent les premieres victimes. Dans la lettre qu'elle
en écrivit au Roi , elle sçut lui inspirer la frayeur vraie ou fausse dont
elle étoit pénétrée ; le Roi étoit toujours au premier qui vouloit s'emparer de son esprit , il permit de renvoyer les troupes en Espagne. Granvelle & Viglius parurent se rendre,
les troupes partirent ; & dès ce moment le Prince d'Orange ne trouva
plus d'obstacles à l'exécution de ses
projets , que dans la fermeté d'un
Ministre qu'il avoit eu l'adresse de dé-
sarmer , & qui étoit vaincu par ceux
mêmes dont il soutenoit l'Autorité.

Dans cette triste situation, les erreurs de Calvin & de Luther firent
tous les jours de nouveaux progrès.
Les Religionnaires se déclarerent hautement , ils exciterent des Séditions
à Tournay , à Lille , & à Valenciennes. Montmorency de Montigni, Gouverneur de Tournay, punit
du dernier Supplice les Prédicans
qui avoient assemblé le Peuple dans

cette Ville. De Glimes, Marquis de Bergue agit plus mollement dans son Gouvernement de Valenciennes. Il fit mettre les Prédicans en prison, mais il différa l'instruction de leur Procès : il sembloit qu'il ne les tînt en prison, que pour animer la populace. Elle s'émut en effet ; Granvelle se chargea de réprimer ce commencement de révolte. Il fit instruire le Procès des Prisonniers. L'Arrêt fût exécuté à la vue du Peuple , & les Religionnaires ne firent plus de semblables entreprises.

La création des nouveaux Evêchés paroissoit consommée. Le Pape avoit donné les Bulles nécessaires. Le Roi d'Espagne les avoit revêtues de son Autorité. Les nouveaux Evêques étoient nommés ; il ne s'agissoit plus que de les mettre en possession de leurs Diocèses, & de les soutenir contre la violence des Protestans. Le Prince d'Orange ne désespéroit pas encore de détruire cet ouvrage : il animoit les Peuples à ne pas reconnoître les nouveaux Evêques, & il flattoit les Réguliers de l'espérance de conserver le temporel de leurs Abbayes, dont ils devoient être dépouil-

imparfait , que d'augmenter les troubles des Provinces maritimes les plus féditieuses & les plus redoutables de toutes celles qui formoient le Gouvernement des Pays-Bas. Les ennemis de Granvelle s'étoient flattés de lui enlever à cette occafion l'Archevêché de Malines. Fâchés de n'y avoir pas réuffi , ils réfolurent de faire les derniers efforts pour le chaffer des Pays-Bas ; mais avant que de l'attaquer directement à la Cour de Madrid , ils effayérent de l'épouvanter , & de l'engager à demander lui-même fa retraite. Souvent on lui donnoit des avis fecrets , qu'il périroit par le fer , ou par le poifon ; les Proteftans le menaçoient de tirer une vengeance éclatante de la mort des Prédicans de Valenciennes; les Grands , les Réguliers dépouillés de leurs Abbayes , le Peuple , tout fembloit confpirer contre lui ; furtout on employa les armes dont fe fervent toujours les lâches & les calomniateurs; on répandit des Libelles diffamatoires , où on lui reprocha fa naiffance , fes mœurs , fa dépenfe exceffive , fa hauteur , fa févérité.

Les Religionnaires fe diftinguerent

sur-tout dans ce genre d'attaque. Le seizième siécle fut fécond en Libelles diffamatoires, que les Hérétiques nommerent Légendes par dérision, & par allusion aux Extraits des Vies des Saints, que l'Eglise a inférés dans ses Breviaires. Déjà le Cardinal de Lorraine & Dom Claude de Guise, Abbé de Cluny, avoient eu leurs Légendes, dont un Compilateur moderne a osé donner une Edition nouvelle,* pour immortaliser des Ouvrages, qui devroient être ensevelis dans l'oubli. La Légende du Cardinal de Lorraine avoit accusé ce Prélat d'avoir été d'intelligence avec le Cardinal de Granvelle pour porter la Maison de Guise au plus haut point de la grandeur. Le nouvel Editeur de cette Légende enchérit encore, & il dit que *le Cardinal de Granvelle fut en tout sens un très-méchant Ministre, qui n'a pas peu contribué par ses hauteurs & par sa dureté à faire perdre les Pays-Bas à la Couronne d'Espagne, & qui d'ailleurs a deshonoré sa dignité par ses mauvaises mœurs.* Il ajoute, à l'occasion d'un autre Libelle, *que Granvelle étoit un homme dangereux & ennemi de toute la France.*

* Mém. de Condé Tom. VI. page 536.

Dire que ce Miniſtre fut ennemi de la Fance, qui étoit alors preſque toujours en guerre avec l'Eſpagne, 'eſt dire, qu'il ſervoit bien ſon Maître, & qu'il étoit dangereux à ſes ennemis. Tout le reſte à été puiſé dans la Légende que les Proteſtans es Pays-Bas firent contre le Cardinal e Granvelle. Je ne la connois que par ce que d'Aubigné en dit dans ſon Hiſtoire Univerſelle. * *Cet Ouvrage, it-il, diffamoit le Cardinal en ſon extrac- on, en ſon enfance, & en tous les âges e ſa vie, l'accuſant de mauvaiſes mœurs, e toutes ſortes de pollutions, & puis de erfidie aux choſes publiques & particu- eres.* Un Miniſtre qui combattoit vec zèle pour la Religion, contre es Luthériens & les Calviniſtes, & ui ſoutenoit preſque ſeul l'Autorité oyale au milieu des Révoltés, pou- oit-il alors n'avoir pas ſa Légende ? es Proteſtans ne craignoient pas de leſſer la vérité & la charité, pour écrier les ennemis de leur Secte naiſ- ante ; mais les Auteurs de ces Libel- es & leur nouvel Editeur portent vec eux leur Réfutation. La Reli- ion, la vérité, la probité n'em- loyent jamais des moyens ſi odieux.

* D'Aubigné Hiſt. Univerſ. Liv III. Chap. XXII.

taqué par une multitude d'ennemis acharnés à sa perte ne perdit rien de son courage & de sa présence d'esprit. Il se croyoit assuré de la confiance de son Maître. Ses conseils étoient né-cessaires à la Gouvernante. Son gé-nie, son expérience, son travail in-fatiguable le soutenoient dans les embarras qui naissoient de toute part. Il rejetta les conseils timides que ses amis lui donnoient, autant que ses ennemis, & il fit voir une intrépi-dité dont le Prince d'Orange ne l'a-voit pas soupçonné, lorsqu'il lui dé-clara une guerre ouverte. La cabale changea de batterie ; elle résolut de perdre Granvelle dans l'esprit du Roi, & de la Gouvernante même, quoique l'un & l'autre fussent intéressés à con-server un Ministre qui étoit d'une fi-délité à toute épreuve.

Le parti du Prince d'Orange comp-toit beaucoup sur le caractere ombra-geux de Philippe II., & sur la jalousie qu'il avoit naturellement contre les Ministres qui le servoient avec plus de réputation. Les Factieux tinrent des assemblées fréquentes. La Gou-vernante ne les ignora pas, elle ne voulut pas les interdire, & Gran-

Prince d'O
range po
faire renvuy
Granvelle.

velle feul ne le pouvoit pas. Le ré-
fultat de ces aſſemblées fut, qu'on
envoyeroit en Eſpagne Montmorency de Montigni, pour repréſenter au
Roi le trifte état des Pays-Bas, &
pour lui donner des conſeils importans, au nom de la Nobleſſe & des
Magiſtrats. Montigni devoit combler
d'éloges la Gouvernante ; il devoit
rejetter tout les malheurs, ſur la
création des nouveaux Evéchés, ſur
la crainte de l'inquiſition, ſur l'orgueil & la dureté du Miniſtre ; ce
qu'il y avoit de plus eſſentiel ſelon
les Factieux, étoit de perſuader au
Roi, qu'il n'y avoit point d'autre
moyen de pacifier les pays-Bas,
que de renvoyer le Cardinal de Granvelle.

·· La Gouvernante fut informée du
détail des inſtructions données à
Montigni ; ſoit qu'elle fût flattée des
témoignages qu'on vouloit lui tendre, ſoit qu'elle ne fût pas encore
déterminée à ſolliciter la diſgrace de
Granvelle, elle ſe contenta d'avertir
le Roi de la députation, & de le
prévenir ſur ce qu'on devoit lui demander. Dans la lettre qu'elle écrivit au Roi, elle s'excuſa d'abord de
n'avoir

n'avoir pas éloigné du Conseil les Auteurs de ce complot ; c'étoient le Prince d'Orange , le Comte d'Egmont , & Simon Regnard. Elle craignoit de les aigrir , & d'augmenter les troubles par cet exemple de sévérité ; ensuite elle louoit beaucoup la pénétration , l'activité & la sagesse du Cardinal de Granvelle. Pour toucher même davantage le Roi , elle lui rappella tout ce que Charles-Quint avoit dit de flatteur en faveur du Cardinal , & le conseil qu'il lui avoit donné en partant des Pays-Bas , de le placer à la tête de toutes les affaires de la Monarchie. La Gouvernante attestoit le Roi lui-même sur l'injustice des plaintes que faisoient les ennemis de Granvelle , & sur la modération des conseils que ce Ministre avoit donnés ; elle finissoit *en suppliant le Roi de rendre justice à Granvelle & à elle-même.*

Il est très-vraisemblable que la Gouvernante défendoit encore Granvelle de bonne foi , malgré les ombrages qu'elle avoit pris des avis secrets qu'il envoyoit à Madrid ; elle chargea le Comte de Barlaymont , ennemi déclaré du Prince d'Orange , de porter

R

fa lettre au Roi. Barlaymont arriva
à Madrid prefqu'en même-temps que
Montigni, il eut audience le premier, & le Roi parut recevoir favorablement l'apologie de Granvelle.
Montigni fut entendu à fon tour,
il préfenta au Roi des remontrances
fignées du Prince d'Orange, du Comte d'Egmont, & de plufieurs autres
Seigneurs Flamans; ces remontrances étoient peu refpectueufes pour
le Roi, & outrageufes pour fon Miniftre.

Ses ennemis fe plaignoient de ce
que le Roi avoit donné à la Gouvernante un confeil fecret compofé feulement de Granvelle, de Barlaymont
& de Viglius; on y décidoit les affaires publiques, & l'on affectoit de
ne porter au Confeil d'Etat que des
affaires particulieres, ou du moins
peu importantes; ce partage désho-
noroit ceux qui avoient entrée au
Confeil; le Roi paroiffoit foupçonner leur capacité, ou leur fidélité,
& avoir oublié leurs fervices. On prétendoit que Granvelle feul avoit pu
lui infpirer des foupçons fi injurieux,
pour jouir de toute la confiance du
Roi, & pour gouverner les Peuples

Pays-Bas avec un defpotifme,
:es Peuples n'avoient jamais con-

:s Seigneurs Flamans difoient
r 'eu des avis certains que Gran-
avoit donné au Roi des confeils
arcs, qu'il avoit propofé de fai-
)attre les têtes des premiers de la
leffe, pour rétablir la tranquilli-
ıns les Pays-Bas, qu'il avoit de-
dé une armée, pour tenir les Peu-
ılans le refpect, ou plutôt pour les
ıguer, & pour avoir un prétexte
s dépouiller de leurs anciens pri-
;es.
étoit à Granvelle feul qu'on at-
oit la création des nouveaux
hés. Les remontrances exagé-
ıt le danger où l'on étoit de voir
ıys-Bas révoltés à cette occafion;
ıifoit que cette innovation ne
oit avoir d'autre utilité que de
férer Granvelle de l'Évêché
:as à l'Archevêché de Malines.
ıit accufé de vouloir établir aux
Bas l'Inquifition, qui feroit in-
)lement le fignal d'une fédition
rale, que toute la prudence hu-
e ne pourroit appaifer. Sa naif-
: tant de fois reprochée étoit

mife en parallele avec l'autorité fuprême qui lui étoit confiée, avec le
fafte dans lequel il vivoit. On le traitoit d'Etranger dans les Etats du Roi
d'Efpagne. La Noblesse ne pouvoit
plus fupporter fa hauteur ; les Peuples étoient réduits au défefpoir par
fa dureté ; on le faifoit l'auteur de
tous les maux : fa difgrace étoit un
reméde efficace, prompt & uni-
yerfél.

Philippe II. affectoit toujours de
différer fes réponfes, & de prendre
beaucoup de temps pour réfléchir,
même dans les affaires les plus preffantes. Toutes les Provinces des Pays-
Bas attendoient avec impatience le
fuccès des députations qui avoient
été faites à Madrid ; on peut juger
de l'inquiétude du Prince d'Orange
& du Cardinal de Granvelle : ils rif-
quoient tout, & la Gouvernante elle-même n'étoit pas fans crainte,
foit du côté de la Cour de Madrid,
ou régnoit une diffimulation profonde, foit par rapport aux Seigneurs
Flamans, dont elle fe croyoit obligée de blâmer la conduite ; & d'arrêter tous les efforts. Enfin le Roi,
quoiqu'indigné de l'audace des re-

montrances, prit le parti de remettre à un autre temps la punition des
Auteurs de la cabale. Il dit à Montigni, que Granvelle n'avoit eu aucune part à la creation des nouveaux
Evêchés, que l'exécution seule de ce
projet lui avoit été renvoyée, & qu'il
n'avoit pû se dispenser d'exécuter les
ordres qu'il avoit reçus. Le Roi assura, que jamais ni lui, ni Granvelle
n'avoient pensé à établir l'Inquisition
aux Pays Bas; il rendit ce témoignage à son Ministre, qu'il n'avoit rendu aucun mauvais office à la Noblef-
se Flamande, qu'il n'avoit donné
aucun conseil odieux; & s'il traitoit
les Peuples avec la hauteur & la dureté dont on l'accusoit, le Roi déclara, qu'il n'auroit pas la foiblesse
de le pardonner, ou au Cardinal,
ou à aucun de ses Ministres. Il n'entra point en explication de ce qui se
passoit au Conseil d'Etat; il dit en
général, que dans toutes les plaintes qu'on lui faisoit, il voyoit beaucoup de jalousie contre le Cardinal
de Granvelle. En congédiant Montigni, il promit de se rendre bientôt
en Flandres, pour calmer toutes ces
divisions, & de retirer des Pays-Bas

R iij

les troupes Espagnoles, qu'il avoit
même déjà promises à Charles IX.
son beau-frere, pour l'aider à terminer la guerre civile de France.

Montigni revint aux Pays-Bas avec
cette réponse, plus propre à animer
les ennemis de Granvelle, qu'à leur
imposer silence. La Gouvernante
avoit toléré sa députation, elle voulut qu'il en rendît compte dans le
Conseil d'Etat, en présence du Cardinal de Granvelle, du Prince d'O-
range & du Comte d'Egmont : il
donna la réponse dont le Roi l'a-
voit chargé, & il ajouta, qu'en passant par la France, il avoit été témoin
des reproches qu'on y faisoit aux Seigneurs Flamans, & qu'on accusoit
ceux mêmes qui étoient Catholiques, de soutenir les Calvinistes de
France.

La réponse du Roi transporta de
colére le Prince d'Orange. Il reprocha à Montigni d'avoir affoibli les
représentations de la Noblesse Flamande,& d'avoir trahi la cause qu'on
lui avoit confiée. Il le traita de four-
be & de lâche, qui avoit redouté la
vengeance du Ministre ; d'ame basse,
qui s'étoit laissé séduire par ses pro-

messes. Il n'attribua qu'à la méchan-
ceté de Granvelle les bruits qu'on répandoit en France, & pour finir cette scène; il protesta que si le Roi
d'Espagne s'obstinoit à soutenir Granvelle, il ne répondoit pas de ce qui
pourroit en arriver.

Le Cardinal de Granvelle écouta
tout sans émotion ; il se contenta
de dire, qu'il étoit très reconnoissant
de ce que le Roi lui avoit rendu justice ; mais intérieurement il devoit
être humilié & allarmé d'être soutenu si foiblement, & par le Roi qui
n'avoit osé désapprouver la députation des Flamans, & par la Gou-
nante qui n'avoit pas voulu l'empêcher. Il écrivit au Roi pour le remercier, pour se justifier & pour le
supplier de venir en Flandres, où sa
présence seule pouvoit rétablir l'ordre & la paix ; le Roi lui répondit,
vos ennemis sont trop foibles pour votre
tête. Je sçais que c'est l'envie qui les fait
agir. Je connois votre droiture. Aidez
toujours la Gouvernante dans ce qu'elle
a à faire ; je ne vous abandonnerai pas.
Si cette réponse avoit été faite à Montigni, elle auroit pû tout pacifier; pour
Granvelle, il parut déterminé à for-

tir de l'état violent où il étoit, ou
par une justification éclatante, ou
par une retraite absolue.

Le Prince d'Orange résolut de suivre son projet, qui lui donnoit au
moins occasion de cabaler, & un
prétexte plausible pour soulever la
Noblesse & les Peuples. Instruit par
son expérience du caractere irrésolu
de Philippe II., & de la timidité extrême de la Gouvernante, il crut que
pour perdre son ennemi, il suffiroit
d'augmenter les troubles & de ne
prescrire d'autre condition à la paix,
que le renvoi de Granvelle. Les Comtes d'Egmont & de Horn lui parurent
disposés à entrer dans toutes ses vues,
il leur marqua une confiance particuliere, & il fit en sorte, que la Noblesse & les Peuples se livrassent a-
veuglément à leur protection. Le
Prince d'Orange leur persuada facilement, que la Députation qu'ils
avoient faite à Madrid, n'avoit é-
choué que par la foiblesse de Montigni; il leur proposa de prendre une
autre route, & de faire parvenir toutes
leurs plaintes au Roi dans une Lettre,
dont personne ne pourroit affoiblir
les expressions & altérer les sentimens.

Cette Lettre étoit en apparence
très-respectueuse & très-désintéres-
sée ; elle n'étoit signée que du Prince d'Orange, & des Comtes d'Egmont & de Horn. Ils disoient, que
la tyrannie de Granvelle leur étoit in-
supportable, qu'il disposoit de tout
à sa fantaisie, & que tout seroit dans
le désordre, tant que les affaires seroient adminiftrées par un homme
haï généralement. Ils supplioient
le Roi d'avoir égard à l'oppression
de la Noblesse, qui avoit souvent
répandu son sang, pour le service
du Souverain & de la Patrie. Ils
ne demandoient que l'éloignement
d'un Ministre odieux. Ils n'osoient
dire, que cette justice fût due à
leurs services & à leur mérite ; du
moins ils croyoient que le Roi ne
pouvoit la refuser à toute la Nation,
& que jamais il ne voudroit sacrifier
l'honneur & les biens de tant de fideles Sujets à l'ambition & à l'avarice d'un seul. Pour prouver qu'ils
n'agissoient que par zèle pour le bien
public, & qu'ils sacrifioient même
leurs intérêts personnels, ils prioient
le Roi de leur interdire l'entrée au
Conseil d'Etat, en même temps qu'il

Rv

l'interdiroit à Granvelle ; ils paroiſſoient réſolus de n'y entrer jamais
avec lui, ils l'accuſoient de ſoutenir
foiblement la Religion, ſon **Auto-**
rité n'étoit pas aſſez grande, & ſes
mœurs n'étoit pas aſſez exemplaires,
pour la faire réſpecter. La Nobleſſe
avoit des ſentimens qui la portoient
naturellement à la vertu, & à ſon devoir ; elle rougiroit d'abandonner la
Religion de ſes ancêtres. Enfin ils demandoient pardon au Roi de ne lui
avoir pas expoſé plutôt tous les déſordres du Miniſtère de Granvelle,
ils ne s'étoient déterminés à s'en
plaindre que par néceſſité, & *par la*
crainte que leur ſilence ne fût criminel, s'il
arrivoit quelque malheur à la Flandre.

Le Prince d'Orange croyoit avoir
déterminé les Comtes d'Egmont &
de Horn à porter eux-mêmes cette
Lettre au Roi, pour pouvoir expliquer tout ce qui demanderoit des
éclairciſſemens. Ils héſitérent lorſqu'il fallut partir ; puis redoutant la
ſévérité du Roi, & craignant de ſervir d'Otages pour la fidélité de la Nobleſſe Flamande, qui étoit plus que
ſuſpecte, ils prirent le parti d'envoyer la Lettre par la poſte, & en

même-temps ils se retirerent avec éclat du Conseil. La Gouvernante intercepta leur Lettre ; elle y fit des observations favorables à Granvelle, & dans cet état elle la fit passer en Espagne. On attendit long tems la réponse, elle arriva enfin, pour attester la terreur que la conduite des Flamans avoit inspirée à Philippe, & pour prouver qu'il sçavoit réunir la foiblesse du Gouvernement aux maximes les plus austéres en apparence.

Le Roi voulut bien paroître persuadé de la droiture & du zèle de ceux qui lui avoient écrit, il leur dit, que *puisqu'ils n'alléguoient aucune raison particuliere pour éloigner le Cardinal de Granvelle du Gouvernement de la Flandre, ils ne devoient pas être étonnés, s'il le conservoit dans le Ministere, & qu'il n'étoit ni de son goût, ni de son usage de renvoyer ses Ministres sans de puissans motifs.* Le Roi supposoit que les Auteurs de la Lettre n'avoient pas voulu par prudence s'expliquer d'avantage, & qu'ils avoient craint de confier leurs vrais sujets de plainte à une Lettre, dont le sort est toujours incertain. Il les exhorta à députer un d'entre eux, pour dire sincérement ce qu'ils n'a-

voient osé écrire, & il les assura qu'il
entendroit volontiers leur Député :
en même tems il écrivit une Lettre
particuliere au Comte d'Egmont,
pour l'engager à se charger de la députation.

Philippe II. ne marchoit que par
des voies détournées, souvent il y
avoit de la supercherie dans sa conduite, & il y mêloit toujours plus de
finesses, qu'il ne convient à la Majesté
de l'Autorité suprême. Le Comte
d'Egmont se défia de la proposition
que le Roi lui faisoit. Le Prince d'O-
range & le Comte de Horn pensèrent
de même. Ils étoient trop puissans
en Flandre & trop aimés des Peuples,
pour qu'on entreprît de les y arrêter.
A Madrid ils auroient été sans ressource, toute l'Espagne auroit applaudit
à leur captivité. Leur embarras étoit
de trouver un prétexte, qui les auto-
risât à ne pas s'éloigner d'un Peuple,
qui faisoit toute leur force. Ils prétendirent que la Flandre étoit menacée d'une invasion par les François,
& ils répliquérent, qu'il ne convenoit
pas qu'ils abandonnassent leur patrie, dans
un tems où leurs services lui étoient nécessaires, & que les plaintes qu'ils avoient à

faire contre Granvelle , ne méritoient pas qu'ils entreprissent un si grand voyage. Doit-on s'étonner, si peu de temps après les Pays-Bas se révoltèrent ?

Le Roi ne décidoit rien. Les ennemis de Granvelle s'adressèrent à la Gouvernante. Elle étoit dans une inquiétude continuelle sur les mouvemens de ses Provinces. Elle laissoit trop appercevoir sa frayeur, & le Prince d'Orange jugea qu'elle voudroit sortir de l'état pénible où elle étoit, à quelque prix que ce fût. Du côté de la Cour de Madrid, elle n'avoit aucun secours à attendre. Dans les Pays-Bas elle ne voyoit qu'indocilité, irreligion, inimitiés, & tous les symptômes d'une révolte prochaine. On a vu qu'elle avoit même des mécontentemens personnels de Granvelle. Ce Ministre donnoit des ordres plus que des conseils, & le Roi trouvoit bon que la Gouvernante ne fût chargée que de la représentation. Elle avoit espéré de s'enrichir aux Pays-Bas par la vente de tous les emplois ; Granvelle vouloit qu'ils fussent donnés pour le bien du service, & pour avoir des hommes de confiance, dans tout ce qui pourroit in-

téreſſer la Religion & l'Autorité
Royale ; elle vouloit ménager les
Séditieux, & Granvelle vouloit les
abattre; c'étoit un ſurveillant incommode, qui n'adouciſſoit peut-être
pas aſſez ce que ſon empire avoit
d'humiliant pour la Gouvernante.
Elle vit de loin la ſatisfaction d'être
en liberté, & de commander ſans
contradiction. Le Parti du Prince
d'Orange lui prodiguoit les flatteries
les plus outrées, ſur les talens qu'elle
avoit pour gouverner. Sa douceur devoit reconcilier, tous les Partis. On
lui fit voir la Nobleſſe & les Peuples
à ſes pieds, au moment du renvoi du
Cardinal ; on lui répondit de la Religion, des troupes, des finances, ſans
lui impoſer d'autres conditions, &
on lui promit de ne la contraindre
dans aucune partie de l'adminiſtration.

Le piége étoit groſſier, mais que
ne peut pas l'eſpérance de jouir d'une
Autorité abſolue, & d'être délivré
des plus vives allarmes ! La Gouvernante ne pouvoit méconnoître l'ambition du Prince d'Orange ; elle ſçavoit qu'il avoit aſpiré au Gouvernement des Pays-Bas, & qu'il n'étoit

pas d'un caractere à pardonner à celle qui le lui avoit enlevé. Il étoit le protecteur le plus ardent de toutes les nouvelles erreurs ; ce n'eft pas qu'il fût plus attaché à Luther, ou à Calvin, qu'à l'Eglife Catholique ; il vouloit des troubles, & jamais un Etat n'eft agité plus dangereufement, que par les troubles de la Religion. Déjà la Gouvernante avoit fait la faute irréparable de renvoyer les troupes Efpagnoles. La haute Noblefle difpofoit abfolument dans fes Gouvernemens particuliers du petit nombre des troupes Flamándes qui y étoient. Les Finances ne pouvoient être rétablies qu'en accablant d'impôts des Peuples pauvres, & jaloux à l'excès du privilége qu'ils avoient de ne pouvoir être impofés que par les Etats. Les ordres qui venoient de Madrid étoient toujours durs & féveres. Le Cardinal de Granvelle en portoit toute la haine ; il étoit chargé feul du travail & du poids du Gouvernement ; il tenoit depuis longtemps le fil de toutes les affaires, il avoit des lumiéres, de l'expérience, de la fermeté. La Gouvernante avoit les honneurs & les agrémens de la

première, place, elle voulut encore
en avoir toute l'Autorité. Pour l'acquérir, elle lui sacrifia tous les avantages qu'elle avoit dans l'administration de Granvelle, & elle se détermina à sa disgrace.

La Gouver-
nante des
Pays-Bas de-
mande que
Granvelle soit
nvoyé.

Une résolution si extraordinaire
dut l'embarrasser, après tout ce qu'elle
avoit fait pour le soutenir contre ses
ennemis, & après les témoignages
récens qu'elle lui avoit rendus auprès
du Roi. Elle n'écouta plus que l'a-
mour de l'indépendance ; soit imprudence, soit fierté ; soit désir de gagner les Séditieux, elle ne voulut
pas même cacher son changement,
ou elle ne sçut pas le dissimuler. Le
Cardinal le vit avec une tranquillité
apparente. Il lui écrivit une Lettre
ferme & modeste, non pour faire
des plaintes, & pour demander grâ-
ce, encore moins pour étaler ses
services, & pour annoncer les inconvéniens de son renvoi. En homme
dont la conscience ne lui reprochoit
rien, il demanda seulement la cause
de sa disgrace, pour se justifier, &
pour assurer sa réputation, sans interrompre ses travaux, & sans plier
devant une foule d'ennemis qui
triomphoient.

La Gouvernante se défendit mal ; ses excuses mêmes furent la derniere preuve de son changement. Pour l'affermir dans sa résolution, la Noblesse lui fit une députation solemnelle, composée du Prince d'Orange, des Comtes de Horn, des Marquis de Bergue, de Mègues & de Mansfeldt. Le Prince d'Orange portoit la parole. Tout ce qu'il put imaginer de plus flatteur pour la Gouvernante, & de plus injurieux pour le Ministre, il l'employa avec cette éloquence que la Nature lui avoit donnée. Il protesta que lui & ses Collégues n'auroient jamais aucune relation avec un Ministre coupable de tous les désordres qu'il avoit exposés. Le Comte d'Egmont parla ensuite, pour se justifier, & ceux qui avec lui s'étoient retirés du Conseil. Il dit, que le Conseil d'Etat étoit devenu inutile, qu'ils avoient eu la douleur de ne pouvoir apporter aucun remede aux maux de la Patrie, & que s'ils avoient continué à délibérer dans le Conseil, sur des affaires entiérement désespérées, ils auroient perdu toute la confiance que les Peuples avoient encore en eux ; mais afin que Granvelle, ne pût traiter leur retraite de mutinerie, d'Egmont prétendit, qu'en cela même ils avoient suivi les principes & l'exemple de Granvelle, qui pendant le séjour de Philippe II. aux Pays-Bas, avoit refusé d'entrer au Conseil avec le Comte de Lalain, par ce seul motif, que Lalain attiroit à lui toute l'Autorité, & qu'il décidoit en Souverain de ce que le Conseil avoit déja jugé. D'Egmont promit au nom de toutes les Provinces, qu'elles seroient dociles, si la Gouvernante avoit pour Ministre un homme originaire du Pays, qui connoîtroit mieux leurs intérêts, & qui seroit plus zèlé pour sa Patrie.

La Gouvernante résolut d'envoyer en Espagne Armentiére, son Sécrétaire, avec des instructions très-amples, sur la conduite qu'il devoit tenir. Il lui étoit ordonné de peindre avec les couleurs les plus fortes l'état affreux des Pays-Bas, qui empiroit tous les jours, quoique la Gouvernante n'eût rien fait que par les ordres du Roi, ou suivant les avis de Granvelle. Tous les maux devoient être attribués à la haine implacable qu'on avoit contre ce Ministre. Il

falloit surtout persuader le Roi que
d'un seul mot il pouvoit éteindre
l'embrâsement, rendre compte de
ce que les Députés de la Noblesse a-
voient demandé, & conclure avec
eux, qu'il ne s'agissoit que de renvoyer celui qu'on ne pouvoit plus
supporter. Ainsi sans rétracter les éloges que la Gouvernante avoit donnés
au Cardinal, mais aussi sans désapprouver les reproches dont ses ennemis l'accabloient, elle paroissoit se
borner à exposer leurs plaintes, & à
attendre ce qu'il plairoit au Roi d'en
ordonner.

Armentiere s'acquitta de sa com-
mission, avec d'autant plus d'ardeur,
qu'il croyoit travailler pour lui-même ; il se flattoit qu'après le renvoi
du Ministre, la Gouvernante le char-
geroit de toutes les affaires des Pays-
Bas ; dans cette confiance, il attaqua le Ministre avec la plus grande
vivacité. Le Roi tenoit alors les Etats
de Catalogne. Il répondit à Armentiere dans son stile laconique & sententieux, que l'expérience lui avoit
appris, que les ambitieux se lais-
soient toujours dominer par l'envie.
La réponse qu'il fit par écrit à la

Gouvernante ne fut pas moins sé-
che ; il lui dit, qu'elle & les Flamans pouvoient se tranquilliser, &
qu'il sçauroit prendre les mesures les
plus justes pour faire cesser toutes
ces divisions. Cependant il n'en prit
aucune. Armentiere ne rapporta en
Flandre que ces réponses peu satis-
faisantes ; le Public les devina, la
Cour de la Gouvernante devint bientôt déserte, tous les Seigneurs se retirérent même de Bruxelles : il n'y
resta que le Comte d'Egmont, qui
vouloit ranimer la Gouvernante, &
veiller de près à la conduite du Cardinal.

Elle fut fiére cette conduite. Quoique le voyage d'Armentiere en Espagne lui eût été plus que suspect,
il n'avoit pas cru devoir écrire au
Roi pour se défendre. Ses amis d'Espagne lui apprirent la réponse que
le Roi avoit faite, il ne parut pas
en triompher ; mais il ne fit aucune démarche pour se réconcilier avec
la Gouvernante ; il s'en plaignit
même hautement, & il l'accusa
de payer ses services d'ingratitude ;
alors il jugea que le temps étoit venu d'écrire au Roi, & de tâcher de

:éveiller de l'assoupissement où il
ɔit sur les affaires de Flandre.
Dans sa lettre le Cardinal de Gran-
le parut oublier ses propres inté-
s, pour ne parler que de ceux de
Religion, & du Roi lui-même,
conseil qu'il avoit à lui donner
toit pas du goût de ce Prince, il
lui donna sans hésiter, parce que
toit le seul qui pût prévenir une
ʋolte générale. Il fut d'avis que le
ɔi vînt promptement en Flandre,
ɛc des troupes & de l'argent. Ce
nseil étoit appuyé de l'exemple de
ɥarles Quint, qui accourut pour
paiser la révolte des Gantois, &
i rétablit l'obéissance par le res-
&t que les Peuples ont naturelle-
ent pour la Majesté de leurs Sou-
rains ; ce n'étoit pas le conseil d'un
iniftre qui voulût dominer abso-
ment, ou qui pût redouter l'œil
un Maître sévére & soupçonneux.
On avoit accusé le Cardinal de
ranvelle. d'avoir demandé que le
ɔi envoyât des troupes étrangéres
ɪ Flandre pour la subjuguer, &
ɔur avoir un prétexte de lui enle-
ɛr ses anciens priviléges, qu'une
lation vaincue ne peut espérer de

voir revivre que par une conceſſion nouvelle. Le Cardinal parla bien différemment dans cette lettre : il propoſa de lever dans les Pays-Bas même cinq ou ſix Régimens, & d'en donner les emplois à la pauvre Nobleſſe, qui étoit encore attachée ſincerement à ſa Religion & à ſon Souverain. A l'égard de la haute Nobleſſe, Granvelle repréſenta qu'elle étoit conduite par deux Chefs, d'une naiſſance & d'une autorité à peu près égales, mais de caractéres bien différens, le Prince d'Orange & le Comte d'Egmont. Il peignit le Prince d'Orange avec les couleurs que les Hiſtoriens les plus déſintéreſſés ont toujours employées à ſon portrait. C'eſt, dit-il, un homme dangereux, ruſé, affectant de protéger le Peuple contre les ordres émanés de l'autorité Royale, ne cherchant que la faveur de la multitude pour la faire ſervir à ſes projets, ennemi de toute Religion, mais paroiſſant Catholique, Luthérien, Calviniſte ſuivant les différentes occaſions & ſes intérêts préſens, inſatiable d'autorité & de richeſſes, peu ſatiſfait de tous les Gouvernemens qu'il poſſé-

oit, capable d'entreprendre & d'exé-
ter tout ce que l'ambition la plus
ste pouvoit lui inspirer. Le Car-
inal proposoit de lui donner la Vi-
royauté de Sicile, & plus encore
e l'appeller à Madrid, sous prétex-
de le faire entrer dans le Conseil
es affaires de Flandres.

Pour le Comte d'Egmont, quoi-
'il se fût déclaré ennemi du Car-
nal, & qu'il en parlât toujours avec
épris, le Cardinal dit, *c'est un bon
viteur de Votre Majesté, droit, sincé-*
, & ferme dans la Religion. Il ne lui
prochoit que les liaisons qu'il avoit
ses avec le Prince d'Orange, & il
ura le Roi, qu'on pouvoit faci-
ment le ramener à son devoir, en
i marquant de la considération, en
distinguant du Prince d'Orange,
r lequel il méritoit d'avoir une
ande préférence, & en lui payant
s pensions plus exactement qu'on
avoit fait.

Au reste, Granvelle ne dit pas un
ul mot, ni du voyage d'Armen-
ere en Espagne, ni du changement
e la Gouvernante à son égard, &
e tout ce qu'il avoit à souffrir, de-
uis que cet orage s'étoit élevé. Le

caractére de Philippe II. n'étoit pas compatiffant; il fembloit même qu'il vît avec fatisfaction les attaques qu'on livroit à fes Miniftres, pour être inftruit de tout ce qu'on pouvoit leur reprocher. Granvelle afpiroit à l'eftime de fon Maître, il vouloit la mériter par fa conftance, plutôt que d'exciter la commifération par la foibleffe de fes plaintes.

Philippe, toujours femblable à lui-même, fut long-temps indécis : il ne prit qu'un parti, ce fut de ne point aller aux Pays-Bas, & de n'y envoyer ni troupes, ni argent ; il ne pouvoit en prendre un plus pernicieux ; l'adminiftration des Pays-bas devint un cahos, dont toute la prudence humaine ne pouvoit plus efpérer de fortir, & de tous ceux qui étoient engagés dans ces troubles, il n'y avoit perfonne dont la fituation fût plus trifte & plus embarraffante que celle du Cardinal de Granvelle.

Il voyoit évidemment qu'il n'avoit rien à efpérer du caractére irréfolu de Philippe II. qui n'avoit pas le courage, ou de renvoyer fon Miniftre, ou de le foutenir avec fermeté, selon la parole qu'il lui en avoit donnée. Le Cardinal avoit à traiter des affaires importantes avec la Gouvernante, qui vouloit le perdre, & qui souff.oit impatiemment le partage de l'autorité. Les hérésies croissoient & se fortifioient. Tous les jours les Rebelles faisoient de nouvelles entreprises, & ils devenoient plus audacieux. Les finances étoient épuisées, & presque nulles. Les troupes arrachoient des Peuples la subsistance que les Etats du Pays leur refusoient. La division de la Gouvernante & du Ministre avoit éclaté; elle ne pouvoit produire que de l'embarras, des contradictions, du mépris pour l'autorité Royale, dont la force réside dans l'unité. Granvelle avoit tout à craindre de la multitude, de l'union, de la mauvaise volonté de ses ennemis; ils étoient puissans aux Pays-Bas, ils sentoient leurs forces, ou plutôt la foiblesse du Maître, & ils n'étoient pas d'un caractére à perdre le moindre des avantages qu'ils avoient sur le Ministre. Son intrépidité parut l'abandonner quelques instans. Il prit des précautions contre le poison. On

S

dit que dans son Palais de Bruxelles
il se fit construire un azile impéné-
trable, & il prononça enfin la décision que les Religionnaires & les
Rebelles attendoient avec tant d'impatience; qu'il renonçoit à l'autorité, plutôt que de l'exercer parmi
tant de tribulations.

En effet les troubles des Pays-Bas
ne pouvoient plus finir que par quelque catastrophe, dont le Roi le rendroit responsable, s'il restoit dans le
Ministère. Plein de cette pensée, &
peut-être ayant encore quelque lueur
d'espérance dans sa fidélité; & dans
la promesse que le Roi lui avoit faite, il le supplia de prendre un parti
décisif; pour rendre même la décision plus facile, il demanda la permission de se retirer. Le Conseil
d'Espagne représenta au Roi, que
s'il renvoyoit son Ministre, les Rebelles deviendroient encore plus entreprenans, ils s'applaudiroient d'u-
ne victoire remportée, plus sur l'autorité Royale, que sur le Ministre
disgracié. Philippe II. parut être de
cet avis; cependant il différa de répondre, se flattant toujours que
rien ne pressoit, & que quand il le

oudroit, il pourroit abattre d'un
eul mot, ou Granvelle, ou ses en-
emis.

Il eut alors des preuves du mépris
que son inaction lui attiroit. Les sé-
itieux eurent la témérité de répan-
re des libelles également injurieux
our lui & pour son Ministre. Il or-
onna qu'on en fît des recherches
ès-exactes, & qu'on en punît sé-
frement les Auteurs. On commen-
a les informations; mais soit què
Gouvernante ne voulût pas arrêter
cours de ces libelles, qui morti-
oient le Ministre, soit qu'elle re-
onnût des coupables, tels qu'un
ouvernement foible n'osoit les pu-
ir, l'affaire fut abandonnée.

L'impunité donna plus de hardiesse
ux ennemis du Cardinal de Gran
elle. Dans un repas où ils étoient
ous rassemblés, ils formérent le
rojet de donner à leurs Domesti-
ues des livrées uniformes, qui an-
onçassent leur ligue contre Gran-
elle & contre le Duc d'Arschot, Bar-
ymont, Viglius, & tous ceux qu'on
ppelloit alors les Cardinalistes: on
ra au sort le nom de celui qui or-
onneroit de la livrée. Le sort tom-

ba. fur le Comte d'Egmont. Sous prétexte d'économie il donna un habit & une mandille de ferge noire. Sur ce qu'on appelloit les aîles de l'habit, il fit broder des têtes couvertes de capuchons rouges & d'autres couleurs, pour repréfenter Granvelle & les Cardinaliftes. La Gouvernante elle-même s'en amufa, & il fallut un ordre du Roi pour fupprimer ces livrées ridicules. On les changea feulement, & aux têtes couvertes de capuchons, on fubftitua des faifceaux de fléches, pour défigner la ligue des ennemis de Granvelle, & pour les avertir qu'ils n'auroient de force, qu'autant qu'ils feroient bien unis.

Simon Regnard le plus emporté, quoique le plus foible des ennemis du Miniftre, fe diftinguoit parmi eux. Il avoit écrit avec vivacité côntre la création des nouveaux Evêchés, & fes intrigues étoient allées fi loin, que dans le temps ou la Gouvernante agiffoit encore de concert avec le Cardinal, elle avoit prié le Roi de faire fortir Regnard des Pays-Bas, & le Roi n'avoit pas répondu à cette demande. On peut

juger que Regnard devint plus hardi,
lorsque la Gouvernante se fut déclarée contre le Cardinal. Il étoit
l'orateur & l'écrivain de la cabale.
Les carrefours de Bruxelles furent
remplis de placards outrageans pour
Granvelle. Dans une mascarade on
représenta des diables qui chassoient
un Cardinal, & qui le frappoient avec
des queues de renards. Chaque jour
produisoit quelque nouvelle insulte,
& la Gouvernante ne voyoit pas
que ce jeu alloit devenir trop sérieux
pour elle-même.

Impatiente d'obtenir le congé de
Granvelle, elle envoya une seconde
fois Armentiere en Espagne, avec
ordre de n'avoir aucun ménagement
pour ce Ministre, & de l'attaquer à
découvert, non plus au nom des
Seigneurs Flamans, mais au nom
de la Gouvernante même. Elle sçavoit combien Philippe-II. étoit jaloux de sa réputation, & qu'il pu-
nissoit l'ombre seule du mépris qu'on
avoit pour sa manière de gouverner.
Armentiere dit au Roi, que Granvelle avoit la vanité de se croire nécessaire, que sa sécurité venoit de la
haute idée qu'il avoit de ses talens

S iij

& de ſes ſervices, qu'il croyoit qu'aucun Eſpagnol, aucun Flamand n'oſeroit ſe charger du Miniſtére dans un Pays qui étoit tout en feu, & qu'il diſoit ſans détour, que le Roi lui-même ne ſçavoit pas gouverner les Flamans.

Il eſt difficile de croire que Granvelle eût parlé ſi imprudemment, lui qui avoit eu tant d'occaſions de connoître Philippe, & qui avoit tant d'intérêt à ménager ſa délicateſſe. Quoi qu'il en ſoit, ce mot ſeul ſembla effacer, & la promeſſe que le Roi avoit faite à Granvelle de le ſoutenir contre ſes ennemis, & tout ce qu'il ſçavoit des mauvaiſes intentions des Seigneurs Flamans. Il avoit ſouffert qu'on l'importunât de cette querelle, & il ſacrifia ſon Miniſtre au déſir de faire ceſſer cette importunité.

Fin du ſecond Livre.

HISTOIRE
DU CARDINAL
DE
GRANVELLE,
MINISTRE DE L'EMPEREUR,
CHARLES-QUINT,
ET DE PHILIPPE SECOND,
ROI D'ESPAGNE.

LIVRE TROISIEME.

A R mentière eut donc la satisfaction de rapporter le congé de Granvelle. Le Roi lui
désignoit la Franche-Comté
pour le lieu de sa retraite. Il supposoit que Granvelle y avoit des affaires,
qu'il n'avoit pas, & il lui ordonnoit,

d'y demeurer, jusqu'à ce que les troubles des Pays-Bas fussent appaisés; c'étoit donner aux Séditieux le motif le plus fort qu'ils pussent avoir pour éterniser ces troubles, & pour faire naître de nouveaux désordres: ils n'y manquérent pas.

Quelques plaintes qu'on eût faites contre Granvelle, il a paru par toute la conduite de Philippe II., que ces plaintes ne l'avoient pas persuadé, & qu'elles n'avoient point diminué l'estime qu'il avoit pour lui. Il lui écrivit de sa propre main, pour l'assurer que sa retraite ne seroit pas longue; supposant même que les troubles des Pays-Bas seroient bientôt calmés, il lui promit de le rappeller avec toutes les preuves de la plus grande confiance. Le Roi vouloit paroître persuadé que le Cardinal reverroit avec plaisir sa Patrie, sa mere accablée de vieillesse & d'infirmités , & Chantonnay son frere, qui devoit passer à Besançon à son retour de l'Ambassade d'Allemagne ; toute la Lettre étoit remplie des assurances les plus fortes des bontés du Roi, il n'y avoit rien qui sentît la disgrace. Granvelle ne demanda à la Gouvernante qu'un congé

le quelques mois. Il fit faire à Bruxelles des provisions de toute espece
pour sa maison, il ordonna des em-
bellissemens dans son Palais, & dans
sa Maison de campagne, & il se retira*en laissant à ses amis l'espérance
de le revoir bientôt. Il n'avoit alors
que quarante-huit ans.

* Mars,
1565.

Tous ses ennemis avoient promis
à la Gouvernante, que le seul départ
de ce Ministre changeroit entiérement la scène aux Pays-Bas, & qu'a-
près son éloignement, la paix, la Religion, le bon ordre y régneroient.
D'abord les Seigneurs qui s'étoient
retirés de la Cour, y revinrent en
triomphe. Le Prince d'Orange se distingua par une soumission apparente,
& par son assiduité auprès de la Gouvernante ; il s'applaudissoit d'avoir
chassé un Ministre qui lui étoit o-
dieux, & sans vouloir partager avec
qui que ce fût le succès de cette intrigue, il prétendoit que la Gouvernante n'avoit été qu'un ressort qu'il
avoit fait jouer à propos. Il amusa
les Peuples des espérances les plus
flatteuses, & pendant quelques jours,
on vit l'union la plus parfaite entre
tous ceux qui espéroient avoir quelque part à l'Autorité.   S v

Il étoit néceſſaire de donner à la Gouvernante un homme qui portât tout le poids du travail, & qui conduisît les affaires ſous ſes ordres, ſans avoir le titre de Miniſtre, que le Roi d'Eſpagne vouloit ſupprimer. Armentière ſe préſenta avec confiance, il diſoit publiquement qu'il ſeroit en état de ſervir ſes amis, & il ne doutoit pas que la Gouvernante ne le choiſît, par reconnoiſſance pour le ſervice qu'il venoit de lui rendre. Les Hiſtoriens du temps ne parlent ni de ſa naiſſance ni de ſes talens. Strada ne lui donne que la qualité de vieux Courtiſan, dont tout le mérite conſiſte ordinairement à ſçavoir conduire une intrigue. Il eſt certain du moins, que c'étoit un homme d'une conſidération très-médiocre, ſon parti même lui donna l'excluſion, & le Prince d'Orange étoit bien éloigné de le laiſſer placer à la tête des affaires.

La Gouvernante donna la préférence à Moron, que le Duc de Savoye avoit donné au Roi d'Eſpagne, pour un homme digne de toute ſa confiance. Le Roi l'avoit envoyé aux Pays-Bas, & il avoit recommandé à la Gouvernante de l'employer ; elle lui donna la principale direction des affaires ; mais il parut bientôt, qu'il n'avoit pas la tête affez forte pour manœuvrer dans une tempête fi violente. D'ailleurs il fut foupçonné de Calvinifme : la Gouvernante le laiffa retomber dans fa premiere obfcurité. Il eut l'imprudence de fe retirer en Efpagne, ou l'Inquifition lui fit fon Procès. Phillippe II. l'abandonna & il fut brûlé en 1567.

La Gouvernante étoit inquiéte de ce que le Cardinal de Granvelle lui avoit caché ia lettre du Roi, dont il paroiffoit extrêmement content, & de ce qu'il annonçoit un prompt retour. Le Prince d'Orange avoit les mêmes inquiétudes, il connoif-foit la diffimulation & l'inconftance de Philippe II. & il eut la hardieffe de demander des affurances, que Granvelle ne reviendroit jamais aux Pays-Bas ; puis pour attirer à lui toute l'autorité, il laiffa entrevoir les plus grands projets, pour le bon-heur des Peuples, & il menaça de les fupprimer, fi on ne lui donnoit la liberté entière de faire le bien. Les Comtes d'Egmont & de Horn fe

conduifirent avec plus de prudence:
fatisfaits d'être délivrés d'un Miniftre
qui les tenoit en refpeét , & qui s'oppofoit à tous leurs deffeins, ils ne
donnérent que des confeils modé-
rés , & ils attendirent du temps un
dénouement plus favorable.

Simon Regnard crut voir fa fortune dans la difgrace du Miniftre ;
fon ambition & fa haîne en furent
également fatisfaites , & par le crédit d'Armentiere , il fe flatta de rentrer dans le Confeil d'Etat, dont le
Cardinal de Granvelle l'avoit exclus.
Ses efpérances furent vaines. Armentiere étoit un proteéteur trop
foible, & la Gouvernante fatiguée
des intrigues de Regnard lui fit ordonner enfin par le Roi d'Efpagne
de fe rendre à Madrid. Il craignoit
d'éprouver la févérité du Roi , fon
départ fut différé pendant deux ans,
fous prétexte de maladie ; enfuite
par un prétendu motif de probité ,
& par la néceffité de payer les dettes qu'il avoit contraétées dans fes
Ambaffades de France & d'Angleterre. Après bien des délais , il fallut obéir ; ce ne fut pas fans inquiétudes qu'il fe rendit à Madrid. Ses

liaisons avec les Séditieux de Flandres étoient notoires. Le Parlement de Dole avoit fait le procès au nommé Etienne Quillet son parent & son Maître d'Hôtel , pendant ses Ambassades. Quillet fut convaincu de trahison , & d'avoir reçu des pensions de la France : il subit le supplice des traîtres , & quoiqu'il n'y eût aucune preuve de trahison contre Regnard , la condamnation de son domestique laissa de fâcheux soupçons contre lui-même. Cependant le Roi ne le punit que par le mépris. Toute audience lui fut refusée : il mourut à Madrid sans pensions & sans emploi, & ses enfans ne purent avoir aucun débris de son ancienne fortune.

Les Protestans des Pays-Bas profitérent seuls de la disgrace du Cardinal de Granvelle. L'autorité n'avoit plus de force entre les mains d'une femme timide , qui n'avoit personne à qui elle pût donner sa confiance. Chacun se la disputoit, & celui qui l'auroit obtenue pouvoit s'assurer qu'il éprouveroit toute la jalousie & toute l'inimitié que Granvelle avoit éprouvée. La divi-

fion, les intrigues, les déſordres de
la Cour augmentoient à chaque inſtant ; Meteren * dit, que le Confeil Secret, le Conſeil d'Etat & le
Conſeil des Finances ſe diſputoient
mutuellement l'autorité, & qu'aucun de ces Conſeils ne vouloit la
céder. Le Prince d'Orange prote-
geoit & animoit en ſecret toutes
les Religions, excepté la Religion
Catholique ; ſous ſa protection les
Sectaires ne gardérent plus de meſures. A Anvers, à Valenciennes, &
dans pluſieurs autres Villes, les images furent briſées, les Egliſes pil-
lées, les Miniſtres des Autels mal-
traités & perſécutés : on commit
tous les attentats dont l'héréſie en
fureur peut être capable, lorſqu'elle
n'a plus de frein.

Meteren,
Hiſt. des Pays
Bas. Liv. I.

En France même on ne fut pas
inſenſible à la diſgrace du Cardinal
de Granvelle. Le haſard voulut que
dans le moment de ſa retraite, Chantonnay ſon frere revînt de ſon Ambaſſade d'Allemagne. Catherine de
Médicis l'avoit accuſé d'entretenir
les troubles du Royaume ; elle l'a-
voit fait rappeller, & elle ne diſſimula pas la joye qu'elle avoit d'une

disgrace qui paroissoit commune aux deux freres. Granvelle dit à cette occasion, que la Reine leur faisoit honneur, & qu'elle donnoit la preuve la plus forte des services importans qu'ils avoient rendus à leur Maître. Après cela, on ne peut croire ce que quelques Historiens on dit, que Granvelle retiré à Besançon pria le Roi d'Espagne de l'envoyer Ambassadeur en France ; on n'aspire pas à une Ambassade, où l'on est sûr qu'on sera mal reçu.

La Gouvernante ne conservoit plus aucune des espérances que les Seigneurs Flamans lui avoient données de leur soumission, & de leur respect. Sans argent, sans troupes, sans conseil, elle étoit environnée de gens qui ne pensoient qu'à leurs intérêts personnels, & qui allumoient l'incendie pour profiter du trouble qui en est inséparable. Le Prince d'Orange plus mécontent que tous les Flamans de n'être pas le maître ne ménageoit plus rien. Les Gouverneurs particuliers des Places des Pays-Bas vouloient vendre leur obéissance. Le petit nombre de troupes nationales menaçoit

pour se faire payer. Le Préfident
Viglius, Chef du Confeil d'Etat,
confterné de la difgrace de Granvelle fon ami, & de l'audace des Rebelles, demanda la permiffion de
fe retirer, & il l'obtint. Le Comte
de Barlaymont, qui avoit adminiftré
les Finances avec intelligence & avec
probité, donna fa démiffion. Le
Duc d'Aremberg & le Duc d'Ari-
chot n'écoutoient pas l'indigne politique trop ordinaire aux Courti-
fans, qui abandonnent leurs amis
difgraciés; ils parlerent avec fermeté
à la Gouvernante, & ils oférent demander le rappel du Miniftre; on ne
vit plus à la Cour que ceux qui défi-
roient, qui préparoient même avec
de grands efforts une révolution dans
la Religion & dans l'Etat; tous les
Flamans fidéles au Roi s'en retirerent
comme on fe retire d'une maifon
qui s'écroule.

La Gouvernante fentit fon humiliation. Allarmée du Jugement
qu'on en porteroit à Madrid, elle
voulut employer fon Autorité, pour
rappeller dans le Confeil le Préfident
Viglius qui jouiffoit de la plus grande réputation de lumiéres & de pro-

bité, Ce Magiſtrat ſe crut trop heureux d'être éloigné des affaires dans un temps d'anarchie ; il refuſa de quitter ſa ſolitude , & de conduire des affaires déſeſpérées. En vain la Gouvernante viſita toutes les Provinces , pour gagner les Peuples par ſon affabilité , & pour y répandre les plus grandes eſpérances. Elle donna des paroles , & on lui en rendit. Le déſordre s'accrut à un tel excès , qu'il fallut préparer les remedes les plus violens.

Le Roi d'Eſpagne n'avoit pas tardé à reconnoître, qu'il avoit eu trop de foibleſſe , & que la Gouvernante avoit donné dans tous les piéges que le Prince d'Orange lui avoit tendus. Elle même l'avoit effrayé par les plaintes qu'elle lui avoit portées à ſon retour de la viſite des Provinces. On propoſa au Roi de renvoyer Granvelle aux Pays-Bas ; il le refuſa dans la crainte qu'on ne l'accuſât de légéreté , dont il ne vouloit pas même être ſoupçonné. Le Conſeil de Madrid jugea qu'il étoit temps d'employer la force pour ſoumettre les Rebelles ; la difficulté étoit d'envoyer des troupes aux Pays-Bas. Elles ne

pouvoient y aller que par mer, & le
Roi ne vouloit pas en faire la dépenfe ; on prit le parti de lever des troupes en Allemagne, où l'Empereur
donnoit toutes les facilités que la
Cour d'Efpagne pouvoit défirer
pour les enrollemens. Ils commencérent avec quelque fuceès. Les Flamans ne doutoient pas de la deftination de ces troupes ; mais ils fe raffu-
roient fur la réfolution que le Roi
avoit prife d'obliger les Provinces à
les foudoyer, & fur la certitude qu'on
avoit que les Etats le refuferoient.

En effet la Gouvernante demanda
un don gratuit extraordinaire. Elle
expofa que les revenus de l'Etat
étoient abforbés par des dépenfes in-
difpenfables ; on avoit contracté des
dettes immenfes, qu'elle paroiffoit
vouloir acquitter : les Créanciers de
l'Etat y étoient intéreffés, ils ne pouvoient manquer d'appuyer la demande du don gratuit, & la Gouvernante
fe flattoit qu'on ne le lui refuferoit
pas. Cependant il fut refufé, & la
réponfe des Provinces fut fi vive,
qu'il étoit à craindre que les dons
gratuits ordinaires ne ceffaffent même abfolument. Dans fon défefpoir

la Gouvernante écrivit au Roi, pour lui avouer tout le regret qu'elle avoit, d'avoir demandé & obtenu le renvoi de Granvelle : elle le pria d'ordonner à ce Ministre de venir reprendre ses fonctions. Le Roi ne voulut pas user d'autorité, il sonda les dispositions de Granvelle, & ayant reconnu qu'il étoit déterminé à ne pas se charger d'un fardeau si accablant, il répondit à la Gouvernante, qu'elle avoit fait la faute de demander le renvoi de Granvelle, que c'étoit à elle à la réparer, & à tâcher de le rappeller aux Pays-Bas.

La Lettre que la Gouvernante écrivit au Cardinal dans cette occasion, ressembloit plus à u... ...ment honorable, qu'à la pr... à un Sujet par la sœur ... rain. Elle n'hésita pas de... *Roi auroit dû lui faire tra...* *pour avoir renvoyé un Mini...,* elle le conjura d'oublier le ... de venir promptement repren... ancienne autorité. Granvelle ré... dit respectueusement, qu'il ne d... roit plus rien, puisqu'il étoit ... par les témoignages qu'... bien lui rendre. Il n'...

vœux pour la tranquilité des Pays-Bas, & il ne laiſſa aucune eſpérance de le voir reprendre des fonctions, qui étoient au-deſſus de toute la prudence humaine. Le Roi nomma le Duc d'Albe pour lui ſuccéder.

Ce choix déplut autant à la Gouvernante, qu'aux Rebelles mêmes. Les pouvoirs du Duc d'Albe n'étoient en apparence que pour commander les troupes des Pays-Bas avec ſubordination à l'Autorité de la Gouvernante ; mais elle fut perſuadée, que ce n'étoit qu'un vain compliment, & que le Roi vouloit lui montrer la voie de la retraite, ſans la lui preſcrire. La hauteur & la ſévérité du Duc d'Albe étoient connues ; avec le titre faſtueux de Gouvernante, la Ducheſſe de Parme vit qu'elle alloit être dans une dépendance abſolue ; naturellement bonne & compatiſſante, il ne lui reſtoit qu'à être ſimple ſpectatrice de la tragédie qu'on préparoit, ou plutôt de la voir autoriſée par les ordres qu'on lui arracheroit ; ſans délibérer davantage, elle demanda ſon rappel : le Roi le lui accorda trop facilement, pour ne pas croire qu'il déſiroit qu'elle ſe retirât.

La douleur de la Duchesse de Parme fut au comble, lorsqu'on lui défendit par ordre du Roi de paroître en Espagne. Il fallut qu'elle fixât son séjour á Parme, où elle n'emporta, ni la réputation de prudence, ni aucun bienfait d'un frere qu'elle avoit servi pendant huit ans. Il est vrai qu'on lui promit une pension ; mais elle fut long-temps sans la recevoir; toutes ses plaintes & ses sollicitations devinrent inutiles, jusqu'à ce que le Cardinal de Granvelle, devenu Viceroi de Naples, intercéda pour elle. Il obtint que cette pension fût assignée sur le Royaume de Naples, & il la fit payer exactement; se venger ainsi, c'est l'héroïsme de la Religion; c'est du moins de la grandeur d'ame, & de la noblesse dans les sentimens.

La retraite du Cardinal de Granvelle fut celle d'un homme de Lettres, occupé de ses Livres, de Collections scavantes & curieuses, d'Editions importantes, de secours répandus sur les sciences & sur les beaux Arts. Ses ennemis lui ont reproché la multiplicité de ses Bénéfices, & le faste dans lequel il vivoit. Plusieurs Scavans l'ont loué de sa générosité,

Retraite Cardinal Granvelle Besançon.

& du difcernement qu'il avoit dans la diftribution de fes bienfaits. Charles-Quint & Philippe II. l'avoient comblé de richeffes. Il poffédoit l'Archevêché de Malines, les Abbayes de S. Amand & de Trulles en Flandres, celles de S. Vincent de Befançon, de Montbenoit, & de Faverny, le Prieuré de Morteau, celui de Moutier-Haute-Pierre en Franche-Comté. Il avoit confervé une Prébende du Chapitre de Cambray, & peut-être encore celle qu'il avoit obtenue dans le Chapitre de Liége; c'étoit alors un abus très-commun, qu'avec des Evêchés, & le Cardinalat même, on gardât des Prébendes dans les Cathédrales, où elles donnoient voix active & paffive pour les élections des Evêques. Le Cardinal de Granvelle ne réfigna fa Prébende de Cambray qu'en 1568, trois ans après fa retraite des Pays-Bas. Il eut encore la Prévôté de S. Gudule de Malines, qui fut érigée en Archevêché.

Il avoit toujours protégé, & foutenu par fes libéralités l'Imprimerie dé Plantin, Artifte célébre originaire de Tours & établi à Anvers, qui a donné plusieurs chef-d'œuvres d'impression. Granvelle l'engagea dans une entreprise utile à la Religion. Les Exemplaires de la Bible que le Cardinal Ximenès avoit donnée, étoient devenus extrêmement rares. On inspira à philippe II. le dessein de faire imprimer une nouvelle Polyglotte ; si Granvelle ne fut pas l'Auteur de ce projet, il en partagea du moins les soins & la dépense. Benoît Arias, surnommé Montanus du lieu de sa naissance, en fut l'Editeur ; Granvelle obtint que l'exécution Typographique, en fût confiée à Plantin, il fit faire à ses frais les copies des Exemplaires Grecs de la Bible, qui étoient dans la Bibliothéque du Vatican, & il les donna aux Editeurs. * La Religion & les Lettres lui doivent cette Edition admirable qui sortit de l'Imprimerie de Plantin en 1568, en huit Volumes *in-folio*. On y voit le Texte Hébreu, la Paraphrase Chaldaïque, la Version Grecque des Septante, avec la Vulgate, & deux autres Traductions Latines du Texte Hébreu & de la Paraphrase Chaldaïque.

La Théologie Scholastique étoit devenue plus nécessaire que jamais,

* Præfat. Biblior. Polyglott. Antuerp

dans un temps où il s'élevoit des Novateurs de tout côté, où il falloit soutenir des disputes continuelles, & où
l'on ne pouvoit trop répandre cette
méthode pressante que les Scholasti-
ques ont introduite, pour réduire les
erreurs au silence; dans cette vue le
Cardinal de Granvelle fit faire une
Edition de la Somme de S. Thomas,
& il en distribua généreusement les
Exemplaires. Il fit imprimer encore
les œuvres de Théophraste, qui
avoient eté découvertes tout récemment, & l'occupation la plus agréable de sa Solitude fut le commerce
de Lettres qu'il entretenoit avec les
Sçavans de l'Europe.

Le Palais de Granvelle à Besançon
étoit un azile ouvert à tous les hommes de Lettres; sur tout à ceux qui,
par une fatalité trop commune aux
Sçavans, étoient dans l'indigence, &
qui négligeoient leur fortune, pour
être utiles au Public, & pour acquérir de la réputation. Juste Lipse étoit
Sécretaire du Cardinal de Granvelle
pour les Lettres Latines. Il n'avoit
que dix-neuf ans, lorsqu'il entra dans
la maison du Cardinal, & il lui dédia
son premier Ouvrage intitulé Va-
riarum

iarum Lectionum. On l'accusa en Franche-Comté de s'être approprié es Ouvrages du Sçavant Chiflet, Professeur en Droit dans l'Université de Dole; cette accusation lui fit tort; mais bientôt après il devint avec Joseph Scaliger & Casaubon un de ceux qu'on honora du nom de Triumvirs de la République Littéraire. Il suivit le Cardinal au premier voyage que le Prélat fit à Rome; puis entêté des nouvelles opinions, il se retira à Jéne dans la Thuringe, où il fit profession du Lutheranisme; mais il rentra dans le sein de l'Eglise âgé de quarante-cinq ans, & il donna des preuves si fortes de la sincérité de son retour, qu'il fut accablé de reproches & de railleries par plusieurs Auteurs Protestans. Teissier dans ses Additions à l'histoire de M. de Thou a dit, que Juste Lipse étoit domestique du Cardinal de Granvelle, qu'il le servoit à table, & qu'à cette occasion il avoit fait connoissance avec Fulvio Orsino, sçavant dans les Antiquités Romaines, & protégé par le Cardinal. Teissier s'est trompé. Juste Lipse étoit d'une famille noble; originaire d'Essen près de Bruxelles ; il n'avoit d'autre titre chez le Cardinal, que celui de Sécretaire pour les Lettres Latines : sa naissance & son mérite y étoient connus & respectés.

Dans le même temps Suffride Petri étoit Bibliothécaire du Cardinal. Cet homme né à Lewarde dans la Frise possédoit parfaitement le Grec, le Latin, l'Histoire, & la Jurisprudence. Déjà il avoit enseigné avec distinction à Erford dans la Thuringe, lorsque Viglius de Zuichem le presenta au Cardinal de Granvelle, qui le prit à son service. Petri profita de la Bibliothéque nombreuse & choisie dont il avoit la disposition pour donner des Ouvrages utiles & remplis d'érudition. Il traduisit les Œuvres de Plutarque, qui n'étoient connues alors que d'un petit nombre de Sçavans. Il donna encore la traduction de l'Apologie qu'Athénagore avoit présentée à l'Empereur Aurélien pour la Religion Chrétienne. Il écrivit sur les Histoires Ecclésiastiques d'Eusébe & de Sozoméne; tous ses Ouvrages sont des monumens de son sçavoir, & du goût que le Cardinal de Granvelle inspiroit pour le progrès des Belles-Lettres, & plus encore pour l'avantage de la Religion.

Après Suffride Petri, Granvelle eut pour Bibliothécaire Etienne Vinandus Pighius, dont Aubert Lemire, Doyen de la Cathedrale d'Anvers, parle avec de grands éloges *. Pighius avoit acquis des connoissances rares, sur-tout dans les Antiquités Romaines, en sorte, dit Aubert Lemire, que dans cette partie de Littérature, peu de Sçavans furent ses égaux, aucun certainement ne lui fut supérieur. Pighius, dit encore Lemire, se cacha dans la Bibliothéque du Cardinal de Granvelle ; là il composa les Fastes des Magistrats Romains, & il donna une Edition exacte de Valere Maxime. Puis le Duc de Clèves le demanda pour conduire à Rome le Prince son fils. Pighius composa la Relation de ce Voyage, sous le titre d'*Hercules Prodicus*, moins pour raconter ce qu'il avoit vû en Italie, que pour donner à son Elève des leçons de vertu, en lui représentant, d'après le Philosophe Prodicus, Hercules retiré dans la solitude, sollicité vîvement par la vertu & par la volupté,

* *Aub.*
Bibliot. E.
part. seco.

& enfin décidé par ſes lumieres, autant que par ſon courage, à ſuivre
conſtamment le parti de la vertu.

· Le Cardinal de Granvelle s'étoit
auſſi attaché Pierre Nannius par des
bienfaits ; on peut juger par les Œuvres de cet homme de Lettres des
vues que Granvelle avoit, lorſqu'il
répandoit ſes libéralités ſur les Sçavans. Nannius donna les Traductions
de Démoſthéne, de Plutarque, de
Syneſiüs, des Œuvres de S. Athanaſe,
de S. Chryſoſtôme, de S. Baſile, &
d'Athénagore. Il fit un Commen-
taire ſur les Livres de la Sageſſe, &
des Notes ſur l'Ouvrage de S. Am-
broiſe contre Symmaque. Il traduiſit
en vers pluſieurs Pſeaumes de David
aſſez heureuſement, dit Aubert Lemire,
& il donna encore dix Volumes de
mélanges, avec d'autres Ouvrages de
Littérature. Le Cardinal de Granvelle fit Chanoine d'Arras. Il mourut
en 1557 à Louvain, où l'Univerſité
l'avoit appellé pour profeſſer.

Je pourrois nommer pluſieurs autres Sçavans, que Granvelle anima
& qu'il ſoutint dans leurs travaux,
tels que Nicolas Ellebodius, Médecin
célébre de la Faculté de Padoue, qui

lui dédia la traduction du Livre de Memesius, intitulé *De l'Homme.*

Mais il me suffit de rappeler le témoignage qu'Aubert Lemire lui a rendu. *Granvelle*, dit-il, *étoit le Protecteur le plus ardent des hommes de génie; après les premiers soins qu'un Minis- tre doit à la Religion, il ne peut faire un plus bel usage de son Autorité.*

Dans cet esprit Granvelle s'appli- qua plus particuliérement pendant sa retraite à Besançon à perfectionner la fondation que le Chancelier son pere y avoit faite, pour y établir les études de toutes les Sciences. Cette Académie fut d'abord nommé le Collége de S. Maurice. Le Cardinal y appella des Professeurs de la plus grande réputation; Alciat y fit des le- çons de Jurisprudence, & le fameux Dumoulin, avant sa retraite à Mont- béliard, y enseigna pendant quelque temps le Droit Canonique ; mais sa Doctrine sur l'usure parut équivoque, on le pria de se retirer, & il choisit son azile chez le Prince de Wirtem- berg-Montbéliard. Ce ne fut pas assez dans les vues du Cardinal de Granvel- le d'établir les Sciences dans sa patrie, il voulut encore que son Collége.,

T iij

qu'il appella les Ecoles de Granvelle,
fut deftiné à inftruire & à former ceux
qui embraffoient l'état Eccléfiaftique. Ce fecours étoit néceffaire, dans
un temps où l'on n'avoit pu raffem-
bler des fonds fuffifans, pour doter
un Séminaire, fuivant le Décret du
Concile de Trente; les Ecoles de
Granvelle fubfifterent jufqu'en 1618,
temps auquel les Magiftrats de Befançon leur donnérent une forme
nouvelle.

On juge avec raifon d'un homme,
par les amis qu'il fe fait, & d'un Miniftre par les perfonnes qu'il em-
ploye. Le feul choix que Granvelle
fit de François Richardot, pour fon
ami, pour fon Grand Vicaire, pour
fon Succeffeur à l'Evêché d'Arras,
décideroit de fes fentimens, fi l'on
n'avoit déjà vû, qu'en Flandre il eut
pour amis tous les Seigneurs qui demeurérent fidéles à leur Religion &
à leur Roi; & ces amis lui furent
conftamment attachés pendant fa
difgrace.

François Richardot étoit d'une
honnête famille de Franche-Comté,
honefto loco natus, dit Aubert Lemire.
Il fe fit Religieux chez les Auguftins

de Champlite, & dans sa jeunesse il eut une si grande réputation d'esprit & de science, que ses Supérieurs l'envoyerent à Paris pour y enseigner, quoiqu'il ne fût âgé que de vingt-cinq ans. Il y expliqua les Epitres de S. Paul avec un grand concours d'auditeurs ; puis il voyagea en Italie, où les Sçavans lui firent un accueil favorable, & où il prit des liaisons particulieres avec Paul Manuce. Il étoit fils de la sœur de Jean Richardot Président du Conseil des Pays-Bas : le Président touché du mérite de son neveu l'appella en Flandre, il l'adopta, & il lui donna son nom. Ce fut alors qu'il fut présenté au Cardinal de Granvelle, qui l'envoya à Besançon pour expliquer l'Ecriture Sainte. Richardot eut le bonheur d'être Prophéte dans sa patrie ; mais Granvelle l'en tira bientôt, pour le faire son Grand Vicaire à Arras, & pour lui confier le soin d'un Diocèse, où les affaires du Ministére l'empêchoient de résider. Lorsque Granvelle fut transféré à l'Archevêché de Malines, il demanda au Roi d'Espagne l'Evêché d'Arras pour Richardot, & il l'obtint.

T iv

· Dans cette fonction nouvelle, Richardot s'appliqua à combattre les nouvelles erreurs qui s'étoient glissées dans Arras ; il prêcha souvent, & avec succès ; il fit en présence de la Cour de Bruxelles l'Oraison funébre de Charles-Quint, & celle d'Isabelle de Portugal, premiere femme de Philippe II. Sa réputation d'éloquence le suivit, elle s'accrut même au Concile de Trente, où il assista pendant les derniéres Séances, & lorsqu'il fut de retour dans son Diocèse, il fit l'ouverture solemnelle de l'Université de Douay, que philippe II. venoit de fonder. Richardot jugea qu'il étoit digne d'un Evêque d'y commencer les leçons de l'Ecriture Sainte, & de les établir d'une maniere qui fût édifiante & solide ; il mourut en 1574 ; le choix d'un tel ami, & d'un tel Successeur prouve à quel prix Granvelle accordoit son amitié & sa recommandation pour les Evêchés.

A Malines il eut pour Grand Vicaire Maximilien Morillon, dont plusieurs Historiens louent la probité, les mœurs, & le zèle pour la Religion, & qu'il fit nommer dans la suite à l'Evêché de Tournay. Lorsque Granvelle fut renvoyé des Pays-Bas, les ordres de Philippe II, & les troubles qui agitoient les Provinces, ne lui permirent pas de se retirer dans son Diocèse. Du moins il redoubla d'attention, pour en écarter les erreurs de Luther & de Calvin. Il y eut sucessivement deux Evêques Suffragans, Pipinus Rosa, de l'Ordre de S. Dominique, & Gisbert Vréede, qui de concert avec Morillon soutinrent la Foi & la Discipline attaquées aussi vivement dans les Pays Bas, que dans les autres Pays du Nord. L'attention du Cardinal de Granvelle alla jusqu'à assembler à Malines deux Conciles de sa Province, en 1570, & 1571, pour prendre les mesures les plus propres à sauver la Religion.

La premiere année de la retraite du Cardinal de Granvelle n'étoit pas encore révolue, lorsqu'il fut obligé de se rendre à Rome pour le Conclave. Pie IV. étoit mort le 8 Décembre 1565. Dabord que le Cardinal en fut informé, il se mit en chemin, & malgré la rigueur de la saison, il fit assez de diligence pour arriver avant la fin du Conclave,

qui finit le 7 Janvier 1566. On élut
le Cardinal Alexandrin, qui se nommoit Michel Ghisléri, & qui prit le
nom de Pie V. Sa naissance étoit
pauvre & obscure; sa vie avoit été la-
borieuse & sainte. La premiere Dignité de l'Eglise couronna sa vieillesse, & après sa mort l'éclat de ses
vertus le plaça au rang des Saints. Il
avoit été Religieux de l'Ordre de S.
Dominique.

Un Historien a dit, que le Cardinal de Granvelle eut beaucoup de
part à cette élection. Il paroît difficile
à croire qu'il fut arrivé assez-tôt pour
former, & pour suivre une négociation dans le Conclave. Il ne dura
qu'un mois. Si l'on en retranche le
temps nécessaire pour apprendre à
Besançon la mort du Pape, & pour
faire le chemin de Franche-Comté à
Rome dans la saison la plus fâcheu-
se, Granvelle n'aura eu que des instans pour négocier. Il est plus probable qu'il trouva l'élection très-avan-
cée, & qu'il n'y eut d'autre mérite,
que celui d'approuver le choix du
plus sçavant des Cardinaux, & de donner son suffrage, pour placer la vertu
même sur le premier Siége de l'Eglise.

Lorſque Granvelle fut nommé Cardinal, il parut s'applaudir d'avoir une retraite honorable à Rome, s'il étoit obligé de ſortir des Pays-Bas. Après l'élection de Pie V, le moment étoit venu de jouir de cette retraite; cependant il prit le parti de retourner en Franche-Comté, ſoit qu'il eût goûté véritablement le repos littéraire, ſoit qu'il craignît de marquer trop ſon mécontentement, & de faire naître des ſoupçons, s'il ſortoit de la réſidence que le Roi d'Eſpagne lui avoit preſcrite. On voit même au travers de ſon indifférence apparente, qu'il déſiroit de ſe rapprocher de la Cour de Madrid. L'Archevêché de Seville vaqua pendant ſon ſéjour à Beſançon, il le demanda, & il ne put l'obtenir; les Miniſtres Eſpagnols redoutoient ſa préſence. Le Duc d'Albe faiſoit profeſſion d'être ſon ami; il parut déſirer que Granvelle fût admis dans le Conſeil ſuprême; mais il étoit ſon rival & l'on peut juger des ſervices qu'il lui rendit. Quatre années s'écoulerent ſans que Granvelle reçût la moindre marque de confiance de ſon Maître.

Enfin le moment arriva où il de-

gocie à Ro-
e une Ligue
ntre le Turc.
vint néceſſaire, & où Philippe II.
ne conſulta que ſes véritables intérêts. Sélim étoit monté ſur le Trône
de Conſtantinople. Ce Prince ambitieux, cruel, intéreſſé ne reſpiroit
que la guerre ; il avoit la haine la plus
forte contre tous les Princes Chrétiens, & pour faciliter les Conquêtes
qu'il vouloit faire ſur eux, il crut devoir attaquer d'abord celui de tous
les Etats Chrétiens, qui paroiſſoit le
plus foible, & qui offroit une proye
plus utile à ſon Empire. Les Vénitiens poſſédoient alors l'Iſle de Chypre. Cette Iſle fameuſe, peu éloignée
de Conſtantinople, eſt ſituée avanta-
geuſement, pour dominer ſur toutes
les Iſles de l'Archipel ; elle eſt trop
voiſine de la Caramanie, de la Syrie,
& de l'Egypte, pour ne pas donner
de la jalouſie aux Empereurs Turcs ;
on peut dire même qu'un Souverain
qui poſſéde l'Iſle de Chypre, avec une
Marine guerrière & marchande, eſt
le maître de tout le commerce que
l'Europe peut faire dans l'Archipel,
& dans le Levant. Selim prétendoit
que cette Iſle avoit appartenu aux
Mammelus d'Egypte, que l'Empire
Ottoman avoit tous leurs droits, &

qu'il lui importoit d'autant plus de
l'enlever aux Vénitiens , qu'elle fervoit de retraite aux Corfaires Chrétiens qui étoient en grand nombre
dans ces parages.

La République de Venife n'oublia
rien, pour détourner l'orage qui la
menaçoit. Elle repréfenta à Selim ,
qu'après la mort de Soliman fon pere,
il avoit renouvellé en pleine liberté
le traité d'alliance qui fubfiftoit entre
la Porte & Venife. Elle prouva , que
jamais les Mammelus n'avoient poffédé le Royaume de Chypre , & que
la République ne permettoit pas aux
Corfaires Chrétiens d'y amener les
prifes qu'ils faifoient fur les Turcs. Selim fut inexorable. Il envoya à Venife
un Chiaou nommé Cubath , pour
demander que la République lui cédât le Royaume de Chipre , ou pour
lui déclarer la guerre , fi elle le refufoit. Le Sénat reçut cette demande
avec indignation ; mais quelle proportion entre la Marine , les richeffes,
& les troupes de l'une & de l'autre
Puiffance ! La République fentit fa
foibleffe , elle penfa à fe fortifier par
des alliances.

On craignoit avec raifon pour l'Ita-

lie, fi Selim faifoit la conquête de
l'Ifle de Chypre. Il avoit une Flotte
formidable, & beaucoup de troupes
de débarquement. On devoit s'attendre à la voir bientôt dans le Golphe de Venife, où fur les Côtes de
Naples, & de Sicile. Auffi la République ordonna à fes Ambaffadeurs
qui réfidoient à Rome & à Madrid
de folliciter des fecours prompts &
abondans. Pie V. touché du danger
qui lui étoit commun avec tous les
États d'Italie forma le projet d'engager les Princes Chrétiens à faire une
Ligue contre le Turc. Tout ce que
la piété, le zéle, le défintéreffement
le plus noble peuvent infpirer, il
l'employa pour réuffir ; mais il trouva en France une impoffibilité abfolue de fe mêler des guerres étrangeres ; dans d'autres Etats, il ne vit
que de la froideur, un vil intérêt,
une fauffe politique ; en forte qu'il
étoit à craindre qu'il ne fût réduit à
joindre fes galéres à la Flotte des Vénitiens.

Philippe II. étoit trop intéreffé
dans cette guerre, pour refufer la demande du Pape & des Vénitiens ; il
donna des paroles, mais il ne parut

pas fincére dans leur exécution. D'abord il ordonna au Cardinal de Granvelle de fe rendre à Rome , pour négocier cette grande affaire. On étoit perfuadé que ce Miniftre apportoit toutes les facilités poffibles , pour une alliance qui étoit utile , ou même néceffaire au Royaume des deux Siciles ; cependant on jugea par fa conduite , qu'il avoit des ordres fecrets pour faire échoüer le traité , & pour épargner les frais immenfes de l'armement qu'on demandoit à l'Efpagne.

Malheureufement pour les Vénitiens, ils donnérent à Granvelle un prétexte fpécieux , peut-être même un motif indifpenfable de leur refufer des fecours. Ils avoient gâgné Mahomet, Grand Vizir de Selim. Mahomet n'ôfa contredire le Sultan, & entreprendre de perfuader à un Prince jeune & ambitieux de conferver la paix avec tous les Chrétiens. Il propofa une diverfion qui devoit être favorable aux Vénitiens ; c'étoit de fecourir les Maures de Grenade , & de rétablir ces Mufulmans infortunés dans le Pays dont les Efpagnols les avoient chaffés ; il fuffifoit d'occuper les forces de l'Espagne du côté de Naples & de Sicile, & de donner aux Maures d'Afrique des subsides qui les missent en état de faire une descente en Espagne. Le Muphti appuya cette proposition avec tout le zèle que sa loi lui inspiroit pour des Mahométans persécutés. Le Divan approuva le nouveau projet, & on fut au moment de voir le Théâtre de la guerre transporté en Italie & en Espagne ; on ne dissimuloit pas même ce changement à Constantinople.

En attendant les secours que le Pape offroit de lui-même, & ceux qu'il sollicitoit, les Vénitiens lui demandèrent la permission de lever des Décimes considérables sur le Clergé de leur domination. Leur demande fut proposée dans un Consistoire où le Cardinal de Granvelle assistoit. Il ne s'opposa pas à l'imposition des Décimes, il opina même pour qu'elle fût accordée dans toute l'étendue qu'on proposoit, reconnoissant tout ce qu'on devoit à une République Chrétienne, prête à succomber sous les armes des infidéles ; mais après avoir donné à la Religion, à l'humanité, & à la juſtice ce qu'elles exigeoient dans une conjonĉture ſi preſſante, il crut qu'il étoit de ſon devoir & de l'intérêt de ſon Maître de dévoiler l'intrigue affreuſe qu'on avoit formée à Conſtantinople, pour porter la guerre en Eſpagne, & il n'héſita pas de l'atttibuer aux Véni-tiens, qui pouvoient ſeuls en profi-ter. Son diſcours fut vehément, il leur reprocha d'avoir toujours été ſpeĉtateurs tranquilles des malheurs des autres Souverains, & il finit en diſant, que ſi l'intérêt de la Religion n'étoit pas mêlé avec leurs intérêts temporels, ils ne mériteroient pas la compaſſion qu'on avoit pour eux.

Le Cardinal Commendon, né Sujet de la République, répondit avec viva-cité, & il n'oublia rien pour effacer l'impreſſion que le diſcours de Gran-velle avoit faite. Tous les ſervices que ſa Patrie avoit rendus au Saint Siége furent rappellés. Si la Répu-blique avoit ſouvent ménagé le Turc, ſi elle avoit fait avec lui des traités de neutralité, Commendon préten-doit, qu'elle y avoit toujours été for-cée par les perfidies des Eſpagnols. C'eſt du moins ce que d'Aubigné * * D'Aubi.

Hift. Univerf.
Liv. V. Chap.
XXVII.
lui fait dire ; mais c'eft un reproche vague, qui ne détruifoit pas ce que l'intrigue de Conftantinople avoit d'odieux.

On eft étonné de voir que M. de

* De Thou
Hift. Lib.
XLIX.
Thou * qualifie le difcours du Cardinal Granvelle *d'invective infolente.* Que devoit donc faire le Miniftre du Roi d'Efpagne ; pouvoit-il diffimuler une négociation qui tendoit à attirer toutes les forces de Selim fur les Côtes de Naples & de Siciles, & à rappeller en Efpagne les Maures d'Afrique, pour la fubjuguer une feconde fois! La fageffe du Pape calma toutes ces vivacités; elles n'eurent d'autre effet, que de l'engager à redoubler fes efforts pour toucher le cœur de Philippe II, pour exciter fa lenteur accoutumée, & pour le déterminer par le grand intérêt qu'il avoit dans cette guerre.

Pie V. envoya en Efpagne Louis de Torrès qui étoit Efpagnol, & qui pouvoit être plus agréable au Roi qu'un Négociateur étranger. Il le chargea d'expofer les préparatifs redoutables que Selim faifoit pour la guerre, & le danger où étoit toute l'Italie, fur-tout le Royaume de Na-

les & de Sicile, dont on avoit absolument négligé les troupes & la
Marine. Philippe reçut l'Envoyé du
Pape avec autant de froideur, que si
on lui eût demandé un bienfait purement gratuit. Il dit à Torrès, que
dans les temps où il avoit été plus
embarrassé par des guerres de Religion, contre les Maures d'Espagne,
& contre les Hérétiques des Pays-Bas,
le Pape, bien loin de lui donner du
secours, lui avoit suscité de nouveaux
embarras à Naples & dans le Duché
de Milan. Il s'en plaignit ; mais il
ajouta, que le zèle qu'il avoit pour
la Religion le déterminoit à entrer
dans cette guerre, & qu'il donneroit
les ordres pour conclure l'alliance
que le Saint Siége & les Vénitiens
lui proposoient.

En effet il envoya de pleins pouvoirs aux Cardinaux Pacheco & de
Granvelle, & à Dom Jean de Zuniga
son Ambassadeur à Rome pour régler les conditions de l'alliance. Le
Pape nomma le Cardinal Alexandrin
son neveu, & les Cardinaux Moron,
Graffi, & Aldobrandi ; dans la suite
il subrogea le Cardinal de la Chiesa
au Cardinal Graffi. Les Vénitiens

nommérent pour léurs Ambaſſadeurs Soriano & Soranzo. Ils prirent
pour modéle de leur traité celui que
Paul III. avoit fait autrefois avec
l'Empereur Charles-Quint.

Il étoit naturel qu'on nommât un
Commandant Général, qui eût toute Autorité ſur les Flottes combinées ; mais les Républiques voient
toujours avec peine la ſuperiorité des
Couronnes, & ſouvent cette jalouſie
leur fait prendre des précautions em-
barraſſantes dans la guerre. Les Vénitiens voulurent abſolument, que
chaque Flotte eût ſon Général indépendant des autres, & il fallut leur
accorder, que les opérations de la
guerre ſeroient réſolues à la pluralité
des voix, ſauf le titre purement ho-
norifique de Commandant de la
                    née qu'on donneroit
au Général nommé par le Pape;
précaution impraticable, particulièrement ſur mer. On en reconnut les
inconvéniens, & l'année ſuivante
on fut obligé de la ſupprimer.

Les Miniſtres fixerent la totalité de
la Flotte a deux cents galéres, & à
cent vaiſſeaux de tranſport. Le Pape
s'obligea à donner douze galéres

ien armées, dont Antoine Colon-
e devoit avoir le commandement,
e Roi d'Espagne promit quatre-
ngt galéres que Jean-André Doria
voit commander. La Flotte Véni-
enne étoit déja de cent trente-cinq
léres commandées par Zanne,
ui se retira peu de temps après, &
ui eut pour Successeur Sébastien
énier ; les vaisseaux de transport
voient être en proportion du
ombre de galéres que chacun
onnoit. On ne fixa point de
mps, pour la durée de cette allian-
: : elle fut même annoncée com-
ie une alliance perpétuelle, pour
ter à l'ennemi toute espérance de
iviser les Alliés. En effet rien n'au-
oit été plus glorieux '& plus utile à
i Chrétienté ; mais toute Alliance
orte en elle-même le principe de
i dissolution, par la diversité des
pinions & des intérêts ; on en fit
ientôt la malheureuse expérience
ans cette guerre.

Les Flottes furent prêtes au temps
ui avoit été prescrit. Elles se réuni-
nt même sur les Côtes d'Italie ; les
ommandans se diviserent dès les
remieres Délibérations. Doria se

1570.

retira en Sicile, les maladies conta-
gieuses ravagérent la Flotte Vénitienne, & les Alliés perdirent entiérement la premiére année.

Selim profita en homme habile de
leur inaction. Sa Flotte étoit composée de deux cent-vingt galéres. Elle
portoit soixante mille Janissaires,
deux mille cinq cents chevaux, six
mille pionniers & cinquante piéces
de canon de batterie. Trois Généraux de réputation, Piali, Hali, &
Mustapha les commandoient; la
Flotte mit à la voile au mois de Juin.
Le premier Juillet elle aborda à l'Isle
de Chypre, dans un lieu appellé les
Salines; le débarquement se fit sans
aucune opposition, & sur le champ
les troupes allérent investir Nicosie
Capitale de l'Isle. Cette Ville malheureuse fut prise d'assaut & saccagée
entiérement après quarante-huit
jours de siége, sans qu'on eût aucune
nouvelle de la Flotte Chrétienne. De
Nicosie les Turcs marcherent à Famagouste, dans l'espérance de l'emporter encore avant l'hiver. Mustapha fut chargé de ce siége, mais il
reconnut bientôt que la saison étoit
trop avancée; le siége fut changé en

blocus, & malgré la vigilance des Turcs, les Vénitiens eurent le bonheur d'y jetter un renfort de huit cents hommes ; dans cet état on attendit le printemps de 1571.

La perte de Nicosie & le danger de l'Isle de Chypre allarmérent toute l'Italie. On ne pouvoit attribuer ce malheur qu'à la division des Généraux Chrétiens, & leur division ne venoit que de leur indépendance mutuelle ; les Ministres des Alliés assemblés à Rome résolurent de donner un Généralissime aux Flottes combinées. Le Roi d'Espagne proposa Dom Jean d'Autriche son frere naturel, qui avoit acquis beaucoup de réputation dans la guerre des Maures de Grenade : il fut agréé unanimement. Cependant le Pape voulut que son Général eût aussi quelque supériorité, & il le fit nommer Lieutenant du Généralissime. Ces nominations ne se firent pas, sans de grandes difficultés de la part de la République de Venise, qui en qualité de République Couronnée souffroit impatiemment toute subordination ; mais les momens pressoient : elle sacrifia un vain honneur au salut de la Patrie.

Il furvint une difficulé encore plus grande qui penfa détruire l'Alliance, avant qu'elle eût produit aucun effet. On accufa le Cardinal de Granvelle de l'avoir fufcitée par haine contre les Vénitiens : mais il n'auroit pas été affez téméraire pourchanger la deftination des Flottes Chrétiennes, & tout le plan de la guerre, fans en avoir reçu l'ordre de fon Maître, & il avoit des Collégues qui ne fe feroient pas livrés à fa mauvaife humeur.

Quoique le fecours de Famagoufte preffât extrêmement, les Miniftres Efpagnols propoférent d'envoyer la Flotte Chrétienne en Afrique, pour y faire une diverfion confidérable, pour prendre Tunis, Alger, Tripoli, & délivrer l'Efpagne des Corfaires Barbarefques qui ravageoient fes Côtes. Ils croyoient juftifier leur propofition, en difant, que le Roi d'Efpagne fupportoit le plus grand poids de l'armement naval, & qu'il étoit jufte qu'il en recueillît les premiers avantages.

Les Vénitiens s'y oppoférent avec beaucoup plus de juftice; ils repréfentérent, qu'on avoit fait l'Alliance

pour

pour tâcher de secourir l'Isle de Chypre, pour garantir les autres Etats de la République de l'invasion prochaine dont ils étoient menacés, & pour sauver l'Italie entière, qui seroit subjuguée facilement, lorsque la République ne seroit plus son boulevard contre les armes des Infidéles. Sélim devoit peu s'embarrasser du sort des petites Républiques Africaines, qui n'étoient que ses tributaires, & qu'il pourroit recouvrer en une campagne, s'il étoit maître de l'Isle de Chypre, ou de quelque port en Italie. Les Vénitiens déclarèrent nettement, qu'ils ne donneroient pas un seul vaisseau au Roi d'Espagne pour faire des conquêtes; pour eux, ils ne demandoient que de n'être pas opprimés, & d'arracher des mains des Infidéles un Royaume qu'il importoit à tous les Chrétiens de conserver.

Le Pape se porta pour médiateur entre les Ministres d'Espagne, & ceux de Venise. Sans doute il persuada facilement aux Ministres d'Espagne, que leur demande étoit déraisonnable, & le cri public devoit encore plus les en convaincre. Cependant

V

ils refusèrent de s'en défister ; toute
la grace qu'on fit à leur obstination,
fut de l'attribuer aux ordres d'un
Maître qui parloit toujours Religion,
& qui pensoit toujours à son intérêt.
Pie V. prit le parti de s'adresser au
Roi d'Espagne même. Il lui envoya
Colonne son Général, pour le prier
de suspendre ses projets sur l'Afrique,
& d'ordonner à Doria de secourir
l'Isle de Chypre. Philippe parla avec
emphase de son zèle pour la sûreté
de l'Italie ; mais il ne laissa à Colonne
aucune espérance, qu'il révoqueroit
les ordres qu'il avoit donnés. Il les
avoua, & il dit qu'il se défioit des
Vénitiens, qu'alors même ils négo-
cioient avec Sélim à l'insçû de leurs
Alliés, & qu'ils n'avoient défiré
former une ligue redoutable, que
pour obtenir une paix plus avantageuse, & pour livrer leurs Alliés
tout le ressentiment de Sélim.

· Si le courage de Pie V. avoit pû
être abattu, il l'auroit été par cette
réponse, & par la nouvelle difficulté
que les Ministres d'Espagne firent sur
les frais de la guerre. Dans la ligue
qui avoit été faite entre Paul III,
Charles-Quint, & la République de

Venise, l'Empereur s'étoit chargé de
a moitié des frais de la guerre ; les
Vénitiens payoient les deux tiers de
'autre moitié, & Paul III. ne payoit
que le sixième du total. Pie V. demandoit une diminution de ce sixième ; il prouvoit que la Chambre
Apostolique étoit épuisée par les secours qu'il avoit déjà donnés aux
Chrétiens, & on ne put lui refuser
la diminution qu'il demandoit. Il
agit même avec tant de zèle, qu'il
toucha enfin le Roi d'Espagne, &
que le nouveau traité pour le secours
de l'Isle de Chypre fut signé le 7 Mars
1571, dans l'Eglise de Sainte-Marie
sur la Minerve.

Il sembloit qu'il ne restât plus qu'à
attendre le temps propre à mettre à
la voile, pour aller secourir Famagouste. L'inquiétude & l'intérêt de
Philippe II. suspendirent encore le
départ. Ses Ministres avertirent le
Pape, que cette année 1571 la flotte
Espagnole ne seroit que de soixante
& dix galères, & qu'elle ne pourroit
partir qu'au mois de Juin. Les Ambassadeurs de Venise prirent cet avis
pour un refus d'exécuter le traité,
ils n'en parlèrent plus qu'avec in-

différence; la République envoya à Conftantinople Jacques Ragazzoni, Evêque de Famagoufte, pour reprendre la négociation de la paix, & pour la conclure à quelque prix que ce fût.

Ragazzoni connoiffoit bien la Cour de Conftantinople; il pouvoit rendre un fervice effentiel à fa patrie, & en même temps fauver fon Diocèfe d'une ruine prefque certaine; il négocia avec fageffe & avec zèle: déjà même il avoit quelque lueur d'efpérance, & l'inaction des Ambaffadeurs Vénitiens réfidens à Rome le fit foupçonner. Pie V. en fut pénétré de douleur; il prévit les conféquences dangereufes d'une négociation, qui ne pouvoit arrêter que pendant quelques inftans un Prince puiffant, avide de gloire & de conquêtes; c'étoit annoncer à l'Empire Ottoman la foibleffe & la divifion des Chrétiens; c'étoit donner à Sélim un appât, pour former tous les jours des prétentions nouvelles, & pour obliger les Princes d'Italie à acheter une paix ruineufe, & toujours équivoque. La négociation avec l'Efpagne étoit à peine finie, qu'il fallut en commencer une autre avec la République de Venise.

. Pie V. donna encore cette commiſſion à Colonne ; il l'envoya à Venise pour ranimer le Sénat, & pour promettre que la flotte Chrétienne ſeroit compoſée du nombre de galères & de vaiſſeaux de tranſport qui avoit été preſcrit par le traité. Le Pape voulut bien répondre du Roi d'Eſpagne. Si ce Prince ne pouvoit fournir les corps de galères & de vaiſſeaux qu'il avoit promis, les Vénitiens, dont la marine étoit nombreuſe, avoient intérêt de les donner, avec cette aſſurance, que le Roi d'Eſpagne les armeroit, & qu'il en payeroit le fret.

On ne pouvoit leur faire des propoſitions plus avantageuſes ; cependant le plus grand nombre de Sénateurs perſiſta à demander la paix. Colonne leur repréſenta qu'il falloit donc céder le Royaume de Chypre ; & qu'après un ſi grand ſacrifice, ils ne pourroient encore ſe fier au perfide Sélim, dont les forces étoient bien ſupérieures à celles de la Républi-que. Elle en avoit reçu des outrages, qu'il lui ſeroit honteux de diſ-

fimuler; il étoit important de donner des preuves de courage, & de
ne pas fouffrir la première ufurpa-
tion que Sélim hafardoit; il falloit
l'arrêter à chaque pas, fi l'on vouloit l'empêcher d'envahir toute l'I-
talie. Bien loin de diffoudre la ligue, tous les Chrétiens étoient intéreffés à l'accroître, & à en ferrer
les liens; l'Empereur étoit difpofé
à y entrer pour la fûreté de la Hongrie; la réputation de l'Ordre de
Malte promettoit encore les mêmes prodiges de bravoure & de vertu, que fes Chevaliers avoient faits
au fiége de Rhodes fous le règne de
Soliman, pere de Sélim; le Grand
Duc de Tofcane & la République
de Gènes préparoient des troupes &
des vaiffeaux pour le fervice de la
ligue; les Puiffances de l'Europe les
plus éloignées du danger, s'empref-
feroient d'entrer dans cette alliance,
lorfqu'on y verroit regner l'union,
& le zéle du bien public.

Les repréfentations de Colonne
ranimèrent les plus timides; cependant le Sénat crut devoir ménager
également les efpérances qu'il avoit
pour la paix, & les fecours qu'on

lui offroit pour la guerre, fi elle devenoit indispensable. Il ordonna à Ragazzoni de continuer ses négociations, & aux Ambassadeurs que la République avoit à Rome, d'entretenir la ligue avec autant de dextérité, que fi l'on n'avoit aucune espérance de la paix. On reprit les conférences; & pour concilier tous les intérêts, on décida unanimement que l'armement qui étoit préparé, feroit employé fans délai à la défense de l'Isle de Chypre. Si l'on étoit assez heureux, pour que l'armée navale ne fût plus nécessaire du côté de l'Archipel, les Vénitiens promettoient de donner au Roi d'Espagne cinquante galères, qui feroient employées à la conquête de Tunis, d'Alger, & de Tripoli; fi la République étoit obligée d'entreprendre quelque expédition maritime dans fon golphe, ou ailleurs, pour la sûreté de fes Etats, le Roi d'Espagne devoit lui donner la même quantité de galères. On parut oublier les anciennes contestations, & les vivacités réciproques. Tous les incidens qui pouvoient survenir, étoient soumis à la décision du Pape feul, on eut ce refpect pour fa vertu, & cette reconnoiffance pour les foins qu'il avoit pris de former, & de reffufciter la ligue. Les Miniftres d'Efpagne affurèrent que leur Maître auroit inceffamment quatre-vingt galères armées dans le port d'Otrante. La flotte combinée devoit ouvrir la campagne par une bataille générale contre la flotte Turque; & afin que Vénier, Commandant de la flotte Vénitienne, ou les Provéditeurs qui l'accompagneroient, n'en fiffent aucune difficulté, le Sénat leur en donna l'ordre par écrit. Cette nouvelle convention fut fignée à Rome le 15 Mai 1571.

Pendant qu'on travailloit à calmer les divifions funeftes des Alliés, Sélim ne fe laiffoit pas amufer par les propofitions fpécieufes de Ragazzoni. Il envoya par terre une armée de foixante & dix mille hommes, pour faire une diverfion puiffante du côté des Etats que la République avoit en Albanie & en Dalmatie, il ordonna qu'en même temps le fiège de Famagoufte fût pouffé avec toute la vivacité poffible. Piali étoit retourné à Conftantinople, Ali étoit

Général de la flotte Turque, & Muſtapha commandoit les troupes de débarquement. La flotte Chrétienne ne put être prête aſſez-tôt pour ſecourir la Place aſſiégée ; malgré la valeur extraordinaire de ſes défenſeurs, elle fut obligée de capituler. Muſtapha viola la capitulation, on ne peut lire ſans horreur toutes les cruautés qu'il exerça contre Bragadino Commandant de la Place, contre la garniſon & tous les citoyens ; la révolution de l'Iſle de Chypre fut prompte & entière, elle tomba irrévocablement ſous la puiſſance de Sélim ; mais il l'acheta par la perte de quatre-vingt mille hommes, & d'une multitude de ſes meilleurs Officiers.

On peut juger de la conſternation que cette nouvelle répandit dans toute l'Italie. La flotte Chrétienne n'étoit pas armée entièrement ; Dom Jean d'Autriche, ſon Général, étoit encore en Eſpagne, & Pie V. redoubloit ſes négociations pour obtenir des différentes Cours de l'Europe des ſecours d'hommes, ou d'argent. Le Cardinal Alexandrin ne put rien obtenir en France. Charles IX. avoit trop d'embarras dans son Royaume, pour entreprendre une guerre maritime, & fort éloignée de ses Etats; ses finances étoient trop épuisées, pour s'engager à donner des subsides, & il y avoit trop d'inconvéniens à combiner la flotte de France avec celle d'Espagne.

Le Cardinal Alexandrin passa en Portugal, où ses sollicitations furent également infructueuses; pour l'Empereur Maximilien II, il redoutoit trop Sélim pour l'attaquer. Le Cardinal Commendon ne put lui persuader d'entrer dans une ligue, qui n'avoit qu'un armement naval, absolument inutile à la Hongrie, & sa frayeur l'avoit engagé à rechercher Sélim, dont il avoit obtenu une trève pour quelques années. Tout ce que l'activité de Pie V. put gagner, fut d'avoir quelques galères du Grand Duc de Toscane, & d'engager les Albanois à se révolter contre les Turcs; mais cette diversion fut extrêmement foible, & la ligue Chrétienne en recueillit peu d'avantages.

Le Cardi-
al de Gran
elle nommé
viceroi de
Naples.

Le Royaume de Naples étoit exposé à toute la fureur de Sélim; & après la révolution de l'Isle de Chy

pre, ce Royaume devoit naturellement être attaqué le premier. Philippe II. reconnut qu'il avoit disputé
trop long-tems, & qu'il couroit au
moins autant de risques que les Vénitiens. Dans cette circonstance fâ-
cheuse, le Duc d'Alcala, Viceroi de
Naples, y mourut au mois d'Avril.
Philippe nomma le Cardinal de
Granvelle à cette Viceroyauté ; il
lui ordonna de s'y rendre promptement-
ment, pour presser l'armement de
la flotte, & pour veiller à la sûreté
des côtes; en même temps le Pape
le nomma Légat Apostolique, pour
conférer solemnellement le bâton
de Généralissime à Dom Jean d'Autriche, & pour l'installer dans ses
fonctions. Dom Jean ne partit de
Barcelonne qu'au mois de Juillet,
& il arriva à Naples le 8 du mois
d'Août. Granvelle qui aimoit toutes
les actions d'éclat, le reçut avec la
plus grande magnificence. La cérémonie de l'installation se fit dans
l'Eglise Métropolitaine. Granvelle
harangua en Prélat zélé pour la Religion, & en homme qui se piquoit
d'avoir l'ame martiale; les troupes
donnèrent les plus grandes marques

de bonne volonté, & toute la ville implora le secours du Dieu des armées d'une manière édifiante.

Après la cérémonie, Granvelle ne perdit pas un moment pour faire partir l'escadre de Naples. Elle mit à la voile le 20 du mois d'Août, & le 24 elle arriva à Messine, où elle joignit les galères du Pape, celles de Sicile, & des Vénitiens. La flotte Chrétienne étoit augmentée considérablement, par les galères de Côme, Grand Duc de Toscane, du Duc de Savoye, du Grand-Maître de Malte, & de la République de Gènes. On voyoit avec des transports de joye une flotte si florissante, lorsqu'on apprit la triste nouvelle de la perte de Famagouste, & de toute l'Isle de Chypre. Sur le champ Dom Jean donna l'ordre du départ; mais avant que de monter sur son vaisseau, il eut la foiblesse de consulter un Astrologue fameux qui étoit à Messine, & de lui demander quel seroit le sort de son expédition.

. Cet Astrologue étoit François Maurolyco, Abbé de Sainte Marie del Parto, homme de mœurs irreprochables, & d'une grande piété, mais prévenu en faveur de l'Astrologie judiciaire, qui étoit la folie du temps, & plus encore celle de son pays. Sa réputation & sa crédulité venoient de ce que parmi le grand nombre d'horoscopes qu'il avoit tirés, quelques-uns avoient réussi ; l'homme le plus ignorant peut l'espérer, autant que l'Astrologue le plus habile. Il fut flatté de la confiance de Dom Jean, il travailla, & il lui annonça le succès le plus éclatant. L'événement vérifia la prophétie prétendue, il la rendit célèbre dans toute l'Italie, & il augmenta l'ardeur qu'on avoit alors à chercher dans les astres l'avenir, dont Dieu s'est réservé la connoissance, pour sa gloire, & pour notre bonheur.

Quoique la saison fût avancée, & *Bataill.* que le temps de quitter la mer Mé- *Lépante.* diterranée s'approchât, la flotte partit de Messine, après avoir eu des nouvelles certaines que les Turcs avoient ravagé l'Archipel, & que leur flotte étoit dans le golphe de Lépante, nommé par les Anciens le *golphe de Corinthe.* On y alla, les flottes se rencontrèrent le 7 Octobre à l'entrée du golphe. Les Chrétiens

attaquèrent avec une bravoure extraordinaire. Les Turcs, maîtres des
ports qui les environnoient, pouvoient refuser la bataille, ils l'accep-
tèrent avec cette confiance que leur
donnoient les victoires récentes qu'ils
avoient remportées ; l'Histoire ancienne & moderne ne donne point
d'idée de combat plus terrible &
plus mémorable.

. Ali, Amiral de la flotte Ottomane, sortit du port de Lépante à la
tête de deux cent galiotes, autant de
galères, & une multitude de bâtimens de moindre grandeur comman-
dés par des corsaires. La mer étoit
calme, on n'alloit qu'à force de ra-
mes, & chaque flotte étoit maîtresse
de ses mouvemens. Après plusieurs
attaques qui ne décidoient de rien,
Dom Jean d'Autriche attaqua l'A-
miral Ottoman. Vénier y accourut
pour le soutenir ; Carocoza & le Bacha de Métolim volèrent au secours
de leur Amiral. Un combat si important fut quelque temps incertain. Dom Alvare de Badsan, Marquis de Sainte-Croix, arriva pour le
décider ; l'Amiral Ottoman fut emporté, Dom Jean lui fit trancher la

tête, il la fit planter au bout d'une pique, pour jetter la terreur parmi les Turcs, & leur galère amirale ne porta plus que l'étendard de la Croix.

Pertau prit le commandement du centre après la mort d'Ali. Il se défendit foiblement, & il se jetta dans un brigantin pour prendre la fuite plus promptement. Caracoza soutint en brave homme les efforts des Chrétiens ; il périt dans ce combat, trente de ses galères voulurent gagner les côtes. Querini, Vénitien, leur coupa le chemin : quelques Turcs se sauvèrent à la nage ; mais Querini demeura maître de ces galères.

Le centre de l'armée Ottomane étoit défait ; pendant qu'Uluciali étoit vainqueur à l'aîle gauche qu'il commandoit. Il avoit réduit aux plus grandes extrémités quinze galères Chrétiennes, parmi lesquelles étoit la Capitane de Malte ; circonstance qui fut le salut de cette partie de l'armée Chrétienne. Les Chevaliers de Malte vinrent avec intrépidité pour dégager leur Capitane ; ils la reprirent, & Doria avec ses galères Espagnoles acheva la déroute d'Uluciali. Ce vieux Rénégat, brave &

expérimenté, faisoit encore une retraite audacieuse, emmenant avec lui plusieurs galères Chrétiennes; on les lui enleva, il eut beaucoup de peine à gagner les rochers de Curzolari, pour s'y mettre en sûreté.

Le reste de la flotte Turque ne rendit plus de combats. Les Historiens disent, que de toute cette multitude de galères, de vaisseaux de transport, & de corsaires, il n'échappa que cinquante galères; tout le reste fut pris ou coulé à fond. Vingt-cinq mille Turcs y périrent, on leur fit plus de trois mille prisonniers, & on rendit la liberté à un grand nombre d'Esclaves Chrétiens, qui composoient leurs chiourmes; les Chrétiens perdirent dix mille hommes & quinze galères, dont il y en avoit dix de Vénitiennes.

On ne devoit pas attendre un si grand succès d'une flotte combinée de tant de Nations différentes, & commandée par des Généraux, dont l'antipathie étoit si grande, qu'ils avoient pensé s'attaquer mutuellement quelques jours avant la bataille. La Providence permit qu'ils fussent bien unis dans le moment dé-

cifif pour fauver l'Italie, & pour récompenfer la piété de Pie V, qui étoit
le chef & l'ame de la ligue; mais
après avoir fçu vaincre, on ne fçut
pas profiter de la victoire. La mer
étoit ouverte à la flotte Chrétienne
jufqu'à Conftantinople, & la naviga-
tion auroit été courte & facile; on
auroit trouvé cette capitale dans la
confternation, on auroit pu la prendre & la ravager. Du moins on avoit
encore le temps de reprendre Famagoufte, dont les fortifications n'é-
toient pas réparées, & de préparer
pour l'année fuivante la conquête de
Nicofie, & de toute l'Ifle de Chypre.
On ne s'occupa que du partage du
butin, qui étoit immenfe. Les divifions fe renouvellèrent. Dom Jean
déclara qu'il lui étoit défendu de faire
hiverner la flotte d'Efpagne dans les
mers du Levant; il fe retira à Meffine,
fon exemple fut contagieux: toute la
flotte Chrétienne fe difperfa, dans le
temps où il étoit effentiel de prendre
un pofte qui la rendît maîtreffe de
l'Archipel.

Le premier foin de Dom Jean d'Autriche à fon arrivée à Meffine, fut de
voir fon prétendu Prophète Mauro-

lyco. Il le combla d'honneurs, sans chercher davantage dans les astres la destinée de la ligue ; elle étoit évidente, les Alliés ne pensoient plus qu'à goûter le repos, & à jouir des applaudissemens qu'on devoit à leur bravoure : soit qu'ils fussent jaloux des Vénitiens, dont les Etats étoient alors très-florissans, soit qu'un vil intérêt les déterminât à épargner les frais d'un nouvel armement, Pie V. ne put les engager à faire encore quelques efforts pour recouvrer l'Isle de Chypre, & leur inaction ne put avoir qu'une cause ignominieuse.

Conduite de Granvelle dans la Viceroyauté Naples. Le Cardinal de Granvelle, nommé Viceroi de Naples, entroit dans une carrière aussi épineuse que celle qu'il avoit remplie aux Pays-Bas. Il est toujours redoutable de succéder à un grand homme. Quelques talens que puisse avoir un Ministre, il ne doit pas remplacer sans frayeur celui qui emporte l'estime & les regrets des Peuples. Tel avoit été le Duc d'Alcala. Dans une multitude d'affaires extraordinaires, & pendant une administration de plus de douze ans, il avoit satisfait un Maître, qui ne pardonnoit pas les fautes les plus légèles, & qui recevoit les services les plus signalés comme une dette, dont les Ministres s'acquittoient. Les entreprises les plus fortes, que la Cour de Rome fit sur le Royaume de Naples, sous prétexte que cette Couronne est mouvante du S. Siège, avoient échoué, par la fermeté & par la sagesse du Duc d'Alcala. Les côtes avoient été défendues contre les attaques fréquentes des Turcs. Les impositions, quoiqu'excessives, avoient été levées sans injustice, & payées sans contrainte. Le Viceroi avoit ouvert la communication entre toutes les Provinces du Royaume, par de nouveaux grands chemins, & par des ponts jettés sur plusieurs rivières. Il avoit embelli la capitale, & quelques villes les plus considérables, par des édifices utiles & magnifiques. Des largesses immenses avoient soulagé les pauvres; surtout on admiroit les loix qu'il avoit établies, le tempérament de sévérité & de douceur qu'il avoit observé dans l'administration de la Justice, & la piété qui avoit regné dans toute sa conduite.

La difficulté extrême de soutenir

la comparaifon avec un Miniftre fi célèbre, n'étoit pas le feul embarras de Granvelle; la place qu'il occupoit étoit plus délicate encore pour un Cardinal, que pour un Miniftre féculier. Il falloit avoir des conteftations vives & fréquentes avec la Cour de Rome. Il falloit foutenir également l'autorité fpirituelle de l'Eglife, & les droits temporels du Roi d'Efpagne ; c'étoit alors une route prefqu'impraticable. Jamais Prince ne fut plus jaloux de fon autorité, & jamais autorité ne fut attaquée plus vivement, que celle qu'il avoit en qualité de Roi des Deux-Siciles.

Le Pape Pie V. étoit d'une vertu auftère & d'un zèle ardent, non feulement pour tout ce qui pouvoit intéreffer la Religion, mais encore pour les droits temporels du S. Siège. Quelques-uns de fes prédéceffeurs avoient effayé d'étendre ces droits fur le Royaume de Naples, au-delà de la mouvance féodale. Pie V. marcha fur leurs traces. Du principe que les habitans de Naples & de Sicile étoient fujets médiats du S. Siège, il tiroit des conféquences,

qui pouvoient anéantir presqu'entiè-
rément l'autorité royale. Il se proposoit de connoître des impositions,
& d'empêcher que le Viceroi en établît de nouvelles sans son consentement. Il vouloit obliger les Peuples
des Deux-Siciles à fournir suivant ses
ordres les approvisionnemens nécessaires à Rome & à tout l'Etat Ecclésiastique ; ces objets, & d'autres
encore étoient la matière de la fa-
meuse Bulle, *in Cœnâ Domini*, que
Pie V. avoit publiée, & que les Vicerois étoient obligés de rejetter.

Le Pape avoit un autre projet,
qui n'étoit pas moins important. A
Naples, on étoit dans l'usage déjà
ancien de ne recevoir aucune Bulle
de Rome, sans la permission du Souverain. Cette formalité y étoit connue sous le nom d'*Exequatur Regium*. Pie V. croyoit qu'elle étoit humiliante pour le Vicaire de Jésus-
Christ, & que par cette précaution,
les Princes séculiers s'arrogeoient une
sorte de supériorité sur le S. Siège,
en examinant ses Bulles & quelquefois en les refusant ; cependant il est
juste, il est même nécessaire qu'un
Souverain connoisse les loix qu'on

introduit dans fon Royaume, avant qu'elles foient publiées, & qu'elles foient exécutées. Cet ufage étoit prefque univerfel ; on n'examinoit les Bulles, que pour fçavoir fi elles ne donnoient point d'atteinte aux droits de la fouveraineté ; leur exécution même ne pouvoit être bien affurée que par les peines temporelles, qui font uniquement entre les mains du Souverain ; un Viceroi de Naples auroit été répréhenfible, s'il n'avoit foutenu l'ancien ufage.

Pie V. vouloit encore qu'on y publiât le Concile de Trente, & qu'on obfervât fes Décrets fans aucune exception, même pour la difcipline. On croyoit à Naples que quelques-uns de ces Décrets étoient incompatibles avec l'autorité du Roi, & avec les privilèges dont plufieurs Communautés étoient en poffeffion ; c'étoit une fource intariffable de difficultés.

Enfin le Pape vouloit y envoyer des Commiffaires apoftoliques, dont le Viceroi ne pût ni examiner, ni reftraindre les facultés. Il prétendoit que la vaffalité de la Couronne rendoit les fujets des Deux-Siciles jufticiables des Tribunaux Romains, foit en demandant, foit en défendant, & qu'ils ne pouvoient refufer de comparoître fur les affignations qu'on leur donnoit fouvent pour plaider à Rome.

. Les Juges Eccléfiaftiques de Naples vouloient connoître par prévention de tous les délits qu'on appelle mixtes, parce qu'ils bleffent également les loix de l'Eglife & celles de l'Etat, tels que l'ufure & le facrilège; lorfqu'ils étoient les plus diligens à en prendre connoiffance, ils vouloient en exclure les Juges royaux, & le Pape protégeoit hautement leurs prétentions.

A l'égard des décimes du Clergé, fouvent les Papes en avoient impofé fur les Deux-Siciles. Il étoit établi par l'ufage, que ces décimes fuffent portées au Tréfor royal, pour fçavoir fi les Exacteurs n'avoient pas paffé les bornes qui leur étoient prefcrites, & pour partager également la fomme qui avoit été impofée, entre le S. Siège & le Roi. Pie V. demandoit qu'on produisît le titre d'une conceffion, qu'il jugeoit extraordinaire, ou que le Roi d'Efpagne s'en défiftât.

Les Evêques du Royaume de Naples prétendoient conserver le vieil usage, ou plutôt l'abus singulier & intolérable de faire des testamens pour ceux qui étoient morts sans disposer de leurs biens; sous prétexte de remplir pour eux l'obligation de l'aumône, & de faire les legs pieux, qu'ils n'avoient pas eu le temps, ou la volonté de faire.

Tant de sujets de contestations, & d'autres encore moins importans, mettoient aux prises continuellement l'autorité spirituelle avec l'autorité royale; le Seigneur suzerain, avec son vassal. Les disputes renaissoient à chaque instant, personne ne vouloit céder, & les Vicerois de Naples n'avoient, à cet égard, aucune trève avec la Cour de Rome. Le Duc d'Alcala avoit toujours pris ces tempéramens sages, qui sont propres à conserver à l'Eglise l'autorité spirituelle qu'elle a de droit divin, & à maintenir tout l'éclat de l'autorité royale. La Cour de Rome se flattoit de pouvoir en exiger davantage d'un Viceroi Cardinal. Pie V. étoit ami personnel de Granvelle; il crut que le temps étoit venu de ne rien ménager

lager, & que le Cardinal plieroit
pour avoir la paix avec Rome ; ſes
eſpérances ne tardèrent pas à s'éva-
nouir.

La première attention de Granvelle fut de défendre la Religion contre les attaques des Luthériens & des
Calviniſtes, qui faiſoient les plus
grands efforts pour ſe gliſſer dans le
Royaume de Naples, & pour y établir leurs nouveautés. Deux Religieux apoſtats, Pierre-Martyr Vermi-
lio, & Bernardin Ochin, y avoient
ſemé leurs erreurs, & ils avoient fait
un grand nombre de proſélytes.
Granvelle éclaira la conduite des ſec-
taires avec tant d'exactitude, qu'il
arrêta les progrès de l'erreur, & qu'il
ſauva le Royaume du danger dont
il étoit menacé. Pour les difficultés
qui s'étoient élevées entre le S. Siège
& les Rois des Deux-Siciles, on verra
qu'il ſuivit toujours le principe le
plus capable d'établir une union parfaite entre les deux Puiſſances, en
donnant toute l'autorité ſpirituelle
à l'Egliſe, & toute l'autorité ſur le
temporel au Roi.

La Cour de Rome fit une épreuve
de ſes ſentimens, lorſqu'elle le re-

X

quit de faire publier à Naples la fameuſe Bulle *in Cœnâ Domini*, que le Duc d'Alcala avoit refuſée conſtamment. Dans une affaire de cette conſéquence, le Cardinal de Granvelle crut devoir demander à Philippe II. des ordres précis, pour fixer la conduite qu'il devoit tenir. Il lui en écrivit *; & bien loin d'héſiter ſur le parti qu'on devoit prendre, il conſeilla au Roi de ne jamais adopter cette Bulle. Les ordres qu'il reçut furent conformes à l'avis qu'il avoit donné; il les rendit publics, & il ne chercha pas même à adoucir le refus qu'il faiſoit. Cependant cette Bulle, ſans avoir été publiée à Naples, & ſans avoir été munie de l'*Exequatur Regium*, avoit preſque ſoulevé tous les Ordres du Royaume. Les Eccléſiaſtiques ſouhaitoient dépendre entièrement du Pape pour les décimes. Les Peuples voyoient avec ſatisfaction que la Bulle leur faiſoit eſpérer des ſoulagemens, & qu'elle défendoit de lever de nouvelles impoſitions, ſans l'agrément du Saint Siège. Le Cardinal de Granvelle ne conſulta que ſon devoir. Pendant quatre années qu'il fut Viceroi de

1 Juillet

Naples, il exigea plusieurs fois des dons gratuits, & il leva des impositions proportionnées aux charges immenses que Philippe lui imposoit; Naples fut docile, & Rome demeura dans le silence.

Il se présenta une occasion de partager des décimes avec le Pape; rien ne fut plus glorieux au Cardinal de Granvelle, que la fermeté & la générosité qu'il eut en cette occasion. L'Isle de Malte étoit menacée par Sélim II. d'une guerre vive & cruelle. Il s'agissoit de sauver le siège principal d'un Ordre illustre, de soutenir une portion si chère à l'Eglise, & de ne laisser aux Chevaliers de Malte, que le soin de se défendre avec intrépidité, sans les accabler tous des frais qu'ils ne pouvoient supporter. Pie V. donna l'exemple de la charité la plus vive, & de la plus grande libéralité : il acheva d'épuiser son Trésor; & pour suppléer à ce que ses revenus ne lui permettoient pas, il demanda des décimes au Clergé de Naples.

Philippe II. consulta Granvelle sur l'usage que les Rois ses prédécesfeurs avoient introduit, de partager les décimes avec le Pape, & fur les fecours qu'il pouvoit donner à l'Ordre de Malte, Granvelle répondit, que l'ufage de partager les décimes étoit très-ancien, & même immémorial; qu'il étoit étonnant de voir la Cour de Rome exiger qu'on produisît une conceffion fpéciale pour l'autorifer; que l'ufage feul étoit un titre légitime; que plufieurs Papes l'avoient approuvé, par les partages qu'ils avoient faits des décimes, fans aucune difficulté; & qu'il étoit jufte de fe maintenir dans une poffeffion fi conftante. Puis il parla en faveur de l'Ordre de Malte, dont le danger étoit preffant, & dont le zèle a toujours été digne d'admiration. Philippe en fut touché, il permit à Granvelle de fixer les fecours que le Royaume de Naples donneroit aux Chevaliers.

Pour feconder les heureufes difpofitions du Roi, & pour conferver fes droits dans toute leur étendue, Granvelle voulut que les Chevaliers levaffent eux mêmes les décimes, & il les leur abandonna tout entières, Il exigea feulement du Chevalier

Martin Royes, qui avoit la direction
des décimes un témoignage par écrit,
qui ne laifsât aucune équivoque fur
le droit, & fur le bienfait du Roi.
Ce Chevalier le donna dans les termes les plus reconnoiffans, & les
plus propres à attefter à la poftérité,
que fon Ordre étoit redevable de la
moitié des décimes à la piété de Philippe II, & qu'il auroit pû légitimement la faire porter à fon Tréfor
royal. Un Miniftre qui foutient ainfi
avec vigueur les droits de fon Maître, remplit fon devoir le plus effentiel ; mais il eft grand de lui infpirer un noble ufage de fes richeffes,
& de les facrifier à d'illuftres Chrétiens
prêts à fuccomber fous les armes
des Infidèles ; ce qui paroiffoit néceffaire pour la fûreté du Royaume
de Naples, dans un temps où l'on
craignoit autant pour ce Royaume,
que pour l'Ifle de Malte.

Le vol dans les Eglifes eft un de
ces crimes, dont les Juges Eccléfiaftiques de Naples prétendoient connoître par prévention avec les Juges
Royaux, fous prétexte que ce crime
eft un facrilège, & qu'il attente à ce
qui eft confacré au fervice de Dieu.

Un féculier vola des ornemens dans l'Eglife Cathédrale de Naples. Il commit un fecond vol dans l'Eglife de S. Laurent. Les Religieux le faifirent, & ils l'envoyèrent dans les prifons de l'Archevêché, dont les Juges fe difpofoient à faire le procès au prifonnier. Granvelle le réclama, & il exigea que ces Juges le fiffent transférer dans les prifons royales. L'Archevêque s'y oppofa ; Granvelle fit brifer les prifons de l'Archevêché, & il fit transférer le coupable dans les prifons royales. Le Grand-Vicaire lança une excommunication contre ceux qui l'avoient enlevé, & contre ceux-mêmes qui avoient ordonné, ou approuvé cet enlevement; c'étoit envelopper le Viceroi dans l'excommunication; & afin qu'il ne pût l'ignorer, elle fut affichée dans toutes les places de Naples; ainfi d'une affaire particulière on en fit une affaire d'Etat, d'autant plus grave, qu'on y mit beaucoup de vivacités de part & d'autre.

Le Cardinal de Granvelle fit arracher les affiches qui lui étoient injurieufes. Il ordonna aux Juges royaux de hâter l'inftruction du procès qu'on faifoit au coupable. Dans peu de jours elle fut achevée, & le coupable fut exécuté devant l'Eglife où il avoit fait fon fecond vol. Ç'en étoit affez pour affurer les droits des Juges royaux ; mais Granvelle voulut prévenir de femblables entreprifes, & apprendre aux Juges de l'Archevêché à refpecter l'autorité royale. Le Grand-Vicaire auteur de l'excommunication, eut ordre de fortir de Naples dans vingt-quatre heures, & du Royaume dans peu de jours ; l'ordre fut exécuté fans délai. Le Chancelier de la Jurifdiction archiépifcopale & les autres Officiers furent enfermés dans les prifons royales, le temporel de l'Archevêque fut faifi, & Granvelle en rendit compte au Roi, en l'affurant que tout demeureroit dans le même état, jufqu'à ce qu'il eût reçu fes ordres.

La nouvelle en fut portée à Rome, long-temps avant qu'elle pût parvenir à Madrid. L'Archevêque de Naples porta fes plaintes au Pape ; on peut juger de quelles couleurs il peignit le Viceroi, en demandant une juftice prompte & éclatante. Pie V. l'écouta favorablement. Il or-

X iv

donna au Nonce qui réfidoit à Naples d'exiger de Granvelle une réparation autentique; & s'il la refufoit, de le menacer de le dégrader du Cardinalat. Granvelle répondit, qu'il avoit informé le Roi de tout ce qui s'étoit paflé, & qu'il ne pouvoit rien changer, jufqu'à ce qu'il eût reçu les ordres de Madrid. Il fallut les attendre. Le Roi approuva tout ce que Granvelle avoit fait; bien loin d'adoucir les ordres févères qui avoient été donnés contre le Grand-Vicaire, & contre les Juges de l'Archevêché, il enjoignit à Granvelle de ne·pas fouffrir qu'aucun de ceux qui avoient été excommuniés, allât à Rome pour recevoir l'abfolution; cérémonie humiliante qu'on avoit exigée dans d'autres occafions, & que le Roi ne vouloit plus fouffrir. Granvelle annonça lui-même cette réponfe à la Cour de Rome.

C'étoit pour lui perfonnellement une querelle qu'il n'étoit pas facile d'appaifer. Il ne s'en émut point. Il avoit foutenu l'autorité de fon Maître, c'étoit à fon Maître à le défendre à fon tour. En effet, Philippe II ordonna à Dom Jean de Zuniga fon

Ambaſſadeur à Rome, de faire les
repréſentations les plus vives; il lui
défendit d'entrer dans aucune négociation ſur les prétentions des Juges
eccléſiaſtiques de Naples, & de permettre qu'on citât à Rome ceux qui
avoient exécuté les ordres du Viceroi. L'Ambaſſadeur parla à Pie V.
d'une manière à lui faire craindre les
conſéquences de cette affaire. A Naples Jean-André De Curte, Magiſtrat d'une grande réputation d'intégrité & de ſcience, reconcilia le Viceroi avec l'Archevêque; tout ſe ré-
duiſit à donner la main-levée du temporel de l'Archevêque, à permettre
au Grand-Vicaire de revenir à Naples, & à rendre la liberté aux pri-
ſonniers. Ceux qui avoient exécuté
les ordres de Granvelle reçurent l'ab-
ſolution à Naples, mais en ſecret;
& les Cours de Rome & de Madrid
eurent la prudence de laiſſer tomber
cette querelle dans l'oubli.

Elle étoit à peine finie, qu'il en
ſurvint une autre encore plus importante pour l'autorité royale. Mario
Caraffe étoit accuſé d'un crime d'E-
tat, & il étoit détenu dans les pri-
ſons de l'Archevêché. Le Cardinal

X v

de Granvelle prétendit avec juſtice qu'un crime d'Etat ne pouvoit être examiné & puni que par l'autorité royale : il fit enlever Caraffe, ſon procès fut inſtruit par les Juges royaux, & il fut exécuté même ſans attendre les ordres de Madrid ; la qualité de l'accuſation rendit les Juges de l'Archevêché plus circonſpects que dans la première affaire.

Le plus grand embarras du Cardinal de Granvelle étoit de pourvoir à la sûreté du Royaume qui lui étoit confié. Les Turcs donnoient des allarmes continuelles ſur ſes côtes, les impoſitions étoient accablantes; & pour comble de malheurs, les finances d'Eſpagne & de Naples étoient depuis long-temps dans un ſi grand déſordre, qu'il falloit à chaque inſtant avoir recours à des expédiens nouveaux, pour les dépenſes les plus indiſpenſables. Il n'y a point d'Etat en Europe qui ait éprouvé autant de troubles & de viciſſitudes, que le Royaume de Naples. Sans remonter aux temps de la conquête qu'en firent les Normands; ſans parler des révolutions étonnantes que l'Etat ſouffrit ſous les règnes des Maiſons

d'Anjou & de Souabe, il est certain
que depuis le règne de Ferdinand le
Catholique, ayeul de Charles-Quint,
les Deux-Siciles avoient été souvent
ravagées; & que le Peuple qui paroît le plus jaloux de sa liberté, avoit
été réduit à l'esclavage le plus dur.

Ce n'étoit pas seulement pour soutenir les prétentions de la Monarchie
d'Espagne, que Ferdinand & Charles-Quint avoient épuisé le Royaume de Naples d'hommes & d'argent;
c'étoit encore par un principe qui
admet peu de modération, & qui
entraîne même nécessairement de
l'inhumanité : on avoit voulu affoiblir les Napolitains, dont on redoutoit l'inconstance, & dont les Rois
d'Espagne étoient trop éloignés, pour
y envoyer à propos les secours nécessaires. Philippe II. avoit suivi la
maxime de son pere & de son bi-
sayeul; sous la Viceroyauté du Duc
d'Alcala, prédécesseur immédiat du
Cardinal de Granvelle, il avoit imposé des sommes excessives; & après
avoir tari la source des dons prétendus gratuits, il avoit vendu une multitude de titres purement honorifi-
ques, de Princes, de Ducs, de Com-

tes & de Marquis. Les Domaines de
la Couronne avoient été aliénés irrévocablement, on avoit vendu jufqu'au droit de gabelle, & quelques
autres impofitions. Les Napolitains
s'étoient livrés imprudemment à cette forte d'acquifition, fans prévoir,
qu'après avoir aliéné les impofitions
anciennes, on feroit obligé d'en établir de nouvelles, pour fupporter les
charges de l'Etat.

Si le Cardinal de Granvelle n'a
voit eu encore que les charges ac
coutumées, il n'en auroit pas été accablé; mais Philippe fuivant toujours fa politique redoutable, & le
deffein d'affoiblir des Peuples qu'il
craignoit, l'obligea à beaucoup d'autres dépenfes qui ne fouffroient point
de retardement. Lorfque Granvelle
adminiftroit les Pays-Bas, & qu'il
demandoit de l'argent au Roi, pour
prévenir la révolte, le Roi établit
pour maxime, que chaque Province
de fa domination devoit porter fes
charges; lorfque Granvelle fut Viceroi de Naples, Philippe en ordonna autrement; il voulut qu'indépendamment des troupes de terre & des
forces navales qu'il falloit entretenir

our la sûreté des côtes, le Royau-
ne de Naples donnât encore des
roupes & de l'argent pour la défenfe
lu Milanez, pour la Catalogne, mê-
ne pour le projet chimérique de
onquérir Tunis, Alger & Tripoli.
ans doute Granvelle n'ofa lui re-
réfenter l'inconféquence de cette
onduite; il falloit louer Philippe II.
& obéir : mais il étoit évident qu'il
réparoit l'état de foibleffe où la Mo-
archie d'Efpagne a été réduite fous
es règnes de Philippe III. & de Phi-
ippe IV. fes fucceffeurs immédiats.

Les Napolitains avoient obtenu de
rands privilèges en différens temps.
hilippe II. les avoit même renou-
vellés en 1570; cependant, foit qu'il
ût donné des ordres fecrets pour
qu'on ne les obfervât pas, foit que
es privilèges fuffent onéreux aux
Vicerois, ils n'étoient pas en vigueur.
Granvelle crut devoir donner fatisfaction à des Peuples furchargés d'impofitions; il fit obferver exactement
outes les conceffions renouvellées
par le Roi regnant; à la faveur de
cette condefcendance, les Napolitains furent toujours foumis à fes ordres. L'Hiftorien du Royaume de

Naples affure, que pendant la Viceroyauté de Granvelle, qui ne dura
que quatre ans, il envoya à Madrid
deux millions trois cent mille ducats, fomme exceffive alors, & deftinée à des emplois étrangers au
Royaume de Naples. Quelles devoient être les fommes qu'on levoit
pour la guerre contre les Turcs, &
pour les autres charges du Royaume !

ranvelle
ribue beau-
à l'élec-
de Gré-
XIII.

Pie V. mourut le 1er Mai 1572.
Le Cardinal de Granvelle obligé de
s'abfenter pour aller au Conclave,
nomma pour fon Lieutenant Dom
Jacques Simanca, Evêque de Badajos, qui étoit alors en Italie. En ar-
rivant à Rome, il apprit que le Cardinal Farnèfe, Vice-Chancelier de
l'Eglife Romaine, afpiroit au Pontificat, & qu'il avoit de grandes efpérances de l'obtenir. Il y avoit d'autres Partis, dont les intrigues pouvoient prolonger le Conclave, &
rendre l'élection extrêmement difficile. Granvelle repréfenta avec tant
de force la trifte fituation de l'Italie,
& la néceffité de veiller plus particulièrement fur les côtes de Naples,
fouvent attaquées par les Turcs, qu'il

détermina le facré Collège à précipiter l'élection. Il falloit lever les
obstacles qui s'y oppofoient; Granvelle l'entreprit, & en peu de jours
il eut tout le fuccès qu'il pouvoit
défirer.

Le Cardinal Farnèfe étoit fufpect
au Roi d'Efpagne; peut-être fans autre motif, que les anciennes querelles de Paul III. de la Maifon de Farnèfe avec l'Empereur Charles-Quint.
Pour abréger, & pour éviter une exclufion formelle, Granvelle dit à
Farnèfe, que le Roi d'Efpagne fouhaitoit qu'il ne penfât pas au Pontificat; & que s'il perfiftoit à le demander, l'Ambaffadeur d'Efpagne y
formeroit une oppofition, qui feroit fans doute refpectée. Il l'affura
d'ailleurs que le Roi d'Efpagne n'a-
voit aucune vûe particulière; qu'il
défiroit feulement qu'on élût un
Pape d'une vie fainte, & capable de
gouverner l'Eglife dans des temps fi
difficiles.

Le Cardinal Farnèfe fe rendit facilement, il parut difpofé à concourir à une élection prompte, & telle
que l'Eglife pouvoit la défirer. Satisfait d'une réponfe fi modefte & fi

désintéressée, Granvelle voulut adoucir les ordres qu'il exécutoit ; & il répliqua que Farnèse tenoit le premier rang dans le sacré Collège ; qu'il étoit juste que la faction d'Espagne ne fît rien sans sa participation, & qu'elle eût de grands égards pour son suffrage. Il le pria de désigner les Cardinaux qu'il croyoit les plus dignes du Pontificat, & il lui répondit de tout ce qui pouvoit dépendre de l'Ambassadeur d'Espagne. Farnèse désigna les Cardinaux de Montépulciano, Buoncompagno & Correggio ; le second étoit celui que Granvelle désiroit de faire élire.

Il étoit important d'obtenir le suffrage du Cardinal Alexandrin, neveu du Pape defunt, qui pouvoit disposer des voix de tous les Cardinaux créés par son oncle. Alexandrin favorisoit le Cardinal de Plaisance, associé tout récemment au sacré Collège, & dont l'élection souffroit de grandes difficultés. Granvelle fit entendre à Alexandrin, qu'il falloit abandonner son projet, s'il ne vouloit s'exposer au ressentiment du Roi d'Espagne. Alexandrin jeune & timide, fut étonné d'une sollicitation si fière, il en rendit compte aux Cardinaux de sa faction ; & puisqu'il falloit abandonner le Cardinal de Plaisance, il leur proposa d'élire Buoncompagno, que l'Espagne souhaitoit. Tous les Cardinaux de la création de Pie V. applaudirent à ce choix, tous promirent de ne point varier ; en-sorte que l'élection devenoit évidente par leur réunion avec les Cardinaux de la faction d'Espagne. Le Cardinal de Verceil se hâta d'en donner avis à Buoncompagno, qui n'osoit encore se flatter, que tant de suffrages eussent été réunis si promptement en sa faveur. Dès qu'il parut dans la chapelle où l'on s'assembloit pour le scrutin, tous les Cardinaux l'élurent unanimement ; sur le champ ils lui rendirent hommage, & il prit le nom de Grégoire XIII. Il méritoit cette dignité par sa piété, par son érudition, & par ses services. Granvelle se retira à Naples avec la satisfaction d'avoir beaucoup contribué à une élection qui eut les applaudissemens du Public. Son absence ne fut que de quelques jours ; il arriva à Naples le 19 Mai 1572.

Il y trouva de nouveaux embarras. Quoique les Vénitiens euffent fait leur paix avec les Turcs, & que la ligue Chrétienne fût entièrement diffipée, Philippe II. demeuroit armé, & il tenoit fa flotte en état d'agir. Dom Jean d'Autriche voulut profiter de la circonftance heureufe où il étoit, après la victoire qu'il avoit remportée, & dans un moment où l'on avoit encore befoin de fes fervices, pour exiger des Peuples de Naples & de Sicile un préfent confidérable, & une marque de leur reconnoiffance. Il l'avoit méritée par fa bravoure, & par toute fa conduite, il avoit fauvé l'Italie; mais c'étoit au Roi d'Efpagne à le récompenfer. Les Vicerois de Naples & de Sicile n'auroient ofé lui décerner des récompenfes, & les Peuples étoient trop excédés d'impofitions, pour exiger d'eux des libéralités. Granvelle ne voulut pas permettre qu'on levât le don gratuit demandé par Dom Jean d'Autriche; ce Prince lui en marqua fon reffentiment, & il devint fon ennemi irréconciliable.

On propofa à Philippe II. différens projets pour occuper fa flotte. Plufieurs de fes Généraux étoient d'a-

vis d'aller chercher la flotte Ottomane, de la combattre encore, & de
ni ôter toute espérance de faire des
conquêtes en Italie. Cette expédition devoit flatter le desir qu'avoit
Philippe d'acquérir de la gloire; elle
auroit prouvé, que sans le secours
des Vénitiens, il pouvoit balancer la
puissance de la Porte, & 'elle auroit
rendu leur défection inexcusable.
Doria s'y opposa. La flotte Turque
étoit beaucoup plus nombreuse &
plus forte que celle d'Espagne. Si les
Chrétiens étoient battus, l'Italie demeuroit en proye aux Infidèles, les
Vénitiens seuls auroient joui du fruit
de leur traité, & ils se seroient ap-
plaudis d'avoir abandonné leurs Alliés.

Le Marquis de Santa-Cruz proposa le siège d'Alger, dont les pira-
tes continuoient à infester les côtes
d'Espagne. Ulucciali faisoit fortifier
cette Place; & pour peu qu'on eût
attendu, il auroit été très-difficile de
la prendre. Dom Jean d'Autriche
souhaitoit qu'on attaquât Tunis, dans
l'espérance de recueillir quelque récompense de ses travaux, & que le
Roi d'Espagne lui céderoit ce petit

ment, pour à l'autre adjoint
Révoltés. Le Cardinal de G
fut d'avis de se tenir sur la dé
il représenta à Philippe II. l'
cheux du Royaume de Naple
son attention fut à tenir la flo
armée, & à la mettre en éta
cuter les ordres que le Roi
neroit.

Il apprit peu de temps ap
Philippe s'étoit déterminé
siège de Tunis, aussi facile à p
que difficile à conserver. L
de Sicile étoit forte de cent
galères, quarante-quatre vaif
transport, vingt-cinq frég;
vingt-deux fustes. Elle porte
mille hommes d'infanterie,
cent chevaux, & un grand i

rt de la Goulette ; elle y avoit une
mison affez nombreufo, pour em-
cher les Maures d'en approcher, &
defcente s'y fit fans aucune oppo-
on.

Dom Jean d'Autriche apprit que
inis étoit abandonné. Il y envoya
Marquis de Santa-Cruz ; mais bien
n de détruire la place felon les or-
:s qu'il avoit reçus, il rappella les
oitáns fugitifs, il les traita avec
até, & il y fit conftruire un Fort
oable de contenir huit mille hom-
:s de garnifon. On lui découvrit
:etraite de Muley Hamida, Roi de
inis, & de fes deux fils. Dom Jean
fit prifonniers, & il les envoya à
iples, où Granvelle les fit enfer-
:r dans le château S. Elme.

Biferte, fituée à vingt licues au
ouchant de Tunis, ne fit pas plus
réfiftance que la capitale. Horrun
i y commandoit pour le Roi de
inis, fit égorger la garnifon Tur-
ie, il donna la liberté à plus de
nt Efclaves Chrétiens, & il vint fe
idre à Dom Jean, qui lui laiffa le
mmandement de cette place avec
ois cent foldats Efpagnols. Dom
dre Porto-Carrero fut nommé

Gouverneur de la Goulette, avec obligation d'y réfider; & Cerb ni, fameux Ingénieur, demeura à Tunis, pour faire conftruire le Fort que Dom Jean avoit ordonné. Juf- ques-là fes difpofitions étoient fages; mais par une bifarrerie inconcevable, il nomma Viceroi de Tunis Muley-Mahamet, frere du Roi déthrôné, fans autre précaution, que celle d'obliger les anciens habitans à prêter ferment de fidélité au Roi d'Efpagne.

La campagne avoit été heureufe & facile. Dom Jean d'Autriche fe hâta de fe rembarquer, pour venir à Naples jouir de fon triomphe. Granvelle fuivit le goût qu'il avoit pour donner des fêtes, il y eut des carroufels, des combats de taureaux, des combats à la lance : on fit autant d'honneurs à Dom Jean, que s'il avoit été le libérateur de la patrie; fans doute Granvelle fouhaitoit d'effacer le mécontentement qu'il lui avoit donné : on a dit auffi qu'il voulut mafquer, par une réception magnifique, le coup qu'il étoit réfolu de lui porter.

Il étoit du devoir du Viceroi de

Naples de veiller de près à la conduite de Dom Jean, qui avoit alors
un commandement important, &
qui réunissoit beaucoup d'ambition
des talens supérieurs pour la guerre. Il étoit de l'intérêt de Granvelle
d'informer Philippe II. de tout ce
qui se passoit en Italie, & que jamais
un Maître si sévère ne pût lui reprocher d'avoir approuvé, ou du
moins dissimulé une intrigue qu'on
formoit à Rome, & qui devoit déplaire au Roi d'Espagne. Dom Jean
d'Autriche travailloit à réaliser le projet de sa royauté de Tunis. Lui-même n'osoit en faire la proposition à
Philippe, il tâchoit d'engager le Pape
à s'en charger, sous prétexte qu'un
Roi de Tunis qui seroit Chrétien, &
protégé par un Monarque puissant,
tiendroit les Barbaresques en respect,
& qu'il les empêcheroit de ravager
les côtes de la Méditerranée.

Ce projet avoit déjà transpiré avant
le départ de la flotte d'Espagne. Les
soupçons s'étoient fortifiés, lorsque
Dom Jean rétablit les anciens habitans de Tunis, qu'il y établit un Viceroi, & qu'il en augmenta les fortifications. La négociation qu'il avoit

commencée à Rome n'étoit p
myſtère, & Granvelle crut dev
informer le Roi. En effet, Gre
XIII ordonna au Nonce qu'il av
Eſpagne, de demander en ſon n
Royaume de Tunis pour Dom
d'Autriche ; il l'avoit conquis, &
eſpéroit que ſa ſeule réputati
feroit redouter des Afriquains
lippe, habile à diſſimuler, ne
pas entrevoir que la propoſiti
déplaiſoit. Il répondit, qu'il
très-diſpoſé à combler de ſes
faits Dom Jean d'Autriche,
qu'il ne falloit rien précipiter;
la flotte Turque avoit paru v
cap d'Otrante, & elle avoit ſa
la ville de Caſtro. Le Grand Sei
faiſoit un autre armement co
rable, à la ſollicitation d'Ulu
pour prendre Tunis, la Goule
Biſerte ; avant que d'en diſpo
falloit ſçavoir ſi l'on pourroit le
ſerver.

1574.   Au printemps de l'année ſuiv
la flotte Turque fut en état de
de Conſtantinople. Granvell
des avis certains qu'elle étoit
née à attaquer les places d'A
nouvellement conquiſes par l
pas

pagnols. Il en informa Cerbelloni,
afin qu'il se presfât d'achever le Fort
de Tunis, s'il croyoit pouvoir le défendre. Cerbelloni ne manqua pas
de demander à Granvelle un prompt
secours ; Granvelle jugea qu'il seroit
imprudent de dégarnir de troupes le
Royaume de Naples, dans un temps
où la flotte ennemie devoit passer
sur ses côtes, & que cela seul pourroit déterminer les Turcs à y faire une
descente. Il y avoit en Afrique trop
peu de troupes Espagnoles pour défendre Tunis, la Goulette & Biserte ;
Granvelle fut d'avis d'abandonner
Tunis & Biserte, pour jetter toutes
les troupes dans le Fort de la Goulette, persuadé qu'il importoit à l'Espagne de conserver ce Fort, & que
sa conservation pourroit faciliter les
conquêtes que Philippe II. se proposoit de faire en Afrique. Le Duc de
Terranova, Viceroi de Sicile, refusa
également d'y envoyer des troupes ;
Dom Jean piqué de ce refus, se chargea d'aller en personne défendre ses
conquêtes ; il fit évacuer Biserte, &
il ordonna à Cerbelloni de se préparer à soutenir le siège de Tunis.

V

La flotte Turque ne lui donna pas le temps de faire de grands préparatifs. Le 14 Juillet elle arriva au cap de Carthage. Les troupes y firent leur débarquement fans être attaquées ; Sinan, Bacha, qui les commandoit, fut informé qu'il y avoit peu d'Efpagnols dans Tunis & dans la Goulette : il réfolut de faire les deux fièges en même temps ; il fe chargea de celui de la Goulette qui étoit le plus difficile, & qui devoit décider du fort de Tunis. Portocarrero s'y défendit avec bravoure & avec intelligence. Il eut le bonheur de repouffer les Turcs aux deux premiers affauts ; mais il fut emporté au troifième, fa garnifon ne put réfifter à la multitude, le Commandant, les Officiers & les Soldats furent réduits en efclavage, Portocarrero mourut quelques jours après fur le vaiffeau qui le tranfportoit à Conftantinople. Alors toute l'armée Turque fe rendit devant Tunis. Les Efpagnols en défendirent le Fort avec une valeur extraordinaire ; trois affauts furent inutiles ; le quatrième réuffit : lorfque les Turcs entrèrent

dans le Fort, ils n'y trouvèrent plus
que trente hommes de la garnison,
avec Cerbelloni, qui avoit eu le malheur de survivre à sa liberté: Sinan,
Bacha, le traita inhumainement; il
ne falloit pas attendre d'un Barbare
qu'il respectât un courage & des talens supérieurs.

Dom Jean d'Autriche étoit encore à Trapani en Sicile, lorsqu'il apprit ces funestes nouvelles. Il ne pouvoit attribuer son malheur, qu'à l'in-
exécution des ordres que Philippe II.
lui avoit donnés pour détruire Tunis, & au refus qu'il avoit fait de
rassembler toutes les troupes dans le
Fort de la Goulette, suivant le sentiment de Granvelle. Sa prétendue
Royauté de Tunis s'étoit évanouie;
il ne lui restoit d'un projet si brillant
en apparence, que d'avoir prouvé
son ambition à Philippe II, qui n'en
revint jamais; & dont la colere étoit
d'autant plus juste, qu'il y avoit tout
à craindre pour Masalquivir, la seule
place que l'Espagne possedât encore
en Afrique. Heureusement la mort
de Sélim II. arréta de plus grands
desseins; mais elle ne donna aux

Y ij

Chrétiens qu'un médiocre intervalle de repos.

Quoique Dom Jean d'Autriche pût prévoir qu'il feroit mal reçu en Efpagne, il eut le courage d'y paffer. On prétend même qu'il fe forma un nouveau plan de fortune, & qu'il demanda au Roi d'être légitimé, & d'être décoré du titre d'Infant de Caftille. Ferreyras dit qu'il demanda feulement le titre d'Infant, fans parler de légitimation ; & que le Roi répondit, qu'il feroit fans exemple de donner à un fils naturel le titre affecté aux héritiers de la Couronne. Dom Jean fe réduifit à demander d'être Lieutenant-général du Roi en Italie, avec une autorité fupérieure à celle des Vicerois de Naples & de Sicile, & du Gouverneur du Milanez.. Philippe étoit trop foupçonneux pour l'accorder ; il ne refufa pas abfolument les pouvoirs de Lieutenant-général, il ordonna feulement à Dom Jean, de repaffer promptement en Italie, où fa préfence étoit néceffaire pour commander la flotte, & où il recevroit de nouveaux ordres. Le 18 Juillet 1575 il arriva à

Naples, sans autre autorité que celle que lui donnoit le Généralat de la flotte. Le silence que Philippe II. garda pendant quelque temps lui donna de l'inquiétude : il est vraisemblable que Granvelle ne fut pas plus tranquille : ils étoient trop aigris, pour se reconcilier sérieusement, & Granvelle n'étoit pas d'un caractère à souffrir la subordination qu'on lui préparoit. Philippe II. ne décida rien, il ne fit pas même armer sa flotte ; en sorte que Dom Jean d'Autriche n'eut aucune sorte d'autorité.

Granvelle pensoit en homme d'Etat. Ses prédécesseurs avoient désarmé les sujets du Royaume de Naples, pour leur ôter la facilité de se révolter, & de se livrer à leur inconstance naturelle. Cette précaution avoit de grands inconvéniens. Le Royaume n'étoit gardé que par des Etrangers, ils traitoient les Napolitains en Peuples subjugués, leurs querelles étoient vives & fréquentes ; bien loin que ces troupes contribuassent a la tranquillité du Royaume, elles y portoient souvent le désordre par leur avidité. Lorsque les Turcs couroient les côtes d'Italie, il falloit faire venir de nouvelles troupes d'Espagne, d'Allemagne, ou au moins du Milanez ; les frais étoient considérables : souvent dans les occasions pressantes, les troupes arrivoient trop tard, & elles devenoient inutiles. Le Duc d'Alcala avoit pensé à rémédier à cet abus ; mais soit que la dépense d'un nouvel établissement l'eût effrayé, soit qu'il n'eût pas le temps d'y pourvoir, le Royaume étoit encore à la garde des Etrangers, lorsque Granvelle en fut nommé Viceroi.

Il compta assez sur lui-même pour tenir en respect des troupes nationales & les citoyens. Il espéra même que les Peuples, flattés de la confiance qu'il auroit en eux, s'affectionneroient au gouvernement d'Espagne, & qu'ils défendroient leurs foyers avec plus de zèle, que des troupes étrangères. Il leva une nouvelle milice sous le nom de *Bataillon de Naples*. Chaque Communauté fournit avec empressement les soldats qu'on lui demanda à proportion du nombre de ses habitans, & on les forma à là difcipline militaire. En temps de paix, le bataillon de Naples n'avoit point de folde ; mais pour engager les habitans à s'enroller, & à ne pas s'éloigner de leurs drapeaux, Granvelle leur donna quelques exemptions, que ceux qui étoient affranchis de la milice ne leur envioient pas. Pendant la guerre, le bataillon de Naples avoit la même folde que les autres troupes. Il étoit au moins de vingt-cinq mille hommes, & quelquefois de trente mille. On leur donna des Officiers expérimentés ; fouvent ils battirent les corfaires qui faifoient des defcentes fur les côtes ; fouvent aufli leur activité & leur réputation rendirent les corfaires moins entreprenans : on refpira, & le nouvel établiffement fut autant applaudi en Efpagne, qu'en Italie.

Les ennemis du Cardinal de Granvelle ont dit, que fon gouvernement étoit dur, & que fon caractère étoit même violent. Le Public défintéreffé le croyoit équitable, mais févère dans l'adminiftration de la juftice ; bien différent du Chancelier de Granvelle fon pere, qui préféroit

toujours les voyes de la douceur à
celles de l'autorité. Peut-être que la
différence de leur première fortune
avoit influé sur celle de leur conduite. Le Chancelier étoit né dans l'obfcurité, il avoit été obligé d'élever fa
fortune, pour ainfi dire, dès les fon-
dations; il s'étoit fait un caractère
fouple, un caractère propre à s'accommoder aux temps, aux hommes,
& aux affaires. Le Cardinal de Granvelle n'avoit eu qu'à fuivre la route
qui lui étoit ouverte. Tout jeune encore, il avoit eu part aux plus grandes négociations; les dignités & les
richeffes s'étoient préfentées à lui,
avant même qu'il eût pû les mériter : il eft bien rare que les dignités
& les richeffes n'altèrent pas les fentimens ; il eft plus rare encore d'a-
voir de la fermeté dans le gouvernement, fans être accufé de hauteur &
de dureté. Granvelle fervoit un Maître févère, qui ne pardonnoit rien;
c'étoit s'accommoder au temps que
d'être févère lui-même; c'étoit l'u-
nique moyen d'avoir la confiance du
Roi.

Les Vicerois de Naples & ceux de

.e jouiſſoient alors d'une préro-
ve ſingulière. Ils étoient légiſla-
s dans leurs Viceroyautés ; ils
ient le droit de porter des loix
velles, qu'on appelloit *Pragmati-*
,& les Rois d'Eſpagne ne s'étoient
rvé que le pouvoir de les confir-
: Le Cardinal donna quarante
ɡmatiques, qui furent applaudies
verſellement. Il s'appliqua ſur-
t à défendre le port des armes
ɔn peut cacher, & qui occaſion-
ent de fréquens aſſaſſinats. Le
it d'aſyle dans les Egliſes fut ex-
nement affoibli ; privilège monſ-
ux, qui aſſure l'impunité aux plus
ɑds forfaits ; & qui, des temples
Dieu vivant, fait la retraite des
pables ! L'avarice, ou la foibleſſe
maîtres, & l'avidité des valets,
ient introduit un uſage honteux.
domeſtiques des Vicerois, ceux
Eccléſiaſtiques & des Séculiers
avoient quelque part au gouver-
nent, faiſoient dans Naples des
tes, dont on ne s'affranchiſſoit
impunément ; elles furent défen-
s ſous peine de l'eſtrapade.
ɡranvelle donna une attention par-

ticulière à l'administration de la Justice ; la conduite des Juges lui parut un objet plus important encore que celle des Peuples : il défendit aux Magistrats de solliciter des bénéfices, ou des emplois, pour eux-mêmes, ou pour leurs parens, sans sa permission expresse, dans la crainte que le desir d'obtenir des graces, ou la reconnoissance, après les avoir obtenues, n'engageât les Juges à commettre quelques injustices. Les Ecclésiastiques & les Chevaliers de Malte furent protégés dans leurs privilèges ; mais exclus des emplois civils, pour les renfermer dans les bornes de leur état. Granvelle fut le fléau des usuriers, des joueurs, de tous ceux qui troubloient l'ordre & le repos public ; il régla le prix des denrées, il fit régner l'abondance : toutes ses loix furent faites, pour assurer, ou la fidélité, ou la félicité des Peuples.

Aussi l'Historien moderne de Naples * comble d'éloges son administration. *Lorsque*, dit-il, *le gouvernement de ce Royaume eut été confié au Cardinal de Granvelle, nous lui devons la justice de reconnoître, qu'il mit en usage tout*

* Giannone.
Hist. civ. du
Royaume de
Naples. Liv.
XXIV.
Chap. 1.

ce que ses talens, sa fermeté, & sa prudence lui fournirent de moyens, pour maintenir les droits de la Couronne, autant que son état, & les circonstances dans lesquelles il se trouva, purent le lui permettre.... Il ajoute : nous ne sçaurions donner trop de louanges à la fermeté & à la fidélité du Viceroi de Granvelle, qui, quoique Cardinal, défendit généreusement les droits de son Maître.... Aprés qu'il eut rempli si parfaitement tous les devoirs du gouvernement, dans le temps que le repos dont jouissoit le Royaume, nous faisoit espérer, de recueillir les grands avantages, que l'intégrité & l'habileté de ce Viceroi nous promettoient, nous eûmes le malheur de le perdre, parce qu'il fut appellé en Espagne, pour y être élevé à de plus grands honneurs, & y exercer la charge de Conseiller d'Etat, Président du Conseil suprême d'Italie.*

Granvelle avoit toujours souhaité d'entrer dans le Conseil du Roi d'Espagne; il l'obtint en 1575. Ses ennemis publièrent que Dom Jean d'Autriche l'avoit fait révoquer; mais Dom Jean étoit lui-même dans une espèce de disgrace, n'ayant plus que le vain titre de Général d'une flotte défarmée. S'il avoit pû fe venger de Granvelle, il ne lui auroit pas procuré un plus grand théâtre ; il ne l'auroit pas placé dans le Confeil du Roi d'Efpagne, pour y avoir un adverfaire redoutable ; furtout il auroit évité qu'on donnât à Granvelle, pour fucceffeur dans la Viceroyauté de Naples, le Marquis de Montdéjar, qui, felon Giannone, *n'étoit pas favorablement difposé pour Dom Jean* *.

Ibid. pag. 3.

Fin du troifiéme Livre.

HISTOIRE

DU CARDINAL

DE

GRANVELLE,

MINISTRE DE L'EMPEREUR

CHARLES-QUINT,

ET DE PHILIPPE SECOND,

ROI D'ESPAGNE.

LIVRE QUATRIEME.

PHILIPPE II. reçut le Car- dinal de Granvelle à Ma- drid avec beaucoup de dif- tinction, & avec toutes les reuves de confiance qu'il étoit ca- able de donner. Ce Prince jaloux e la réputation de gouverner par ui-même, n'eut jamais de premier

Miniſtre. Il donna à Granvelle le titre de Préſident du Conſeil ſuprême
d'Italie ; bientôt après, il le fit Préſident du Conſeil de Caſtille : en ſorte
que ſans avoir le titre de premier Miniſtre, il en eut tous les honneurs,
& toutes les fonctions. Il n'y avoit
alors dans le Conſeil du Roi d'Eſpagne que le Duc d'Albe qui pût porter ombrage à Granvelle : ſon ſort
même n'étoit pas digne d'envie, &
bientôt il ceſſa d'être un rival redoutable pour le crédit, & pour la confiance du Roi.

Le Duc d'Albe avoit rendu les plus
grands ſervices à ſon Maître dans ſa
Viceroyauté de Naples. Il ſe flattoit
alors d'avoir pacifié les Pays - Bas,
par les victoires qu'il avoit remportées ſur les Rebelles, par les exemples de ſévérité qu'il y avoit donnés,
& par les citadelles qu'il avoit fait
conſtruire, pour tenir dans la ſoumiſſion les villes principales de ces
Provinces. Philippe II. n'en jugeoit
pas ſi favorablement ; le feu de la
révolte y étoit plus allumé que jamais, tous les ſervices du Duc d'Albe
étoient oubliés, le Roi ne paroiſſoit
ſe ſouvenir que de quelques ſujets

de mécontentement qu'il lui avoit donnés pendant son gouvernement des Pays-Bas. Surtout il ne pouvoit lui pardonner d'avoir différé pendant une année entière à publier l'amnistie générale accordée à tous les Peuples des dix-sept Provinces, & d'avoir continué, sous divers prétextes, les tragédies sanglantes que sa cruauté lui inspiroit.

Philippe II. lui faisoit un autre reproche assez léger en apparence, mais qui devint un crime irrémissible aux yeux d'un Prince excessivement jaloux de son autorité & de sa réputation. Le Duc d'Albe avoit fait ériger dans la place de Bruxelles sa statue en bronze, qui fouloit aux pieds deux autres statues allégoriques représentant la Noblesse & le Peuple des Pays-Bas. Sur le piédestal il avoit fait graver une inscription fastueuse, où il se donnoit à lui seul la fausse gloire d'avoir subjugué ces Provinces, sans parler du Roi, qu'après avoir parlé avec orgueil de lui-même. *Ce monument*, disoit-il, *a été élevé à la mémoire du très-fidéle Ministe d'un très-bon Prince.* A la vérité Philippe II. avoit dissimulé pendant quelque temps son ressentiment; mais il éclata, lorsqu'il ordonna au Commandeur de Requesens, successeur du Duc d'Albe dans le gouvernement des Pays-Bas, de faire fondre cette statue, & d'en employer la matière aux usages de la guerre. Dès-lors il chercha l'occasion de disgracier le Duc d'Albe sous d'autres prétextes; elle ne tarda pas à se présenter. Le Roi vouloit marier le fils du Duc à une fille d'honneur de la Reine: le Duc refusa son consentement avec fierté; il fut relégué au château d'Uzeda; d'où il lui fut défendu de sortir sans une permission expresse.

Parmi les autres Ministres du Roi d'Espagne, il n'y en avoit aucun qui eût quelque crédit, que l'infortuné Antonio Perez. Il s'attira la colère du Roi, pour avoir osé être son rival auprès de la Princesse d'Eboli. Il fut mis en prison, d'où il eut le bonheur de se sauver, & il se retira en France; ainsi la fortune du Cardinal de Granvelle lui préparoit les voyes pour arriver à cette faveur suprême qu'il sçut conserver pendant toute sa vie.

Il eut d'abord la direction principale des affaires d'Italie. Toujours il
avoit été opposé au projet plus brillant que solide, de faire des conquêtes en Afrique, & la dernière révolution de Tunis justifioit son sentiment; il voulut occuper la flotte
d'Espagne qui étoit à Messine à un
dessein plus utile. Tout annonçoit
que la paix entre la France & l'Espagne ne pourroit subsister long-
temps. Il étoit important à l'Espagne de fermer aux François l'entrée
en Italie par Gènes, & par Turin;
c'est ce que Granvelle entreprit, &
ce qu'il exécuta, en formant des liens
qui paroissoient indissolubles, entre
son Maître, le Duc de Savoye, & la
République de Gènes.

Il y avoit alors dans cette République des dispositions prochaines à
une guerre civile. L'ancienne Noblesse prétendoit exercer seule l'autorité; & pour la conserver, elle menaçoit de prendre les armes contre
la nouvelle Noblesse, & contre le
Peuple. Granvelle profita de cette
occasion, pour se mêler des affaires
des Génois, pour les attacher au Roi
d'Espagne par un bienfait prétendu,

& pour leur faire fentir qu'il ne leur feroit pas facile de fecouer le joug, qu'ils paroiffoient fubir volontairement. Déjà ils avoient pris avec l'Efpagne des engagemens d'intérèt; Philippe II. leur avoit prêté des fommes confidérables : il leur avoit affigné fur le Royaume de Naples le payement des arrérages, & le rembourfement du capital : il fallut que la République fe foumît à la protection de fon débiteur.

Dom Jean Idiaquès étoit Ambaffadeur d'Efpagne à Gènes. Le Cardinal de Granvelle lui ordonna de tâcher de concilier les différens Partis, & de ménager un traité que la République dût entierement à la protection du Roi. Idiaquès ne put réuffir. Le Sénat envoya fon Chancelier au Pape Grégoire XIII, pour le prier d'être médiateur entre l'ancienne & la nouvelle Nobleffe. Le Pape nomma le Cardinal Moroné, pour exercer cette médiation : il l'envoya à Gènes, avec le titre & les pouvoirs de Légat ; mais foit que Granvelle fçût engager la République à changer de fentiment, foit que l'un des deux Partis ne voulût point de la média-

tion du Pape, on déclara au Légat
qu'on ne traiteroit pas avec lui, &
qu'à Gènes on ne reconnoiffoit d'autre protecteur que le Roi d'Efpagne.
Toutes les plaintes, tous les foins du
Légat furent inutiles. Alors Idiaquès
reprit la négociation, & il n'eut pas
plus de fuccès que la premiere fois.
Les anciens Nobles étoient les plus
foibles, ils prirent le parti de fortir
de Gènes, & de fe retirer à Final &
à Acqui, pour attendre le moment
de rentrer dans leur patrie les armes
à la main. Ils élurent pour leur Général Jean-André Doria; mais leur
dépendance de l'Efpagne étoit fi forte, que Doria n'ofa accepter le Généralat, fans l'agrément de Philippe II.

Les efprits étoient trop échauffés,
pour efpérer de les calmer & de les
réunir par les feules voyes de conciliation. Granvelle prit d'autres mefures. François de Borgia, Duc de
Candie, fut nommé Plénipotentiaire
du Roi d'Efpagne auprès de la République, fans révoquer Idiaquès
Ambaffadeur ordinaire. En même
temps Dom Jean d'Autriche eut ordre d'amener devant Gènes la flotte

qui étoit à Meſſine, & les troupes Allemandes & Italiennes qui étoient dans le Milanez marchèrent pour bloquer Gènes par terre, & pour faire reſpecter les propoſitions des Miniſtres Eſpagnols. Philippe II. aſſuroit qu'il n'avoit d'autre deſſein que de pacifier la République, & d'empêcher que les Puiſſances voiſines ne profitaſſent d'un temps de déſordre pour l'opprimer. Les Génois ne penſèrent pas ſi favorablement de cette protection armée, & beaucoup plus forte qu'ils ne l'avoient demandée. Ils craignirent que Dom Jean d'Autriche n'eût des ordres ſecrets de s'emparer de Gènes, & ils ne diſſimulèrent pas leur crainte. Pour les appaiſer, Dom Jean ſe retira à Naples avec la flotte, ſous prétexte qu'il n'étoit plus temps de tenir la mer, bien réſolu cependant de veiller à tout ce qui ſe paſſeroit, & de revenir au premier ſignal que les anciens Nobles lui donneroient.

Les nouveaux Nobles & le Peuple s'apperçurent de la partialité des Ambaſſadeurs d'Eſpagne, & de la préférence qu'ils donnoient à l'ancienne Nobleſſe. Ils déclarèrent nettement

n'ils ne se soumettroient pas à la
écision de ces Ambassadeurs, &
u'il falloit leur adjoindre des mé-
iateurs non-suspects. Il étoit diffi-
ile d'en trouver, ou plutôt l'Espa-
ne ne vouloit partager sa protection
vec aucune autre Puissance. La mé-
iation du Pape avoit été rejettée.
'Empereur avoit offert la sienne, il
voit même nommé l'Evêque d'Ac-
ui pour l'exercer ; mais on l'avoit
fusée, par le motif même qui en-
ageoit l'Empereur à se mêler de
ette affaire. Sous prétexte que Gè-
es dépendoit de l'Empire, il vouoit prononcer en qualité de Seigneur
uzerain, & les Génois ne vouloient
oint reconnoître de Juges supé-
ieurs. La France avoit également
ffert sa médiation. Henri III. avoit
nvoyé à Gènes Mario de Birague,
&. Galéas Frégose, pour négocier un
raité entre l'ancienne & la nouvelle
Noblesse & le Peuple, c'étoit ce que
l'Espagne craignoit davantage ; son
arti fut assez fort pour faire refuser
ncore la médiation de la France.
Philippe II. demeura seul protecteur,
u plutôt arbitre souverain de la Ré-
ublique.

Dans cette confusion, les anciens Nobles soutenus des forces de l'Espagne, prirent les armes. Le Cardinal de Granvelle ordonna au Gouverneur du Milanez de licencier quatre régimens Allemans, & deux terces Italiens, qu'il avoit envoyés du côté de Gènes, afin que les anciens Nobles pussent les prendre à leur solde : cette résolution fut décisive ; avec ces troupes les anciens Nobles prirent Portoveneré, Chiavari, Rapallo, Sestri, Novi, & Gavi : il fallut que la nouvelle Noblesse & le Peuple pliassent ; ils prièrent le Légat, l'Ambassadeur de l'Empereur & ceux d'Espagne de travailler au traité. On donna des ôtages de part & d'autre ; les Médiateurs & les Députés des deux Partis se retirèrent à Cazal de Montferrat, pour négocier avec plus de tranquillité ; & l'on régla enfin toutes les prétentions.

Il sembloit qu'il ne restât qu'à signer le traité ; un incident pensa le rompre. Granvelle avoit prescrit aux Ambassadeurs d'Espagne de donner au Roi dans ce traité le titre de Protecteur de la République de Gènes. L'Ambassadeur de l'Empereur crut

que ce titre blesseroit l'autorité que
son Maître s'arrogeoit sur la République: il refusa de le passer, & l'on
fut obligé d'attendre qu'il eût reçu
de nouveaux ordres. Rien n'altéroit
l'union intime qui étoit entre les
deux branches de la Maison d'Autriche : l'Empereur céda, le Roi d'Espagne affermit son autorité dans Gènes, & Granvelle se prépara une
grande facilité pour défendre l'Italie, si la guerre survenoit entre la
France & l'Espagne.

Il ne lui étoit pas moins important de s'assurer du Duc de Savoye,
pour fermer aux François l'autre entrée de l'Italie. Philibert Emmanuel
regnoit alors. Il avoit une obligation
essentielle, & encore récente, à Henri III, Roi de France, qui à son retour de Pologne passant par Turin,
lui avoit rendu trop facilement les
places de Pignerol, Savillan, & La-
pérouse, que la France possédoit encore en Piémont. Ces places pouvoient être utiles à la conquête du
Milanez, qu'on ne perdoit pas de
vûe, & elles étoient le gage de l'é-
xécution des traités que ce Prince
avoit faits avec la France. Henri III.

les rendit par une générofité très-imprudente. Il efpéroit fans doute qu'un bienfait fi confidérable lui attacheroit irrévocablement le Duc de Savoye, & ce fut précifément ce qui l'en détacha; dès qu'il fut en pleine liberté, il protégea les François rebelles du Dauphiné, il s'empara du Marquifat de Saluces, il augmenta les défordres du Royaume, il auroit voulu l'abattre, pour en avoir quelques débris.

Ce Prince parut plus reconnoiffant pour l'Efpagne que pour la France; mais on peut juger par fa conduite, qu'il fe détermina moins par reconnoiffance, que par intérêt. Le traité de Câteau-Cambrefis l'avoit rétabli dans une partie de fes Etats, & il en avoit l'obligation à l'Efpagne; Granvelle lui fit les promeffes les plus magnifiques pour l'avenir, & il le trouva d'autant plus difpofé à entrer dans toutes fes vûes, que Philippe II. étoit le Prince le plus puiffant qu'il y eût en Italie, & qu'il la tenoit, pour ainfi dire, dans les fers, par les troupes qu'il avoit dans le Milanez, & dans le Royaume des Deux-Siciles. Cependant l'union de Philippe II.

'hilippe II. & de Philibert Emma-
muel dura peu ; l'intérêt réciproque
es avoit unis, l'intérêt les divifa : je
parle de l'affaire de Portugal, dont
Granvelle eut la direction principale,
& où il fut obligé de réduire le Duc
de Savoye à l'inaction & au filence.

Dom Sébaftien, Roi de Portugal, *Négociati de Granvell l'occasion d vacance de Couronne Portugal.*
fut tué à la bataille d'Alcaçar, qu'il
livra aux Maures d'Afrique, ou du
moins il difparut dans le combat,
quel que fût fon fort, dont les Hiftoriens ont parlé différemment, il
ne remonta jamais fur le thrône.
Dom Henri, fon grand-oncle, Cardinal, & Archevêque d'Evora, lui
fuccéda fans difficulté. Fils du Roi
Emmanuel, ayeul de Dom Sébaftien, il étoit le feul héritier mâle de
la Maifon royale, il exclut tous fes
compétiteurs par la prérogative du
fexe, & par la proximité du dégré.
Les Etats de Portugal jugèrent que
fa qualité de Prêtre ne pouvoit le dépouiller des droits inconteftables de
fa naiffance ; fes Sujets le reconnurent unanimement, & fon regne fut
tranquille pour l'obéiffance qu'on lui
devoit ; mais il fut fort agité par les
intrigues de ceux qui prétendoient à

Z

la Couronne après sa mort, que sa vieillesse rendoit nécessairement prochaine.

Chacun des Prétendans le pressoit de le déclarer son héritier présomptif. On a dit que, pour se délivrer de leurs importunités, il demanda au Pape la dispense qui lui auroit été nécessaire pour se marier, dans l'espérance que la naissance d'un héritier feroit cesser toutes les cabales, & qu'elle empêcheroit une guerre civile. Quoi qu'il en soit de cette circonstance, il ne se maria pas; la seule précaution qu'il prit pour se souftraire à l'avidité de ses héritiers, fut de nommer une Jonte, ou un Conseil, qu'il chargea d'examiner les droits des Aspirans, & qu'il autorisa même à nommer son successeur. La question n'étoit pas difficile, mais elle étoit d'une conséquence extrême. Le Roi Cardinal vouloit éviter la guerre à quelque prix que ce fût, & la nomination de son successeur l'auroit rendue inévitable. D'ailleurs il auroit fallu faire de grands préparatifs, pour assurer le sort du successeur, & l'humeur chagrine du Roi ne le permettoit pas. La Jonte travailla avec tant de lenteur, qu'a la mort du Roi * il n'y eut rien de dé- cidé.

* Il mo
le 30 Jan
1580.

Alors plusieurs Princes se mirent sur les rangs. Toute la question étoit réduite à sçavoir quel étoit l'héritier collatéral qui fût le plus proche du Roi défunt, qui eût le droit d'aî- nesse, & qui n'eût point d'exclusion de la Couronne, suivant les loix de Portugal.

La proximité & le droit d'aînesse étoient tout décidés par l'ordre de la naissance. Le Roi Emmanuel avoit laissé quatre fils, & deux filles. Jean III. son fils aîné, lui avoit succédé immédiatement ; il avoit transmis la Couronne à Dom Sébastien son fils unique, mort sans enfans, & cette première branche de la Maison royale étoit entièrement éteinte.

Dom Louis, Duc de Beja, fut le second fils du Roi. Emmanuel. Il avoit eu un fils de Violente de Go- mez, qu'on appelloit Dom Antoine. Ce fils étoit Chevalier de Malte, & Grand-Prieur de Crato. Il est sûr qu'il n'avoit pas fait ses vœux dans l'Or- dre de Malte, puisqu'il réclamoit la Couronne vacante, & que des vœux solemnels l'auroient rendu inhabile à toute succession. Dom Antoine avoit incontestablement la proximité du dégré, & la prérogative du sexe; mais on lui opposoit l'illégitimité prétendue de sa naissance. Il répondoit que le Duc de Beja son pere avoit épousé Violente de Gomez, & qu'il l'avoit reconnu pour son fils: au reste, il y avoit en Portugal des exemples de fils naturels, qui avoient succédé à la Couronne.

Le troisième fils du Roi Emmanuel avoit été Dom Henri, Roi & Cardinal, il avoit exclu sans opposition Dom Antoine, fils de son frere aîné; on avoit donc jugé dès-lors, que Dom Antoine n'étoit pas fils légitime, & que sa naissance l'excluoit de la Couronne.

Le cadet des fils du Roi Emmanuel avoit été Dom Edouard, Duc de Guimarains, qui n'avoit point laissé d'enfans mâles. Il avoit eu deux filles; l'aînée avoit épousé le Duc de Bragance, Portugais; elle vivoit encore. La seconde fut mariée au Duc de Parme. Elle étoit morte au temps de la vacance de la Couronne de Portugal. Son fils Raynuce Farnèse, Duc de Parme, prétendit à la Couronne vacante, même par préférence à la Duchesse de Bragance sa tante, quoiqu'elle fût nièce du Roi défunt, & qu'il ne fût que son petit neveu. Il est toujours beau de se porter pour héritier d'une Couronne.

Des deux filles du Roi Emmanuel, Béatrix l'aînée avoit épousé le Duc de Savoye. Son fils Philibert Emmanuel alors regnant la représentoit; il avoit le droit d'aînesse sur tous les Princes qui descendoient par filles du Roi Emmanuel, & il prétendoit les exclure tous de la Couronne de Portugal. Elizabeth, fille puînée du Roi Emmanuel, avoit épousé l'Empereur Charles-Quint; de ce mariage étoit né Philippe II. Roi d'Espagne, de tous les Prétendans le plus redoutable, par sa dignité, par son ambition, par ses richesses, par ses forces, par le voisinage du Portugal; mais aussi celui de tous les Prétendans qui auroit eu le moins d'espérance, si les suffrages libres des Portugais avoient pû disposer de leur Couronne.

Pour connoître toute la délicatesse de la négociation que Philippe II confia au Cardinal de Granvelle, il ne suffit pas de sçavoir les différens dégrés de parenté des Prétendans, il faut encore examiner les loix & les usages de Portugal. Il n'est pas surprenant qu'une Nation, dont les Rois descendent de la Maison de France, ait imité, à certains égards, les loix de France, pour la succession à la Couronne. Les Nations Françoise & Portugaise se font réunies dans le point capital ; c'est de ne vouloir pas être dominées par des Princes Étrangers, & de s'assurer qu'elles n'auront jamais que des Rois de leur sang, & nés dans leur patrie. A la vérité elles ont pris des routes différentes, pour arriver au même but. En France on a exclu absolument les filles de la succession à la Couronne ; en Portugal on y admet les filles, pourvû qu'elles ne soient pas mariées à des Princes Étrangers, & qu'elles ne puissent transmettre leurs droits qu'à des Naturels du pays. Ces loix font équitables, il est juste de respecter leur ancienneté, de se rendre à la sagesse de leurs motifs, & de les maintenir dans toute leur force.

Lorsque le Comte Alphonse fut proclamé Roi de Portugal par son armée, après la victoire qu'il avoit remportée fur les Maures, les Etats-Généraux s'affemblèrent à Lamego, pour fixer le fort d'une Couronne, qu'on venoit, pour ainfi dire, de créer. Ils décidèrent que cette Couronne feroit héréditaire, que les mâles feroient préférés aux filles; que les filles fuccéderoient cependant au défaut des mâles, fi elles n'étoient pas mariées hors du Portugal, *afin que les Princes Etrangers ne deviennent pas maîtres du Royaume*; la loi eft claire, un ufage conftant l'avoit affermie, il ne s'agiffoit que d'en faire l'application, & de ménager aux Portugais la liberté de leurs fuffrages.

On a vû que les Prétendans à la Couronne étoient Catherine, Ducheffe de Bragance, nièce du Roi Cardinal, & qui avoit été mariée à un Seigneur Portugais, dont elle avoit des enfans; Philippe Emmanuel, Duc de Savoye, neveu du Roi Cardinal, par la Princeffe Béatrix fa mere; Philippe II, Roi d'Efpagne, parent au même dégré, mais iffu de la fille puînée du Roi Emmanuel; Rainuce, Duc de Parme, petit neveu du Roi défunt par Marie fa mere; & Dom Antoine, Prieur de Crato, fils qu'on difoit illégitime du Duc de Beja.

D'autres Prétendans parurent encore fur les rangs. Catherine de Médicis, Reine Douairière de France, prétendoit defcendre d'Alphonfe III, Roi de Portugal, & de Mathilde, Comteffe de Boulogne. Elle avoit été mariée à un Prince Etranger au Portugal; mais fon mariage ne fubfiftoit plus, & elle fe croyoit habile à fuccéder à la Couronne vacante. On a dit encore que le Pape l'avoit réclamée, fous prétexte que les Rois de Portugal étoient vaffaux du Saint Siège, & que l'Abbé de Clairvaux même y avoit afpiré, par un droit égal de féodalité.

Il ne fut pas difficile d'exclure ces derniers Prétendans. Les Etats de Portugal admirent à leur audience les Ambaffadeurs de la Reine Catherine de Médicis, par refpect pour fa dignité; mais ils répondirent, qu'Alphonfe III. & Mathilde de Boulogne, n'avoient point eu d'enfans, que dans ces temps d'ignorance Alphonfe avoit cru même pouvoir répudier Mathilde, pour caufe de ftérilité. D'ailleurs, Alphonfe & Mathilde étoient morts dans le treizième fiècle ; depuis un temps fi confidérable la Couronne de Portugal avoit été portée dans d'autres branches : il falloit les épuifer, furtout la dernière qui avoit poffédé la Couronne, avant que de revenir aux anciennes : quand même Catherine de Médicis auroit pû prouver fa defcendance d'Alphonfe III, fes droits étoient furannés, & effacés par des droits plus récens : on n'en parla plus.

A l'égard de la mouvance du Saint Siège, & de Notre-Dame de Clairvaux, on avouoit les faits expofés par la Cour de Rome, & par l'Abbé de Clairvaux ; mais on en rejettoit les conféquences avec juftice. Il eft certain qu'autrefois plufieurs Souverains eurent la dévotion de confacrer leurs Etats à Dieu d'une manière plus fpéciale, & de lui rendre hommage folemnellement de leur autorité ; fouvent même ils s'obligeoient à payer des redevances annuelles aux Eglifes, dont ils fe déclaroient vaffaux ; on en a eu des exemples dans le Royaume de Jérufalem, & dans la Principauté d'Antioche, en Hongrie, en Bohème, dans l'Arragon, en Angleterre, & en Ecosse. En France même, Louis XI avoit réuni le Comté de Boulogne à la Couronne, sous la condition expresse, que lui & ses successeurs posséderoient ce Comté à titre de vassaux de Notre-Dame de Boulogne, & de donner à chaque mutation à cette Eglise un cœur d'or du poids de vingt-cinq livres, & de la valeur de deux mille écus; ces sortes de fiefs s'appelloient *des fiefs spirituels.*

Les Portugais reconnoissoient qu'au douzième siècle Alphonse I. leur Roi s'étoit mis sous la protection spéciale du S. Siège, à l'exemple de son ayeul; pour marquer davantage sa dévotion, il s'étoit obligé pour lui-même, & pour ses successeurs, à payer annuellement au S. Siège deux marcs d'or; sa dévotion ne fut pas encore satisfaite: ce Prince frappé de l'éclat de la sainteté de S. Bernard, s'étoit fait vassal de Notre-Dame de Clairvaux: il avoit promis de payer annuellement à cette Eglise cinquante *marabitinos* d'or, & de charger ses successeurs de la même redevance: ces faits n'étoient pas contestés; mais les Portugais dirent, que ces sortes de fiefs spirituels ne devoient tout au plus aux fiefs dominans, que la bouche & les mains, pour parler le langage des loix féodales, c'est-à-dire, un hommage simple, & la redevance qui avoit été promise. On ajoutoit que la prétendue vassalité de la Couronne de Portugal étoit éteinte depuis long-temps; que la redevance promise n'étoit qu'une franche aumône, qu'on ne peut jamais exiger à la rigueur; & que si Alphonse I. avoit voulu soumettre sa Couronne à une mouvance vraye & temporelle envers le S. Siège, & envers l'Eglise de Clairvaux, il avoit passé les bornes de son pouvoir, il n'avoit pû se constituer vassal, sans le consentement de ses Sujets. Un Roi qui se déclaroit vassal de l'Eglise, attestoit par cet acte solemnel, que sa Couronne ne relevoit que de Dieu seul; c'est toute la force qu'on pouvoit donner à sa déclaration; il ne pouvoit transférer sa Couronne à un Etranger, encore moins à un Religieux, qui est mort au monde, &

tions chimériques de l'Abbé de Clairvaux; mais en bon Espagnol, il a donné la préférence à son Maître; son sentiment est trop suspect pour s'y arrêter.

Le combat pour la succession à la Couronne vacante, ne s'engagea véritablement qu'entre la Duchesse de Bragance, le Duc de Savoye, le Roi d'Espagne, le Duc de Parme, & Dom Antoine, Prieur de Crato. Le Cardinal de Granvelle voulut lier une négociation avec les Etats de Portugal; il commença par demander l'avis des Universités d'Espagne & des Pays-Bas. Leur avis étoit nul, ou du moins très-suspect; elles n'auroient pas écrit impunément contre les prétentions de Philippe II, & le desir

qu'avoient naturellement tous les Espagnols de voïr le Portugal réuni à
leur Couronne, ne leur laiſſoit pas
aſſez d'impartialité, pour juger ſai-
nement de la queſtion qui étoit pro-
poſée. Ils décidèrent tous que leur
Maître devoit être préféré à ſes concurrens ; mais leur déciſion fut combattue par une foule de conſultations
contraires ; l'intérêt national les dicta
toutes. Les Portugais écrivirent pour
la Ducheſſe de Bragance ; les Juriſconſultes Italiens ſe partagèrent entre le Duc de Savoye, & le Duc de
Parme ; Dom Antoine répandit un
manifeſte, où il ſe flattoit de prouver la réalité & la légitimité du mariage du Duc de Beja ſon pere, avec
Violente de Gomez ſa mere.

Tous ceux qui aſpiroient à la Couronne ſe réunirent contre lui. Il leur
étoit également important à tous de
l'éloigner ; s'il pouvoit prouver ce
mariage, il étoit petit-fils légitime
d'Emmanuel, Roi de Portugal, &
neveu du Roi défunt, il joignoit la
prérogative du ſexe à la proximité du
dégré, & il falloit que tous les autres Prétendans lui cédaſſent la Couronne. Dom Antoine étoit aimé en

Portugal, il y avoit un Parti confidérable; on croit même que la France le foutenoit fecrettement, & qu'elle lui procura la facilité de lever quelques troupes; cependant le Public impartial n'étoit pas pour lui, il n'y avoit pas de preuves du mariage prétendu de fes pere & mere, il n'avoit eu aucune poffeffion de l'état de légitimité; & le Duc de Beja avoit été fi perfuadé que Dom Antoine étoit fon fils naturel, qu'il avoit prié le Pape de le légitimer. Les Hiftoriens ne difent pas que cette légitimation eût-été accordée. Il n'eft pas douteux du moins que la légitimation accordée par le Pape, ne peut rendre un fils naturel habile à fuccéder à la Couronne; elle ne peut l'habiliter qu'à recevoir les Ordres facrés, & à poffeder des bénéfices. Au refte, en Portugal on ne penfoit plus avec cette ancienne fimplicité, qui autrefois avoit laiffé monter fur le thrône des fils illégitimes.

Il y avoit un obftacle commun au Roi d'Efpagne, au Duc de Savoye, & au Duc de Parme. Ils étoient nés de Princeffes Portugaifes mariées en pays étrangers. La loi de Portugal

excluoit leurs meres de la Couronne;
elle excluoit encore spécialement
leur postérité. La seule Duchesse de
Bragance n'avoit aucune exclusion,
l'opinion des Etats, & les vœux des
Peuples étoient pour elle : la seule
jalousie de quelques grandes Maisons
de Portugal s'opposoit à son éléva-
tion.

Le Duc de Parme étoit plus éloigné d'un dégré que le Roi d'Espagne, & le Duc de Savoye; aussi les
Etats déliberèrent peu sur sa demande. Leur unique embarras venoit de
la puissance & du voisinage de Philippe II; les représentations qu'ils lui
firent, devoient être sans réplique.
Si les filles du Roi Emmanuel n'é-
toient pas excluses de la Couronne
par les loix de Portugal, & par leurs
mariages avec des Princes Etrangers,
Béatrix mariée en Savoye avoit eu le
droit d'aînesse : Philibert Emmanuel,
Duc de Savoye, la représentoit, il
devoit jouir de tous les droits de sa
mere. Si le Duc de Savoye devoit
être exclus par sa qualité d'Etranger,
le Roi d'Espagne devoit être exclus
par le même motif; toute l'autorité
des Universités, toute la subtilité des

Jurifconfultes Efpagnols ne pouvoient détruire des principes fi certains.

Philippe II. & fon Miniftre n'é-
toient pas d'un caractère à s'allarmer
d'un raifonnement, quelqu'évident
qu'il pût être, dans une affaire où il
s'agiffoit d'une Couronne ; leur affurance venoit de la force, qui devoit faire le dénouement de cette intrigue. Ils répondirent cependant,
& ils dirent que Philippe comptoit
parmi fes ayeules plufieurs Princeffes
de Portugal ; les deux Maifons étoient
unies par tant de liens, qu'on ne pouvoit le traiter d'Etranger à la Maifon
de Portugal, qui venoit de s'éteindre. Le Portugal & les Royaumes
que Philippe poffédoit au delà des
Pyrénées, avoient été autrefois com-
pris fous la dénomination générale
des Efpagnes, ils étoient enfermés
dans le même continent ; il étoit de
leur intérêt réciproque de s'unir, ils
pourroient fe défendre mutuellè-
ment, ou plutôt leur union les mettroit à l'abri de toute entreprife. Le
Portugal devoit acquérir par cette
union toutes les forces de l'Efpagne ;
fi le feu Roi avoit eu le temps de

prononcer fur une fi grande affaire, il auroit donné la préférence au Roi d'Efpagne, & il n'avoit pas diffimulé fon fentiment; pour donner plus de force à tous ces difcours, on annonça qu'il n'y avoit point de paix à efpé-rer, tant que ces Royaumes obéi-roient à des Maîtres différens.

Les Adminiftrateurs nommés par le feu Roi, pour gouverner pendant l'interregne, ne vouloient que tem-porifer, pour avoir le temps de de-mander des fecours en France, en Angleterre, & à Venife. Le plus grand nombre des Portugais redou-toit la domination Caftillane; fi leur pouvoir avoit répondu à leur volon-té, ils auroient porté la Ducheffe de Bragance fur le thrône; mais dans la multitude il fe trouva des hommes avides & entreprenans, qui préférè-rent leur intérêt particulier à celui de la Nation. Je ne dirai pas que le Car-dinal de Granvelle négocia heureu-fement & avec adreffe; il répandit l'argent, & plus encore les efpéran-ces; il gagna le Grand Inquifiteur de Portugal, il ranima la jaloufie des Seigneurs Portugais, qui craignoient de devenir les fujets de la Maifon de

Bragance; & il ne lui resta plus qu'à précipiter l'entrée des troupes Espagnoles en Portugal, pour ne pas donner aux Administrateurs le temps d'appeller des secours étrangers.

Granvelle osa proposer à Philippe II. de confier le commandement de ses troupes au Duc d'Albe, qui étoit encore en exil, soit qu'il fût encore son ami, malgré une disgrace si marquée, soit qu'il ne craignît pas un rival qui avoit déplu, dans une Cour où l'on ne pardonnoit rien, soit enfin qu'il le crût le plus capable de conduire l'affaire de Portugal, & de subjuguer ce Royaume avec l'activité nécessaire. Le Roi ne rejetta pas le conseil de Granvelle, mais il vouloit se réserver le peu de gloire qu'on pouvoit acquérir par une conquête si facile & si certaine. Le Duc d'Albe reçut ordre d'aller prendre le commandement de l'armée, qui étoit assemblée à Cantillana, sur les frontières de Portugal, sans passer par Madrid. Il avoit soutenu sa disgrace en Héros, il obéit en Sujet fidèle; & Philippe n'eut pas lieu de se repentir d'avoir confié ses plus grands intérêts à un homme de mérite, qu'il avoit maltraité.

Ce Prince voulut triompher en perſonne des Portugais. Il déclara le Cardinal de Granvelle Régent de ſes Etats pendant ſon abſence, & il partit pour l'armée. Le Duc d'Albe avoit tout diſpoſé, pour ſoumettre le Portugal, pour ainſi dire, en un clin d'œil. Philippe approuva ſes diſpoſitions, & ſans parler du paſſé, il donna au Duc d'Albe, à la vûe de ſon armée, les plus grandes preuves d'eſtime & de confiance. Les Adminiſtrateurs de Portugal lui députèrent l'Evêque de Coïmbre, & Dom Emmanuel De Melo, pour le ſupplier de ſuſpendre ſon entrée en Portugal, juſqu'à ce que la Jonte eût déclaré le Roi légitime. Le Roi reçut cette prière avec hauteur & avec indignation. Il parut perſuadé que ſon droit étoit inconteſtable; en qualité de Souverain libre & indépendant, il ne voulut reconnoître aucun Tribunal ſur la terre auquel il dût ſe ſoumettre: il déclara même que les pouvoirs des Adminiſtrateurs de Portugal étoient finis, par la mort du Roi qui les avoit nommés, &

que les Portugais n'avoient qu'à se
soumettre, s'ils vouloient éviter les
malheurs de la guerre.

Pendant la marche du Roi, Granvelle négocioit encore, pour faciliter cette conquête. Il fit offrir de
grands dédommagemens à la Duchesse de Bragance, & à Dom Antoine, que les Portugais affection-
noient davantage ; en même tems il
envoya aux Etats de Portugal assemblés à Almerin, les conditions honorables & avantageuses, sous lesquelles le Roi demandoit à être reconnu. Toutes les loix du Royaume, tous les privilèges de la Nation
devoient être conservés. Les Ecclésiastiques devoient être protégés, les
Magistrats confirmés dans leurs charges, les emplois & les bénéfices donnés aux seuls Portugais, les troupes
nationales entretenues à la manière
accoutumée, les monnoies frappées
aux armes du Royaume, à l'ancien
titre & à l'ancien poids. On promettoit aux Etats, qu'il n'y auroit aucunes troupes étrangères en Portugal.
Pendant l'absence du Roi, le Gouvernement ne seroit confié qu'à des
Portugais, à moins que le Roi n'y

envoyât son fils aîné, pour s'instruire des loix du pays, & pour prendre les mœurs des habitans. Le Conseil d'Etat, & la Maison du Roi alloient être ouverts aux Naturels du pays; plus de barrières entre l'Espagne & le Portugal, plus d'impôts sur les marchandises qu'on transporteroit d'un Royaume à l'autre. Enfin, on annonçoit une libéralité de trois cent mille écus, qui seroient distribués aux pauvres de Portugal.

Ces conditions auroient été séduisantes, si en promettant d'observer toutes les loix du Royaume, on n'avoit pas enfreint la loi importante de la succession à la Couronne; elles ne laissèrent pas d'adoucir les esprits: mais la crainte de l'armée Espagnole fit encore plus d'impression. Le Peuple presque seul s'obstina à avoir un Roi de sa Nation; sans avoir aucun moyen, sans prendre aucune précaution pour résister au Roi d'Espagne, il refusa de le reconnoître; & pour comble de malheurs, la peste ravagea le Portugal, elle pénétra dans Lisbonne; les Etats-Généraux furent obligés de se retirer d'Almerin.

Philippe II. fit la revûe de son ar- 4 Juin 3

mée à Santillane ; de-là elle marcha vers Elvas, où Granvelle avoit des intelligences avec quelques habitans, qui en ouvrirent les portes. Olivença, Portalègre, Campo-Mayor, & d'autres petites places se rendirent sans résistance. Villaviciosa, place forte du domaine du Duc de Bragance, fut emportée l'épée à la main ; une grande partie de la Noblesse, & les Administrateurs du Royaume n'osèrent se défendre dans Sétuval : ils donnèrent l'exemple pernicieux de la défection, & tout annonçoit que bientôt la révolution devoit être générale.

L'objet le plus important étoit de réduire la capitale. Le Duc d'Albe fit transporter par mer des troupes à Cascaès, place voisine de Lisbonne ; elle se rendit après quelques jours de tranchée ouverte, & la foible résistance de la garnison n'exigeoit pas un exemple de sévérité : mais le Duc d'Albe aimoit à répandre du sang, sa cruauté le faisoit encore plus redouter de ses ennemis, que ses talens militaires. Il fit trancher la tête à Dom Ménesès, qui commandoit dans la place pour Dom Antoine :

il fit pendre le Gouverneur, & une vingtaine d'Officiers; beaucoup de Soldats furent mis à la chaîne sur les galères d'Espagne; le Duc d'Albe vouloit annoncer ainsi au Royaume entier, que tous ceux qui résisteroient, seroient traités en sujets rebelles.

Dom Antoine n'épargnoit de son côté ni intrigues, ni même les violences les plus fortes pour augmenter le nombre de ses partisans. Il prit le titre de Roi de Portugal, & il se fit proclamer par la populace de Lisbonne, pendant qu'il faisoit en secret des propositions plus modérées, & qu'il tâchoit de lier une négociation avec le Duc d'Albe. Sa négociation ne réussit pas; indigné de la fierté avec laquelle le Duc d'Albe lui répondit, il leva à la hâte dans Lisbonne une milice de dix mille hommes, résolu, avec de si mauvaises troupes, de présenter la bataille à l'armée Espagnole, & de tenter au moins la fortune avant que de se retirer. Alors les Administrateurs retirés à Castelmarino, virent évidemment que Dom Antoine ne pourroit soutenir cette bravade; dénués de troupes, d'argent, & de tou

rance, ils fe déterminèrent à

mer Pl

tugal.

L'arm

feize mille ho   e deux mille

chevaux

bonne,

chemens re

rent donné

les re

Cruz, Comman

pagnole, entra

les

les Portugais avoient cent bâtimens bien armés. Les vaisseaux Espagnols n'eurent qu'à se présenter ; les bâtimens Portugais arborèrent le pavillon blanc, & ils se rendirent sans résistance. Santa-Cruz sortit du Tage, pour aller chercher la flotte Portugaise, qui étoit restée sur les côtes, dans l'espérance de donner du secours aux places maritimes. Cette flotte fut battue & dispersée ; en sorte qu'il ne restoit plus aucune ressource aux Portugais, qui tâchoient de secouer le joug de l'Espagne.

Dans l'attaque des retranchemens, Dom Antoine avoit été blessé d'un coup de lance : il se fit panser promptement, & il s'enfuit jusqu'à Santarén, accompagné de quelques Gentilshommes, & de soixante & dix cavaliers Maures, qui s'étoient attachés à sa fortune, & qui ne l'abandonnèrent pas dans un danger si pressant. Il étoit sûr que s'il tomboit entre les mains du Duc d'Albe : il seroit traité en sujet rebelle, & d'autant plus cruellement, qu'il avoit encore une multitude de partisans secrets en Portugal. Heureusement pour lui il survint un événement qui attira toute l'attention du Duc d'Albe, & qui l'empêcha d'envoyer des troupes, pour réduire Santaren. Philippe II. étoit à Badajos, lorsqu'il reçut la nouvelle de la prise de Lisbonne. Il l'apprit avec des transports de joye, & il prit solemnellement le titre de Roi de Portugal. Le lendemain il tomba malade dangereusement. Dans sa Cour on soupçonna qu'il y avoit du poison. En Portugal on crut voir un coup de la main de Dieu, qui arrêtoit un usurpateur à l'entrée de sa carrière. La nouvelle de son extrémité fut portée à Lisbonne. Le Duc d'Albe se hâta d'assembler tout ce qu'il y avoit de Grands du Royaume : il reçut leur serment de fidélité, & il fit proclamer le nouveau Roi dans tous les quartiers de la capitale. Le danger ne fut pas long, la santé du Roi se rétablit promptement : tous les soupçons, toutes les idées de superstition s'évanouirent.

Alors le Duc d'Albe pensa à poursuivre Dom Antoine, & à s'assurer du rival le plus courageux qu'eût le Roi d'Espagne. Dom Antoine n'avoit pas cru qu'il fût en sûreté à Santaren. Il avoit passé à Coimbre, où

il faisoit les plus grandes vexations,
pour amasser de l'argent, & pour af-
sembler des troupes. Le Duc d'Albé
y envoya une partie de son armée
commandée par Dom Sanche d'A-
vila, & par Dom Diégue de Cor-
doue. Ils prirent Coïmbre, Monte-
Mayor, & Aveïro, sans que Dom
Antoine pût donner le moindre secours à des places qui étoient son
dernier asyle. Les troupes qu'il avoit
levées par force, & qui étoient dé-
pourvues de munitions de guerre,
campoient sur le Douro; les Espagnols les méprisèrent; ils passèrent
le fleuve à la vûe des ennemis: le
passage ne fut pas même disputé;
tous les Portugais prirent la fuite,
& Dom Antoine s'enfuit avec eux
jusqu'à Porto. Les habitans lui fer-
mèrent les portes; il fut obligé d'aller à Viana, suivi de l'Evêque de
Guarda, & d'un petit nombre de
Seigneurs Portugais. Là, il fallut dé-
poser le personnage qu'il avoit emprunté; & bien loin de travailler à
acquérir une Couronne, il fut réduit
à désirer seulement de pouvoir sauver sa vie. Il est certain qu'il demeura
plusieurs mois caché sur les frontiè-

res de Portugal, & personne ne fut
tenté de la découvrir, pour gagner
quatre-vingt mille ducats, qui avoient
été promis à celui qui le livreroit.

Philippe II. étoit demeuré à Badajos, d'où il voyoit des succès prompts
& faciles. Sa joye fut mêlée d'une
nouvelle amertume, il apprit la mort
d'Anne-Marie d'Autriche sa femme,
& dans sa douleur, il se retira à Eli-
vas, dont les habitans le reçurent
avec beaucoup de soumission & de
respect. Après avoir donné quelques
jours à la solitude, il parut au public, pour faire quelques actions d'é-
clat, qui pussent affermir son autorité, & gagner les cœurs des Portugais. Son premier soin fut de déclarer solemnellement Dom Antoine
rebelle, & coupable du crime de
lèze Majesté, il reçut les hommages
de tous les Portugais qui voulurent
les rendre, & il supprima les impôts
qu'on levoit sur des marchandises
transportées d'un Royaume à l'autre.

Il lui importoit surtout d'appaiser
la Maison de Bragance, & d'obtenir
sa renonciation à la Couronne. Les
Portugais ne pouvoient offrir à cette
Maison que des vœux stériles, elle

avoit de grands biens à conferver, &
des efpérances à entretenir pour des
temps plus favorables; la Ducheffe de
Bragance figna fa renonciation pour
une fomme confidérable; qui lui fut
payée comptant. Le Duc de Bragance, fon fils, reçut la Toifon d'or
des mains de Philippe: il fut confir-
mé dans fa charge de Connétable héréditaire du Royaume de Portugal;
& dans tous fes biens; il obtint toutes les graces qu'il demanda; & fa
renonciation mit le fceau à la révolution du Portugal. Il eft vrai que les
Açores avoient reconnu Dom Antoine pour leur Roi, & qu'elles entreprirent de fe défendre; mais le
Marquis de Santa-Cruz fçut bientôt
les réduire à l'obéiffance de Philippe II; toutes les autres poffeffions que
les Portugais avoient dans le Nouveau Monde, fuivirent le fort de leur
Métropole, & Philippe II. jouit tranquillement d'une fi belle acquifition.

Il revint en Efpagne, où on lui
avoit préparé la réception la plus
magnifique. Philippe entra à Madrid
entre le Cardinal de Granvelle & le
Duc d'Albe. L'un avoit toute la gloire de la négociation, l'autre avoit

celle d'une victoire entière, mais ternie par une action injuste & cruelle: pour le Roi, si l'on ne put applaudir à ses exploits guerriers, on eut du moins à le féliciter de son bonheur, & toute l'Europe vit avec jalousie cet accroissement de sa puissance.

On ne peut justifier ni l'entreprise que Philippe II. fit sur le Portugal, ni les moyens dont son Ministre se servit, pour y réussir. Granvelle avoit pris les mesures les plus justes, pour écarter tous les rivaux de son Maître, pour déterminer le plus grand nombre des Portugais à une soumission qui n'étoit sincère qu'en apparence, pour assurer cette conquête, & pour étendre la révolution jusques dans le Nouveau Monde. Il s'en applaudit sans doute, & son Maître dut en être reconnoissant; mais il n'en fut que plus exposé à toute la haine des Portugais, & à la censure même de la Nation Espagnole. On lui reprocha de n'avoir pas prévu l'avenir. Il devoit, dit-on, transporter en Espagne la Maison de Bragance, lui donner des établissemens assez grands, pour la consoler de la perte d'une Couronne, & lui enlever toute es-

·pérance·de la recouvrer. Cés reproches se renouvellèrent plus vivement encore après sa mort, lorsque le Portugal secoua le joug de l'Espagne, & que par une résolution courageuse, le Duc de Bragance fut porté sur le thrône de ses ancêtres. Alors le Comte Duc d'Olivarès, rejetta toute la faute sur Granvelle, & sur la foiblesse qu'il avoit eue de ne pas expatrier la Maison de Bragance. C'étoit reprocher à la mémoire de Granvelle la seule action juste qui eût été faite dans l'invasion du Portugal. Falloit-il donc dépouiller cette Maison de ·son patrimoine, parce qu'elle avoit des droits sur une Couronne que la force lui enlevoit ? Falloit-il, par une dernière injustice, réduire les Portugais au désespoir, & peut-être hâter la révolution qu'on redoutoit ? Granvelle se flatta de les accoutumer au joug, par un gouvernement mêlé de fermeté & de modération. Olivarès ne marcha pas sur ses traces, il méprisa une Nation subjuguée, il anéantit ses privilèges, il oublia toutes les promesses qu'on lui avoit faites. Qui, de Granvelle, ou d'Olivarès, devoit être accusé d'avoir préparé la révolution ? A a iv

Quoique le Cardinal de Granvelle n'eût pas le titre de premier Ministre, Philippe II. avoit affez marqué le rang qu'il tenoit dans fon efprit, & l'autorité qu'il avoit dans fon Confeil, lorfqu'il lui avoit confié la négociation de Portugal, & qu'il l'avoit nommé Régent d'Efpagne pendant fon abfence. Granvelle étoit en effet à la tête de toutes les affaires, & l'Efpagne n'en avoit point de plus importantes que celles des Pays-Bas. Il fut obligé de reprendre le foin de ces Provinces, dont il connoiffoit parfaitement le malheureux état. Les amis qu'il y avoit confervés, les bienfaits qu'il y répandoit encore, les relations néceffaires qu'il avoit toujours entretenues dans le Diocéfe de Malines, dont il étoit Archevêque, lui laiffoient quelque efpérance de réparer les fautes que fes fucceffeurs avoient faites ; mais il n'eut que le mérite de la bonne volonté, & de confacrer les derniers temps de fa vie à ranimer la Religion & l'autorité royale qui expiroient dans ces Provinces.

On a vû que la timidité de la Duchelle de Parme, Gouvernante des

Pays-Bas, avoit inspiré de l'audace aux rebelles; la cruauté du Duc d'Albe les avoit réduits au défespoir; tout le courage, toute la modération, toute l'expérience de Dom Louis de Requefens, Grand Commandeur de Caftille, & fon fucceffeur, n'avoien fait que de vains efforts, pour rétablir l'autorité de la Religion & du Roi: les travaux & le chagrin l'avoient confumé en peu de temps; en mourant il avoit laiffé le gouvernement des Pays-Bas entre les mains du Confeil d'Etat, dont il avoit trop eftimé la fidélité & les lumières.

Joachim Hoperus, qui avoit paffé de ce Confeil à celui d'Efpagne, engagea Philippe II. à effayer de cette manière de gouverner les Pays-Bas; l'événement prouva qu'on ne pouvoit prendre un plus mauvais parti. Il y avoit dans le Confeil d'Etat des hommes, ou trop prévenus en faveur des privilèges de leur patrie, ou même partifans fecrets de la révolte: la Nobleffe méprifa fes compatriotes, quoique dépofitaires du pouvoir fuprême; l'autorité trop partagée devint extrêmement foible, & les Confeillers d'Etat s'y accoutumèrent avec

A a v

tant de facilité, qu'ils oferent réfifter
audacieufement au Roi d'Efpagne,
lorfqu'il voulut nommer un Gouverneur, qui le repréfentât avec plus de
dignité & d'empire.

Toute l'Efpagne avoit les yeux fixés
fur Dom Jean d'Autriche; elle lui
déféroit unanimement un gouvernement fi important : fa naiffance & fa
réputation devoient l'y porter; & la
terreur que fon nom feul avoit inf-
pirée aux rebelles des Pays-Bas, étoit
une raifon décifive pour l'y envoyer.
Il le défiroit avec paffion ; mais il ne
pouvoit ignorer qu'il étoit fufpect au
Roi fon frere. Il en avoit mille preuves; entr'autres, la réponfe que le Roi
fit à un de fes Miniftres, qui difoit
que le Duc d'Albe avoit été trop
cruel, & qu'il n'y avoit que Dom
Jean d'Autriche qui pût effacer l'impreffion terrible, que cette cruauté
avoit laiffée dans l'efprit des Flamans;
je crains bien moins, répondit le
Roi, les effets de la cruauté du Duc
d'Albe, que l'affabilité de Dom Jean
d'Autriche & d'Alexandre Farnefe.

Dom Jean n'ofoit fe propofer lui-
même. Il vouloit encore moins être
redevable de cet emploi au Cardinal

de Granvelle, à qui il n'avoit pas pardonné de lui avoir refusé le don gratuit qu'il attendoit des Napolitains, après la bataille de Lépante, & d'avoir empêché sa prétendue royauté de Tunis. Il s'adressa au Pape Grégoire XIII, & il le pria de demander pour lui le gouvernement des Pays-Bas. Le Pape s'en chargea, persuadé que c'étoit l'unique moyen de rétablir la Religion, & d'abattre les rebelles; il fallut du temps & des circonstances très-pressantes, pour vaincre les soupçons de Philippe, & pour le déterminer à confier à Dom Jean une administration si délicate.

Enfin l'anarchie absolue où le Conseil d'Etat avoit réduit les Pays Bas, arracha le consentement de Philippe. Il ordonna à Dom Jean de se rendre promptement à Bruxelles. Dom Jean ne perdit pas un moment. Il traversa la France en poste, déguisé sous l'habit d'un domestique d'Octave de Gonzague, qui se disoit chargé des ordres de la Cour d'Espagne, & il porta lui-même en Flandre la nouvelle de sa nomination au Gouvernement. Il croyoit qu'il n'avoit qu'à paroître pour être reconnu: il fut bientôt détrompé ; non feulement les rebelles ne vouloient point d'un Gouverneur de la Maifon d'Autriche, & d'un guerrier capable de les fubjuguer : le Confeil d'Etat même s'oppofa à fon inftallation ; il ne la fouffrit, qu'après lui avoir impofé les conditions les plus dures & les plus humiliantes ; entr'autres, celle de renvoyer le peu de troupes Efpagnoles, que Dom Louis de Requefens avoit laiffées aux Pays-Bas, & de fe mettre dans la dépendance entière du Confeil d'Etat, & des Provinces.

Dom Jean accepta tout, efpérant qu'avec le temps il fe releveroit de cette humiliation. On a prétendu même qu'il avoit de plus grands projets, & qu'il fe hâta de donner à fon gouvernement une apparence de pacification, pour les exécuter. Marie Stuart, Reine d'Ecoffe, étoit dans les fers de la Reine Elizabeth, on efpéroit encore de l'en tirer ; & on a dit que Grégoire XIII. avoit flatté Dom Jean d'Autriche de le marier avec la Reine d'Ecoffe, qu'il précipita fon inftallation, pour paffer la mer fur la flotte d'Efpagne, & pour célébrer un mariage, qui lui offroit

la plus grande fortune qu'il pût am-
bitionner. Sa docilité excessive envers le Conseil d'Etat ne lui servit
de rien; à chaque pas il éprouva des
contradictions, des conspirations mêmes contre sa vie. Bruxelles lui parut un séjour trop dangereux; il en
sortit sous prétexte de visiter d'autres
places; dans le cours de sa visite, il
eut l'adresse de surprendre Namur,
qui étoit extrêmement fortifié, &
dont les rebelles s'étoient emparés
depuis quelque temps. Parvenu à
avoir une place de sûreté, il forma
son plan de guerre: Pour l'exécuter,
il demanda au Roi d'Espagne de nouvelles troupes & de l'argent; il le
pria de donner le commandement
de ces troupes à Alexandre Farnèse,
dont le nom étoit déjà célèbre. Le
Roi le lui accorda; mais les troupes
étoient en si petit nombre, qu'elles
ne pouvoient réduire les Pays-Bas,
& Farnèse sembla n'être venu que
pour être témoin du malheureux sort
de Dom Jean d'Autriche.

Ce Prince infortuné, trop semblable en tout à Germanicus, tomba
malade à Namur; il sentit que sa maladie étoit mortelle, & il profita des

momens qui lui reſtôient, pour donner ſes ordres avec beaucoup de préſence d'eſprit, & pour déſigner Farnèſe ſon ſucceſſeur, ſous le bon plai-
ſir du Roi. Il mourut à la fleur de
ſon âge, extrêmement regretté des
troupes, redouté des rebelles, & au
moins indifférent au Roi ſon frere;
ſon corps fut tranſporté en Eſpagne,
où il fut inhumé dans le tombeau
de l'Empereur Charles-Quint.

Farnèſe prit le gouvernement pro-
viſionnel des Pays-Bas, & il n'attendit pas ſans inquiétude la nomination que le Roi devoit faire d'un nouveau Gouverneur. Si le Roi refuſoit
de confirmer le choix qu'avoit fait
Dom J. d'Autriche, Farnèſe croyoit
que ce ſeroit lui faire une injure, &
une injure d'autant plus ſenſible, qu'il
étoit en poſſeſſion de l'autorité, &
qu'on ne pouvoit l'en dépouiller,
ſans le rendre ſuſpect; ſi ſa nomination étoit confirmée, il demeuroit
chargé d'affaires preſque déſeſpérées,
il devoit s'attendre à ſoutenir le poids
de la guerre avec peu d'argent & peu
de troupes, & ſa réputation étoit
compromiſe.

La Cour de Madrid étoit remplie

d'intrigues à cette occafion. Farnèfe y avoit plufieurs concurrens; il y en avoit deux furtout qui avoient de grandes efpérances d'obtenir le gouvernement vacant, la Ducheffe de Parme fa mere, & l'Archiduc Matthias, fils de l'Empereur Maximilien fecond.

Le Cardinal de Granvelle connoiffoit mieux que perfonue l'efprit défiant de Philippe II, & il ne pouvoit ignorer que ce Prince avoit des foupçons perfonnels contre Farnèfe, dont l'ambition avoit éclaté depuis fa jeuneffe, & dont on craignoit le reffentiment, pour l'exclufion que l'Efpagne avoit donnée avec hauteur à la Maifon de Farnèfe, dans la vacance de la Couronne de Portugal. Granvelle rendit juftice aux talens fupérieurs que Farnèfe avoit pour la guerre : il reconnut avec tout le Public, que perfonne n'étoit plus capable que ce Prince de fubjuguer les rebelles des Pays-Bas ; mais il propofa de tempérer l'autorité qu'on lui donneroit fur ces Provinces, de lui laiffer le commandement des troupes, & de rendre à la Ducheffe de Parme, fa mere, l'autorité de Gouvernante,

qu'elle avoit déja exercée pendant
dix ans. Le Ministre d'Espagne pré-
sumoit que la mere & le fils vivroient
dans une intelligence parfaite, & que
la mere sincerement attachée à la
Maison d'Autriche, veilleroit avec
attention à la conservation de l'autorité royale.

L'Archiduc Matthias s'étoit mis
sur les rangs, pour le gouvernement
des Pays-Bas: il avoit pour lui la qualité de Prince du Sang d'Autriche,
mais il avoit formé son projet d'une
maniere si bisarre, il l'avoit exécuté
avec si peu de ménagemens pour Philippe II, qu'il fut bientôt exclus de
la grace qu'il demandoit. Lorsque
Dom Jean d'Autriche vint en Flandre, le Conseil d'Etat voulut essayer
de perpétuer son autorité. Il ne vouloit point de Dom Jean, qui pouvoit devenir un maître absolu; il vouloit encore moins du Prince d'Orange, qui tâchoit de détruire la Religion, & qui ne présentoit aux Peuples des Pays-Bas qu'un phantôme
de liberté, pour les asservir. Dans
cette perplexité, le Conseil d'Etat
chercha un Prince, qui voulût bien
se contenter du vain titre de Gouver-

neur, & qui lui abandonnât toute
l'autorité. Il s'adreſſa à l'Archiduc
Matthias, qui ſaiſit avec trop d'em-
preſſement cette lueur de fortune; il
ſe rendit aux Pays-Bas, en apparence
à l'inſçu de l'Empereur ſon pere, &
il accepta les patentes de Gouverneur, que le Conſeil d'Etat eut la
hardieſſe de lui faire expédier.

Philippe II. ſe plaignit avec raiſon
de l'Archiduc. Il le traita de traître à
ſa Maiſon, & il ne voulut reconnoître en lui que la qualité de Chef des
rebelles des Pays-Bas; alors l'Empereur déſavoua hautement la conduite
de ſon fils : le Conſeil d'Etat ne le
conſultoit en rien, & il ne lui donnoit aucun ſecours : les ſujets fidèles
au Roi d'Eſpagne lui refuſoient toute
obéiſſance : il étoit odieux aux rebelles, par ſa naiſſance, & par ſon attachement à la Religion Catholique;
& le perſonnage qu'il jouoit aux Pays-
Bas étoit tout-à-fait indigne d'un
Prince de ſon rang. A la mort de
Dom Jean d'Autriche, il ſe flatta de
réparer ſa faute, en priant le Roi
d'Eſpagne de légitimer ſon titre de
Gouverneur, & en aſſurant qu'il ne
vouloit le tenir que de l'autorité roya-

Hainaut, & des Provinces Wallones, fut l'effet de cette première conquête ; l'allarme fut répandue dans les Pays-Bas maritimes, & les rebelles craignoient une révolution entière, lorſque la Ducheſſe de Parme arriva pour reprendre ſon ancienne autorité. Farnèſe ne diſſimula pas ſon mécontentement. Il connoiſſoit combien il étoit néceſſaire ; & il menaça de tout abandonner, s'il falloit partager l'autorité ſuprême, même avec ſa mere. Elle ne reſpiroit que pour la gloire & pour la fortune de ſon fils ; plus foible encore pour lui, qu'elle l'avoit été autrefois pour les rebelles, elle céda ſans réſiſtance ; on eût dit qu'elle n'étoit venue aux Pays-Bas, que pour en reconnoître le funeſte état, pour rendre des témoignages à la conduite de ſon fils, pour faire agréer à Philippe II, qu'elle réſignât un gouvernement, où il ne falloit plus que combattre, & atterrer des rebelles. Philippe, toujours jaloux de ſon autorité, ſe rendoit cependant toujours à la plus foible oppoſition ; il trouva bon que la Ducheſſe de Parme ſe retirât en Italie, & que Farnèſe fût ſeul chargé du gouvernement des Pays-Bas.

Sa réputation & ses succès déterminèrent le Prince d'Orange à faire de plus grands efforts, pour enlever à l'Espagne la souveraineté de ces Provinces. Il n'osoit encore se proposer lui-même pour leur Souverain; il répandit un bruit sourd, que bientôt il leur donneroit un Prince, qui auroit assez de richesses & de troupes, pour arrêter les conquêtes de Farnèse. Le Prince d'Orange avoit été proscrit avec plusieurs rebelles sous le gouvernement du Duc d'Albe. Le Cardinal de Granvelle persuadé qu'il étoit l'ame de la révolte, & qu'il falloit l'abattre à quelque prix que ce fût, jugea qu'il falloit encore le proscrire personnellement, & d'une manière plus flétrissante. L'acte de proscription fut affiché dans toutes les places où il y avoit des garnisons Espagnoles, sa tête fut mise à prix, & on ne lui laissa aucune espérance de rentrer en grace avec son Maître. Il répondit par un manifeste, mais il ne put se justifier de son ingratitude envers Charles-Quint, qui l'avoit comblé de bienfaits, de sa révolte contre son Souverain légitime, de ſon apoſtaſie de la Religion de ſes ancêtres, & de toutes les cruautés qu'il commettoit pour la détruire.

Le Prince qu'il avoit annoncé ſecrettement, & qu'il paroiſſoit vouloir donner pour Souverain aux Peuples des Pays-Bas, étoit le Duc d'Alençon, frere de Charles IX, Prince inquiet, ambitieux, & incapable de ſe contenter des droits que ſa naiſſance lui donnoit en France. A la ſollicitation du Prince d'Orange, les Etats lui offrirent la ſouveraineté des Pays-Bas; mais une ſouveraineté dépendante de ceux qui l'offroient, ſans qu'il pût diſpoſer d'aucun emploi, ſans lui donner aucune place de ſûreté pour lui-même, & pour les François qui ſeroient à ſa ſuite, ſans lui laiſſer d'autre marque de la ſouveraineté, que l'obligation de fournir des troupes, de les commander en perſonne, de ſupporter tous les travaux & toutes les dépenſes de la guerre. Le Duc d'Alençon héſita, s'il accepteroit des offres ſi onéreuſes; il les accepta enfin, & il ſe rendit aux Pays-Bas. Granvelle apprit cet événement ſans s'allarmer; il dit qu'on pouvoit ſe repoſer ſur l'ambi-

Etats. Le Duc d'Alençon leur avoit ordonné de s'en emparer le même jour. Le complot réuffit à Dunkerque & à Bergues; il fut manqué à Oftende, à Nieuport, à Aloft, & à Bruges. Le Duc d'Alençon s'étoit retiré à Barchen, d'où il écrivit aux Etats, pour juftifier fon entreprife, fur ce. qu'on n'avoit pas obfervé ce qui lui avoit été promis : il fe plaignit aux Etats mêmes, & il leur offrit encore fa perfonne & fes troupes, pour les défendre contre l'Efpagne.

Il n'y avoit plus, & il ne devoit plus y avoir de confiance entr'eux; cependant le Prince d'Orange, par une politique qui paroît extraordinaire, entreprit de les reconcilier. Pendant le maffacre d'Anvers, il étoit refté avec fes troupes dans la citadelle, fans donner le moindre fecours à aucun des deux Partis. Il les trompoit l'un & l'autre. Son deffein étoit de préfenter un Souverain aux Peuples des Pays-Bas, pour les accoutumer à avoir un Maître : il vouloit que ce Souverain fût Etranger, afin qu'il fût plus foible, qu'il pût être chaffé plus facilement, & que pour éviter tant d'incertitudes & de variations, lui-même fût enfin proposé pour le remplacer.

Il falloit que le Prince d'Orange eût un empire absolu sur les esprits, dans les Etats, & parmi le Peuple, pour leur persuader de faire un nouveau traité avec le Duc d'Alençon, après ce qui s'étoit passé à Anvers. On le fit, ce traité, à des conditions plus dures encore que les premières; & le Duc d'Alençon, dans l'impossibilité de mieux faire, eut la foiblesse de le ratifier. Il étoit à Dunkerque, où les Etats l'avoient, pour ainsi dire, relégué. La réflexion lui représenta tout le danger de sa situation; il revint en France, où le désespoir, l'humiliation, les fatigues le conduisirent au tombeau l'année suivante. Sa mort tranquillisa la Cour d'Espagne, & peut-être encore la Cour de France, où il avoit donné de grandes preuves d'inquiétude & d'ambition.

De nouveaux événemens embarrassèrent davantage le Ministre d'Espagne, & le Gouverneur des Pays-Bas. Les séditieux se portèrent aux plus grands excès; la ville de Malines fut ravagée en haine de Granvelle, qui en

en étoit Archevêque ; quelques Provinces commencèrent à s'unir, pour
fecouer ouvertement le joug de l'Efpagne ; elles donnèrent ce fameux
manifefte, où elles prirent toute l'Europe à témoin ; qu'elles renonçoient
à la domination de Philippe II, &
où elles entreprirent de délivrer les
Magiftrats & les Peuples du ferment
de fidélité qu'ils lui avoient prêté.
Les motifs d'une action fi audacieufe
étoient expliqués dans les termes les
plus durs & les plus outrageans pour
le Roi d'Efpagne. Les cruautés du
Duc d'Albe y étoient peintes avec les
couleurs les plus vives ; on fe plaignoit de la furprife de Namur exécutée par Dom Jean d'Autriche ;
mais on ne reprochoit rien au Gouvernement de la Duchefse de Parme,
& du Cardinal de Granvelle fon Miniftre ; on n'attaqüoit pas la mémoire de Dom Louis de Requefens,
& le Gouvernement actuel d'Alexandre Farnèfe. S'il étoit vrai, comme
un Hiftorien partial * l'a dit, que les
Provinces-Unies duffent à Granvelle
la première ftatuc ; pour avoir fait
naître l'occafion de leur liberté par
fa dureté & par fa hauteur, auroit-

* Le Labo
reur. Addu
aux Mém.
Caftelnau.

B b

il été ménagé dans ce manifeste, lui
qui avoit tant contribué par ses négociations, & par ses amis, à la soumission récente des Provinces Wallones, & qui, dans le Conseil de Madrid, portoit tout le poids des affaires
des Pays-Bas. Sa seule dignité de Cardinal & de Ministre d'Espagne le rendoit odieux aux Provinces Protestantes; leurs reproches auroient été pour
lui des éloges ; leur silence est du
moins une éloquente apologie.

La Reine Elizabeth n'avoit encore
donné aux rebelles des Pays-Bas, que
des secours médiocres, & en secret;
elle jugea que le temps étoit venu de
lever le masque, & d'attaquer l'Espagne, plus par la force, que par
l'artifice. Ses vûes étoient étendues,
capables de donner de la réputation
à son règne naissant, & de lui concilier l'amour & le respect de ses Sujets. La puissance de l'Espagne étoit
devenue redoutable par l'acquisition
du Portugal : Elizabeth ne pouvoit
mieux l'affoiblir, qu'en lui enlevant
les dix-sept Provinces; elle vouloit
satisfaire la haine personnelle qu'elle
avoit contre Philippe, qui, pendant
le règne de la Reine Marie, l'avoit

réduite à mener une vie obſcure, &
toujours troublée par la crainte d'une
condamnation juridique ; quoique
pluſieurs Hiſtoriens prétendent qu'a-
lors Elizabeth fût redevable de la vie
à Philippe, & qu'après la mort de la
Reine Marie, il lui propoſa de l'é-
pouſer. Elizabeth vouloit être à la
tête de tous les Princes Proteſtans,
autant par ſa puiſſance, que par les
entrepriſes qu'elle formeroit, & par
la vigueur qu'elle auroit dans leur exécution ; elle ne pouvoit rien faire de
plus agréable à ſa Nation, que d'acquérir dans le continent des places
importantes, ou plutôt des Provinces entières, & d'y protéger les nouvelles erreurs. Il ne lui reſtoit plus
qu'à inventer un prétexte pour attaquer l'Eſpagne, & pour cacher les
motifs injuſtes qui la déterminoient.

Un Anglois, nommé Parry, avoit
formé l'infâme projet d'aſſaſſiner Elizabeth. Newil ſon complice le dé-
cela ; on feignit de ſoupçonner les
Eſpagnols d'être les auteurs de cet
attentat. Parry, au milieu des tour-
mens les plus violens, nia conſtamment, qu'aucun Eſpagnol l'eût engagé à le commettre ; Elizabeth vou-

lut paroître perſuadée que la Cour d'Eſpagne étoit coupable ; c'étoit un motif bien propre à juſtifier tout ce qu'elle alloit entreprendre, pour envahir les Pays-Bas.

Le Cardinal de Granvelle tâcha de ſuſpendre au moins l'orage qui étoit prêt à éclater. D'abord il fit donner à Farnèſe tout ce qui lui étoit néceſſaire, pour pouſſer la guerre avec plus de vigueur qu'auparavant. Farnèſe ſe rendit maître d'Anvers & de Lécluſe, places très-importantes aux rebelles : leur conquête parut étonner Elizabeth ; elle porta la diſſimulation juſqu'à entrer en négociation avec l'Eſpagne, pour avoir le temps de ſe mieux préparer à la guerre. Farnèſe fut chargé des intérêts du Roi d'Eſpagne, & le Comte de Leyceſter de ceux de la Reine d'Angleterre : on propoſa aux rebelles d'envoyer des Députés aux conférences, ils répondirent qu'ils avoient renoncé à jamais à la domination du Roi d'Eſpagne ; & que ſi la Reine d'Angleterre les abandonnoit, ils auroient au moins la gloire de ſe défendre juſqu'au dernier ſoupir.

Farnèſe & Leyceſter trop occupés

des foins de la guerre, établirent un Congrès à Bourbourg. Le Roi d'Espagne nomma pour ses Ministres le Comte d'Aremberg, Fréderic Perrenot de Champagney, frere du Cardinal, & Surintendant des finances aux Pays-Bas, & Richardot, Président du Conseil, l'homme en qui Granvelle avoit le plus de confiance. Les Ministres d'Angleterre étoient le Comte de Derbi, le Baron de Cobham, & Jérôme Croft. Le Congrès n'étoit pour la Reine d'Angleterre qu'un vain appareil ; pendant qu'elle paroissoit négocier, elle prenoit les engagemens les plus forts avec les rebelles. Elle leur promit des troupes & de l'argent ; ils s'obligèrent de leur côté à recevoir garnison Angloise dans Oftende, & dans le Fort de Léclufe. Ils donnoient à la Reine le pouvoir de nommer un Gouverneur général des Pays-Bas, avec tous les pouvoirs & toutes les prérogatives dont les Gouverneurs Efpagnols avoient joui ; elle avoit même la faculté de nommer deux perfonnes, pour affifter aux Etats des Provinces-Unies ; le Gouverneur Anglois pouvoit en nommer encore deux autres,

& la Reine prit les précautions les plus exactes, pour assurer le remboursement de la solde de ses troupes, & de toutes les autres dépenses que la guerre pourroit occasionner.

Ce traité ne fut pas long-temps secret. L'insolence & la joye des rebelles le fit soupçonner, & bientôt la Cour d'Espagne en eut des avis certains. Philippe II. délibera s'il déclareroit la guerre à la Reine d'Angleterre : son Conseil fut partagé, & Granvelle toujours attentif à n'être pas l'auteur des conseils dont son Maître pouvoit se repentir, l'engagea à consulter Farnèse, & à lui demander, s'il se croyoit assez fort, pour résister en même temps aux rebelles des Pays-Bas, & aux Anglois. Farnèse demanda du temps pour s'y préparer, Granvelle appuya son sentiment, & la déclaration de guerre fut différée.

La Reine d'Angleterre n'avoit plus rien à dissimuler. Elle nomma le Comte de Leycester Gouverneur général des Pays-Bas, avec un pouvoir absolu sur les troupes, même celui d'en nommer tous les Officiers. Il aborda en Zélande au mois de Décembre 1585, accompagné d'une Nobleffe nombreufe, de-là il paffa à la Haye, où les Provinces-Unies lui firent une entrée magnifique. Le Confeil d'Etat lui remit fes patentes de Gouverneur général; & bien loin de lui prefcrire des bornes auffi étroites, que celles qui avoient été prefcrites à Dom Jean d'Autriche, & au Duc d'Alençon, on en fit prefque un Souverain abfolu, fous la réferve vague des droits & des privilèges de la Nation, & avec la feule exception, qu'il ne pourroit établir des impôts, que de concert avec le Confeil d'Etat.

On porta la flatterie encore plus loin. Les Etats en corps promirent obéiffance & fidélité au Gouverneur nommé par la Reine d'Angleterre: le Prince de Naffau & tous les Officiers préfens à la Haye firent folemnellement la même cérémonie : il fembloit qu'Elizabeth devoit voir avec complaifance les foumiffions exceffives des rebelles, & qu'elle devoit prendre pour elle-même l'encens qu'on prodiguoit à Leycefter; cependant elle affecta d'en paroître offenfée : Hénéage, fon Chambellan, vint à la Haye pour reprocher publiquement à Leycester d'avoir accepté un pouvoir trop abfolu. La Reine lui enjoignit de fe borner exactement à ce qui étoit porté par le traité ; elle affura les Etats, qu'elle n'afpiroit point à la fouveraineté de leurs Provinces, & qu'elle fe contentoit de leur être utile, & d'être fidelle à fon traité; fans doute elle vouloit gagner la confiance des Provinces-Unies : elle craignit peut-être que pour prix de leur baffe complaifance, les Etats ne lui demandaffent des fecours extraordinaires, ou que les Peuples détrompés de leur enthoufiafme imprudent, ne fe repentiffent d'en avoir trop fait, & ne fuffent tentés de tout détruire.

Les Etats & Leycester écrivirent une lettre commune à la Reine, pour fe juftifier. Il étoit fingulier de voir les Etats protefter dans cette lettre, qu'il leur falloit une autorité abfolue pour les gouverner, & qu'ils n'avoient pû la dépofer qu'entre les mains de Leycester, déjà pourvû par la Reine d'un empire fans réferve fur les troupes. Ils ajoutèrent d'autres flatteries, pour calmer une colère qui n'étoit qu'apparente. Le dénouement de cette comédie fut, que la Reine accepta leurs excuses; elle avertit les Etats de remettre exactement à Leycester les fonds qu'ils avoient promis, & elle les assura que, malgré les bruits publics, jamais elle ne feroit la paix avec l'Espagne, que de concert avec eux.

La guerre devenoit inévitable entre l'Espagne & l'Angleterre; mais le Cardinal de Granvelle attendit encore pour la déclarer, que les commerçans Espagnols fussent sortis des ports d'Angleterre, & qu'ils eussent retiré tous leurs effets; alors il donna des ordres sévères, pour arrêter partout les commerçans Anglois & leurs navires; il envoya des vaisseaux croiser sur la route des Indes orientales & occidentales, où ils firent des prises fréquentes & considérables; toutes les marchandises que les Anglois avoient en dépôt dans les villes de la domination Espagnole de l'ancien & du nouveau Monde, furent confisquées, & cette rigueur porta le désordre dans le commerce d'Angleterre. La vengeance fut juste & éclatante: elle fut aussi la dernière que Granvelle exerça contre la Protectrice des rebelles des Pays-Bas.

Il fuivoit conftamment fon ancien projet, de refferrer les liens qui uniffoient déjà la Maifon de Savoye à celle d'Efpagne, afin de rendre Philippe maître des paffages des Alpes en Italie. Philippe Emmanuel, Duc de Savoye, étoit mort irrité de ce que Philippe lui avoit enlevé la Couronne de Portugal, à lui qui defcendoit de la fille aînée du Roi Emmanuel : il ne fut pas difficile à Granvelle d'infpirer d'autres fentimens à Charles Emmanuel nouveau Duc de Savoye, qui cherchoit un appui, pour exécuter les grands deffeins qu'il avoit formés. Ce Prince donnoit déjà dans fa jeuneffe des preuves du defir ardent qu'il avoit de faire des conquêtes ; les temps lui paroiffoient favorables. La France étoit agitée par des guerres civiles, & hors d'état de fe faire redouter de fes voifins. L'Allemagne & les Pays-Bas n'étoient pas moins en défordre par des guerres de Religion, & par toutes les horreurs qu'elles entraînent ; il ne reftoit à Charles Emmanuel qu'à prendre les engagemens les plus forts avec Philippe II, qui étoit alors le

Souverain de l'Europe le plus puiſ-
ſant, le plus entreprenant, le plus
heureux.

Le Cardinal de Granvelle lui donna les plus grandes eſpérances, pour
les conquêtes qu'il méditoit, ſurtout
pour celle de la ville de Genève, qui
paroiſſoit ne pouvoir réſiſter aux troupes combinées du Milanez & du Piémont; & pour gage de ſes promeſſes,
le Cardinal détermina Philippe II. à
marier l'Infante Catherine ſa fille à
Charles Emmanuel. Vingt-cinq galères commandées par Doria, Amiral d'Eſpagne, vinrent à Villefranche,
pour paſſer le Duc de Savoye à Bar-
celone: il s'y rendit avec le cortège
le plus magnifique; de-là il alla à
Sarragoſſe, où la Cour d'Eſpagne l'attendoit, & où le Cardinal de Granvelle fit la cérémonie du mariage.
Philippe revêtit ſon gendre de l'Ordre de la Toiſon d'or: les fêtes du-
rèrent trois mois entiers; mais avec
ces fêtes, & par la mort du Cardinal de Granvelle, s'éclipsèrent toutes les eſpérances que Charles Emmanuel avoit fondées ſur ſon alliance
avec l'Eſpagne.

Quelques Hiſtoriens ont dit, que

Granvelle étoit l'ennemi déclaré d'A-
lexandre Farnèfe, fans donner aucune preuve de cette inimitié prétendue. Si elle a été réelle, Granvelle
prouva du moins qu'il fçavoit vaincre fa haine, & rendre juftice au mérite, même dans la perfonne de fon
ennemi. Charles-Quint s'étoit em-
paré de la citadelle de Plaifance, &
il avoit toujours refufé de la rendre
au Duc de Parme fon gendre. Philippe II. l'avoit gardée : la garnifon
Efpagnole qui y étoit, caufoit beaucoup de défordres, & elle tenoit le
Duc de Parme dans une forte d'efclavage. Granvelle encouragea Farnèfe à en demander la reftitution. Le
Comte Torelli fe rendit à Madrid,
pour la négocier ; l'affaire fut renvoyée à Granvelle, au Grand Commandeur de Caftille, & à Idiaquès,
Sécretaire d'Etat. Leur avis fut favorable à Farnèfe, la citadelle fut refti-
tuée, & la liberté entière de l'Etat
de Parme fut la première récompenfe
de fes fervices.

En 1584 l'Archevêché de Befançon vaqua par la mort du Cardinal
Claude de la Baume. Alors Befançon
étoit ville Impériale, & fon Chapi-

tre Métropolitain obſervoit le Con-
cordat Germanique, qui lui donnoit
le droit d'élire ſon Archevêque. Il
élut le Cardinal de Granvelle, & il
lui envoya à Madrid l'acte de ſon élection. Ce n'étoit plus pour ce Prélat
un objet d'ambition d'être placé dans
ſa patrie; ſa ſanté s'affoibliſſoit, &
dans ſon élection, il ne vit qu'un
moyen d'exécuter le projet de retraite qu'il méditoit. Philippe II. lui permit d'accepter ſon élection : il reçut
ſa démiſſion de l'Archevêché de Malines; mais il lui refuſa la permiſſion
de ſe retirer, par des motifs qui prouvoient l'eſtime & la confiance qu'il
avoit pour ſon Miniſtre.

Le Cardinal de Granvelle jouit peu
de ſa nouvelle dignité. Au commencement de l'année 1586, il fut attaqué d'une phthiſie, dont il fit le pro-
gnoſtic avec courage & avec réſigna-
tion. Aubery dit que ſon mal em-
pira par l'auſtérité du jeûne qu'il ob-
ſerva pendant le carême. S'il lui reſtoit encore quelqu'attachement pour
les vanités d'un monde qui le fuyoit,
il dut être flatté de la lettre affectueu-
ſe & reconnoiſſante que Philippe II.
lui écrivit pendant ſa dernière mala-

die. Il mourut le 21 Septembre 1586.
Son corps fut déposé aux Augustins
de Madrid, & ensuite transféré à Besançon, où il fut inhumé dans le
tombeau que le Chancelier de Granvelle avoit préparé pour lui-même
& pour sa famille.

On peut juger le Cardinal de Granvelle sur les faits que j'ai rapportés.
Je les ai puisés dans les Auteurs con-
temporains, ou dans des Auteurs également dignes de foi, quoique plus
récens, & dans un extrait des ma-
nuscrits de Granvelle, qu'on m'a
communiqué. Ces faits sont fidèles;
j'ai mieux aimé être son Historien,
que son Panégyriste. Si l'Histoire est
destinée, selon M. de Meaux, à exposer aux yeux de tous les hommes
les portraits au naturel des Princes
qui ont regné, & des portraits dépouillés de tout ce que la flatterie a
inventé pendant leur vie, pour les
aveugler, & pour les perdre ; il n'est
pas moins important de peindre au
naturel les Ministres qui ont gouver-
né, surtout ceux qui ont paru dans
des temps féconds en événemens,
pour la Religion, & pour les Empires : c'est toujours un spectacle ins-

tructif, quand même les talens de l'Historien seroient médiocres.

Depuis la renaissance des Lettres, temps où l'Histoire nous est plus connue, l'Europe a eu très-peu de Ministres célèbres. S'il s'agissoit de les mettre tous en parallèle, il seroit facile de prouver, qu'aucun n'a surpassé le Cardinal de Granvelle, si l'on excepte le seul Cardinal Ximénès, qui les a surpassés tous, par une vertu sans tache, par une ame forte & courageuse, par des vûes étendues & élevées, par un désintéressement rare, par une libéralité vraiment royale, qu'il employa toute entière à l'avantage de la Religion, à la gloire & à la sûreté de sa patrie. Ximénès est seul dans le premier rang. Aussi Granvelle lui rendit solemnellement cet hommage, sans écouter la jalousie qu'il pouvoit avoir naturellement d'un Ministre, qui l'avoit précédé presqu'immédiatement dans le ministère d'Espagne. Lorsqu'on fit voir à Granvelle les établissemens immenses que Ximénès avoit faits, pour inspirer la vertu à la Jeunesse, pour affermir la Catholicité, pour assurer le progrès des sciences, & tout ce qu'il avoit sacrifié, pour occuper les armes des Mores dans leur Afrique, & pour leur ôter toute espérance de faire de nouvelles conquêtes en Espagne, Granvelle dit : *que le temps a souvent caché sous les voiles de l'oubli l'origine des grands Hommes, que Ximénès étoit sans doute issu du Sang royal, ou que du moins, il avoit un cœur de Roi dans la personne d'un Particulier* *. Témoignage vrai, & glorieux à Granvelle, qui voyoit sans peine sa réputation obscurcie par celle de son prédécesseur.

* Mém. de
Castelnau.
Hist. de Xi-
énès, par
Fléchier.

Pour les autres Ministres qui ont eu de la renommée, on peut dire, en les comparant avec Granvelle, ce que Strada a dit de Granvelle même, lorsqu'il l'a comparé avec le Chancelier son pere : *Multis æquavit patrem, multis superavit ; il a été égal à son pere à plusieurs égards, il l'a surpassé à beaucoup d'autres.* Dans l'Empire, en Flandre, à Naples, en Espagne, Granvelle a eu des intérêts aussi importans à ménager, qu'aucun autre Ministre ; il a réussi dans des négociations aussi difficiles, ses succès ont été aussi brillans ; mais sans cruauté, sans fiel contre ses ennemis, sans détours, sans reproche sur l'intérêt, dans l'administration des finances du Royaume qui lui avoit été confié.

Son zèle pour la Religion a été pour lui une source intarissable de travaux & de persécutions. Comme il étoit, dit encore Strada, d'un caractère confiant, & d'un génie élevé, il entreprit de soutenir les intérêts de la Religion, avec plus d'ardeur, que de précautions pour sa sûreté ; il méprisa toutes les menaces du fer & du poison, sûr qu'il croyoit être de l'estime & de la protection de son Maître. *Hanc de Religione Provinciam susceperat ardentiùs quàm cautiùs ; ut erat ingenio præsidenti & elato, minas omnes, præsui Regis grati, à contemnebat**. ** Strada bell. Belg 1.*

La fermeté fut en effet la vertu qui le distingua, qui le soutint, qui fit le désespoir de ses envieux & de ses ennemis. On ne peut voir sans étonnement le tableau de sa situation en Flandre, dans les derniers temps de son administration. On ne peut refuser de grands éloges à la tranquillité d'ame qu'il fit paroître dans l'orage le plus violent, que peut-être jamais Ministre ait essuyé. Les Luthériens d'Allemagne, & les Calvinistes des Pays-Bas s'étoient réunis, pour lui prodiguer les libelles, les calomnies, les conspirations. Le Prince d'Orange, à la tête de tous les Seigneurs qui avoient changé de Religion, ou qui vouloient en changer, l'attaquoient ouvertement, sans que personne osât leur impoſer ſilence; des Catholiques mêmes, tels que le Comte d'Egmont, & les Réguliers dépouillés de leurs manſes abbatiales, étoient ſes ennemis déclarés, pour des intérêts purement temporels. Granvelle n'avoit point de troupes, pour ſoutenir l'autorité; point de finances, pour acquitter les charges de l'Etat, & pour payer les dettes les plus légitimes : plus envié, plus redouté que ſoutenu par les Miniſtres qui compoſoient le Conſeil de Madrid, devenu odieux à la Gouvernante, qui vouloit regner ſeule ſur les Provinces de ſon Gouvernement; & pour comble de diſgrace, abandonné par le Roi même, quoiqu'il lui eût donné ſa parole de le ſoutenir, & qu'il eût le plus grand intérêt à le défendre, il ſupporta tout, il travailla aux affaires publiques avec une préſence d'eſprit inaltérable, juſqu'au moment où il fut

dépouillé de toute autorité, & où il
fçut encore fe faire craindre également de la Gouvernante & des rebelles.

Ce fut alors qu'il prit pour fa devife un vaiffeau battu de la tempête;
l'ame de cette devife étoit ce vers de
Virgile :

Durate, & vos-met rebus fervate fecundis.
Soyez conftant dans les temps orageux;
Réfervez-vous pour un fort plus heureux.

Elle marquoit autant fa patience dans
l'adverfité, qu'une noble confiance
dans fes talens, & dans fes fervices,
une efpérance prefque certaine, que
fon Maître enfin lui rendroit juftice,
lorfque l'envie & la haine fe feroient
affouvies, & que des temps plus tranquilles permettroient de juger de fa
conduite fans prévention.

On a vû dans le cours de cette
Hiftoire, que Granvelle n'avoit pas
craint de fe faire des ennemis redoutables, & que le fervice de fon Roi
& de fa patrie avoit toujours été la
fource honorable de leur inimitié.
Après la bataille de Lépante, Dom
Jean d'Autriche afpira à des récom-

penses que sa bravoure & sa prudence avoient sans doute méritées ; mais il voulut enlever un don gratuit trop onéreux aux Peuples de Naples, & n'en avoir pas même l'obligation au Roi son frere : il tâcha de se préparer une Couronne, que l'Espagne n'auroit pû assurer sur sa tête, sans s'épuiser d'hommes & d'argent. Granvelle sçut lui résister. Il encourut l'inimitié de ce Prince, pour épargner aux Napolitains un surcroît d'impôts ; il détourna les yeux de Philippe II. des côtes d'Afrique, qui ne pouvoient offrir que des conquêtes ruineuses, pour l'engager à porter ses soins & sa dépense vers des objets plus utiles. Dans les différends inévitables qu'il eut avec la Cour de Rome, les droits temporels du Royaume de Naples lui furent plus chers, que la Pourpre romaine dont il étoit revêtu ; il la risqua, pour sauver l'autorité dont il étoit dépositaire.

Il suffiroit de démêler le seul Prince d'Orange dans la multitude des ennemis, que le zèle & la fidélité attirérent au Cardinal de Granvelle ; pour avouer qu'il eut à combattre tout ce que l'hérésie peut inspirer d'audace, tout ce que l'ambition la plus effrénée peut hafarder, tout ce que l'efprit d'intrigues a de reffources, tout ce que la bravoure a de redoutable dans une guerre civile. Un Chef fi dangereux avoit encore à fa fuite une grande partie de la haute Nobleffe des Pays-Bas; prefque tous ceux qui étoient Gouverneurs des villes fortes, étoient bien éloignés de foutenir la Religion & l'autorité du Roi : ils avoient, felon le témoignage de Strada, des intelligences avec les Proteftans, ils leur donnoient afyle, ils en recevoient de l'argent, ils favorifoient leurs confpirations, afin que le Roi d'Efpagne attribuât tous ces défordres à l'orguell de Granvelle, & qu'il fe repentît de lui avoir confié l'adminiftration des Pays-Bas. Les uns, dit encore Strada, vouloient du changement par amour pour l'indépendance; d'autres s'étoient laiffés féduire par les femmes Proteftantes qu'ils avoient époufées; d'autres ruinés par leurs profufions, cherchoient dans le trouble & dans l'anarchie une occafion propre à rétablir leur fortune; & tout ce monde encore, difoit lui-même Philippe II, *étoit trop foible pour la tête de Granvelle.* Il est vraisemblable qu'il l'eût été en effet, si ce Ministre n'eût été désarmé, & livré à une foule de novateurs & de rebelles.

Rien ne dut rendre son ministère plus pénible, que le caractère de Philippe II, lent, soupçonneux, sévère à l'excès, & cependant foible & timide dans les crises qui auroient demandé de la résolution & du courage. Lorsque Granvelle travailloit sous les ordres de Charles - Quint, quoique ce Prince fût trop absolu, le Ministre avoit du moins la liberté de dire son sentiment, sans craindre de déplaire, & qu'après avoir pris son parti avec sagesse, les mauvais succès lui fussent imputés. Il fut obligé de changer de méthode en changeant de Maître. Philippe II. ne permettoit pas qu'on lui traçât la route qu'il devoit suivre ; il vouloit que le Public fût persuadé, qu'il guidoit lui-même ses Ministres : il falloit lui proposer tout ce qui étoit possible, & attendre ses ordres. Granvelle s'accommoda aux temps avec dextérité ; *Il avoit,* dit Strada, *un esprit facile, souple, susceptible de toutes les formes qu'il vouloit lui donner. Au moment où il fut soumis à Philippe, il prit l'esprit & les maximes du Prince Espagnol, il eut une pénétration singuliere pour démêler les pensées de ce Prince, prompt à discuter les affaires, & à les présenter dans tous les sens; il sembloit ne laisser à Philippe que le soin de choisir: il ne lui envioit pas la satisfaction de se croire l'auteur des ordres qu'il donnoit; il le gouvernoit, même en lui obéissant, & en le servant selon son goût (a).*

Souvent dans les affaires difficiles, quelques pressantes qu'elles fussent, Philippe II. ne répondoit rien, se réservant le droit de censurer à la rigueur la conduite de ses Ministres, & de juger de leurs résolutions par l'événement. C'est ainsi que Granvelle lui ayant demandé de l'argent, pour des affaires importantes, & qui ne souffroient aucun délai, Philippe lui envoya un Jubilé pour les Pays-

(a) *Erat ingenio facili & translatitio; illicò in mores Hispani Principis immigravit, solertiâ introspiciendi sensa Principis .... adeò is animi promptus consilia in omnem partem submittebat, quò integrum esset Principi deligere, & videri sibi se esse auctorem sui consilii; specie obsequii, sic dominabatur.* Strada de bell. Belg. lib. 1.

Bas, sans lui dire un seul mot de ce
qu'il avoit proposé. Granvelle fut réduit à faire une loterie de quatre millions, qui a peut-être été la première
en ce genre, & le modèle des lote-
ries qu'on a fait servir aux besoins de
l'Etat : c'est ainsi encore que Philippe
ne répondit rien aux instances réité-
rées que Granvelle lui avoit faites,
pour le déterminer à venir aux Pays-
Bas, & à lever des troupes nationales, qui fussent commandées par la
pauvre Noblesse, encore très-atta-
chée alors à sa Religion & à son Roi.
Les lettres de Granvelle sont remplies des plaintes qu'il faisoit sur un
silence si affecté & si extraordinaire.

Il n'est pas surprenant que Granvelle ait été attaqué pendant sa vie,
sans aucun ménagement, par les Protestans & par les rebelles, qui avoient
intérêt à le diffamer & à le perdre ;
mais que des Historiens estimables
d'ailleurs ayent tâché de flétrir sa mémoire, dans un temps où la mort
avoit enlevé l'objet de leur envie, où
les inimitiés devoient être calmées,
& où ils pouvoient rendre justice,
sans être soupçonnés de préventions,
c'est ce qui surprend, & qui blesse
cette

cette équité exacte qui eſt l'ame de l'Hiſtoire. Parmi ces Auteurs, j'en choiſis deux qui ont de la réputation, mais qui ont écrit avec une partialité évidente ; Grotius par prévention pour la Secte dont il étoit, & le Laboureur par l'eſprit national qui l'a animé contre le Miniſtre d'une Puiſſance alors ennemie de la France.

Grotius, zélé avec excès pour les dogmes qu'il ſuivoit, & pour l'indépendance de ſa patrie, a cru devoir peindre Granvelle avec les couleurs les plus noires, ſans avoir eu d'autres reproches à lui faire, que d'avoir ſuſpendu la révolte des Pays-Bas. En bon Républicain & en zélé Proteſtant, Grotius ne s'eſt pas occupé à rechercher les défauts & les fautes de Granvelle ; il a voulu l'atterrer d'un ſeul coup, & prenant pour modèle le portrait que Salluſte a fait de Catilina : *Ingentia vitia, ingentes virtutes ; de grands vices, & de grandes vertus :* il en a fait l'application à Granvelle, ſans reſpect pour la vérité (a). *La*

(a) *Belgicæ moderamen, vocabulo penès Margaritam, vi penes Granvellanum fuit, in quo induſtria, vigilantia, ambitio, luxus, avaritia, bona malaque omnia excellebant ; nec ipſi tamen*

Duchesse de Parme, dit-il, *eut le titre de Gouvernante, Granvelle en eut toute l'autorité. Dans ce Ministre l'esprit, l'activité, l'ambition, le luxe, l'avarice, toutes les bonnes, & toutes les mauvaises qualités étoient dans un dégré supérieur. Il trouva moins de ressources dans sa prudence, que dans la lâcheté des Grands, qui, perdus par la profusion & par la mollesse, laissèrent passer des occasions heureuses d'abattre l'autorité, qu'on ne put attaquer qu'avec un péril extrême, lorsqu'on lui eut donné le temps de se fortifier.*

Ainsi parle le Protestant & le Républicain, qui n'ose refuser à son ennemi des talens & des vertus dont l'Histoire dépose ; mais qui par un mélange affreux leur adjoint tous les vices, pour en faire les honteux appuis de la Catholicité & de l'autorité royale. On peut en appeller à Grotius lui-même : il lui échappe tout de suite l'éloge le plus complet du Cardinal de Granvelle, lorsqu'il dit, que ce Ministre *se retira des Pays-Bas en annonçant son retour, que l'autorité fut*

plus *in suâ prudentiâ præsidii, quàm in aliorum ignaviâ fuit, qui luxu marcescentes tempora transmiserant præsentis potentiæ, cui olim adultæ non sine periculo occurreretur.....*

partagée entre peu de perſonnes, & qu'à
ce moment la Religion & l'Empire furent
anéantis aux Pays-Bas (a). Granvelle
ſeul les ſoutenoit donc & que pouvoit-il faire qui fût plus grand, &
plus glorieux pour lui?

Le Laboureur a voulu multiplier les
reproches qu'il a faits à Granvelle, il
eſt allé juſqu'à la minutie; ſes accu-
ſations ſont, ou puériles, ou exage-
rées, & quelquefois certainement
fauſſes. Il lui reproche ſérieuſement
d'avoir pris par vanité le titre de Cardinal de Granvelle, au lieu du titre
de Cardinal de Sainte-Sabine, qui
étoit ſon titre Romain, ou de Cardinal de Malines, dont il a poſſédé
long-temps l'Archevêché. Il le blâ-
me d'avoir choiſi ſa ſépulture à Beſançon, dans le tombeau du Chancelier ſon pere, & de n'avoir pas
voulu être inhumé dans ſon Egliſe
Métropolitaine, avec les Archevêques ſes prédéceſſeurs: c'eſt de l'ani-
moſité; ce ſont des reproches, dont

____

(a) *Abiit ille metu ſui reditûs ſollicitos Belgas*
relinquens. Regimen Provinciarum penès paucos
fuit; omnia Religionis & Imperii ſus, deque verſa
ſunt. Grot. Annal. lib. 1.

le ridicule retombe uniquement fur le Laboureur.

Les accufations plus graves font, que Granvelle a voulu établir l'Inquifition aux Pays-Bas, au rifque d'en foulever les Peuples; qu'il a rendu le Duc d'Albe exécuteur de fes cruautés contre les Flamans; qu'il a foutenu les Huguenots de France; & qu'enfin, par fa dureté & par fa hauteur, il a porté les rebelles au défefpoir; en forte, dit le Laboureur, que la République de Hollande lui doit la première ftatue, pour l'avoir forcée à travailler à fa liberté.

Le Cardinal de Granvelle a toujours. été très-oppofé à l'établiffement de l'Inquifition en Flandre, perfuadé que cet établiffement auroit confommé la rébellion des Proteftans, & qu'il auroit fouffert de grandes contradictions de la part des Catholiques mêmes les plus foumis, par l'idée qu'on avoit de la févérité de ce Tribunal, & par la fingularité de fes procédures. D'ailleurs, qui eft-ce qui ignore, que les Evêques voyent toujours avec une jufte jaloufie cette Jurifdiction déléguée, qui renferme dans des bornes très-étroites l'autorité ordinaire, & qui prétend les juger eux-mêmes ? Aubert Lemire dit, que dans les premiers temps où Granvelle fut Archevêque de Malines, Philippe-II. lui adreſſa des Inquiſiteurs, & qu'il lui recommanda de les laiſſer travailler dans ſon Diocèſe; ſans doute pour éprouver l'effet que l'Inquiſition pourroit faire aux Pays-Bas. Granvelle leur donna ſon conſentement par écrit, pour obéir au Roi; mais il ſçut les empêcher de faire leurs fonctions. De ſon temps l'Inquiſition ne fit aucune procédure; inſenſiblement il conduiſit le Roi à renoncer à ce projet dangereux, & à affirmer devant le Député des Seigneurs Flamans, que jamais il n'avoit penſé à porter l'Inquiſition en Flandre.

Le Duc d'Albe n'avoit pas beſoin d'être échauffé par des impreſſions étrangères, pour devenir cruel, & pour répandre du ſang; il étoit trop vain pour prendre des conſeils, & trop jaloux de Granvelle pour emprunter ſes lumières. Granvelle lui avoit laiſſé autant d'exemples de modération, que de fermeté. Quelle fut en effet ſa conduite envers le Prince d'Orange, & le Comte d'Egmont, qui étoient les chefs & l'ame, l'un des novateurs, l'autre des ennemis de l'autorité royale ? Il connoiſſoit parfaitement le caractère du Prince d'Orange, malgré la diſſimulation profonde où ce Prince s'étoit enveloppé, & ſi grande, qu'Anne d'Egmont, ſa première femme, diſoit, qu'après pluſieurs années de mariage, elle le connoiſſoit auſſi peu que le premier jour. Granvelle le peignoit au vrai dans ſes lettres à Philippe II ; cependant il ne propoſa que de l'éloigner des Pays-Bas par quelque emploi honorable, & ſpécialement de l'appeller à Madrid, & de lui donner ſéance dans le Conſeil ſuprême, pour ſatisfaire ſon ambition, pour éclairer de près ſa conduite, & déconcerter les projets que ce Prince avoit formés ſur les Pays-Bas.

A l'égard du Comte d'Egmont, qui s'étoit déclaré ſon ennemi perſonnel, & qui avoit été l'auteur de pluſieurs outrages qu'on lui avoit faits, la conduite de Granvelle fut noble & généreuſe. Il rendit toujours témoignage à ſa catholicité ; il diſoit que d'Egmont penſoit toujours bien, lorsqu'il suivoit ses propres lumières, & qu'il agissoit toujours mal, lorsqu'il étoit inspiré par le Prince d'Orange. Granvelle souhaitoit qu'on flattât ce Seigneur, qu'on le gagnât par des bienfaits. Il rechercha son amitié, il engagea Richardot, Evêque d'Arras, à travailler à leur réconciliation; & il ne prescrivit d'autre condition à d'Egmont, que d'être fidèle au Roi, & d'abandonner le Prince d'Orange : ce mot suffit, pour détruire toute espérance de réconciliation. Qu'on juge par cette conduite, si le Duc d'Albe fut l'exécuteur des volontés de Granvelle, lorsqu'il fit trancher la tête au Comte d'Egmont ?

Au reste, il est certain que depuis le moment de la disgrace de Granvelle, il eut la plus grande attention à ne se mêler d'aucune affaire publique, pas même de celles de la Franche-Comté, où il résidoit. Philippe II. lui fit des reproches obligeans de ce qu'il ne lui écrivoit pas. La Gouvernante lui demanda des conseils, peut-être de bonne foi ; peut-être aussi pour réparer, par une fausse confiance, l'injure qu'elle lui avoit faite. *Il fit le sourd & l'aveugle*, c'est son expression ; s'il n'avoit été sujet zélé & fidèle, il auroit pû se contenter d'être vengé & justifié par le désespoir de la Gouvernante, & par les désordres qui désolèrent les Pays-Bas après son départ.

On a déjà vû que les Huguenots n'avoient reçu aucuns secours du Cardinal de Granvelle, & du Baron de Chantonnai son frere, Ambassadeur d'Espagne en France ; la prudence la plus commune ne leur permettoit pas de soutenir des Religionnaires, qui souhaitoient ardemment de s'unir à ceux des Pays-Bas, pour former leur République , autant aux dépens de la France, qu'en arrachant à l'Espagne des Provinces entières de son ancienne domination. Il faut encore, à l'occasion des reproches faits à Granvelle par le Laboureur, appuyer cette observation sur une preuve sans réplique.

Le Maréchal de Castelnau rapporte dans ses mémoires plusieurs lettres de la Reine Catherine de Médicis, où cette Princesse peint sans ménagemens la haine qu'elle avoit contre le Cardinal de Granvelle, & contre le Baron de Chantonnai. De quoi les accuse-t-elle ? De leurs intelligences très-suspectes avec les Guises, d'avoir inspiré à ces Princes Lorrains l'audace de s'élever contre l'autorité de Charles IX, d'avoir publié avec affectation, que Charles vouloit exterminer les Huguenots de France, pour les déterminer à porter le fer & le feu dans le Royaume, d'avoir voulu empêcher le mariage de Charles avec Elizabeth d'Autriche, fille de l'Empereur Maximilien II, dans la crainte que la France ne prît des liaisons avec la branche d'Autriche qui regnoit en Allemagne ; enfin, d'avoir écrit à l'Empereur, que la proposition de ce mariage n'étoit qu'une tromperie, & que la Reine vouloit marier Charles IX. avec Marie Stuart, Reine d'Ecosse, sa belle sœur ; projet que Catherine désavoue, sans dire un seul mot des prétendus secours donnés par les Granvelles, Ministres d'Espagne, aux Huguenots de France : leur auroit-elle épargné cette accusation odieuse, si elle en avoit eu le soupçon le plus léger ?

Dans une des lettres rapportées par Castelnau, la Reine Catherine se plaint avec juſtice d'un diſcours, au moins très-imprudent, que Chantonnay avoit tenu. Il avoit dit que Trokmorton, Ambaſſadeur d'Angleterre en France, par les engagemens qu'il avoit pris avec les Calviniſtes François, & lui-même Chantonnay, par les projets qu'il avoit formés de concert avec quelques Catholiques de France, pouvoient renverſer le Royaume. Ces Catholiques étoient les Guiſes : voilà tout le myſtère éclairci. L'Angleterre ſoutenoit les Calviniſtes François. Les Granvelles animoient les Guiſes à tout oſer contre la Maiſon regnante. Politique injuſte, qu'il faut peut-être plus reprocher à Philippe II, qu'à ſes Miniſtres, qui étoient obligés de lui obéir ; mais politique malheureuſement trop commune parmi les Puiſſances jalouſes, ou enne

Laboureur s'étoit borné che, il auroit eu pour la probité, & la Religi

Il accuſe encore Gra teur & d Dan tration il fable q titude

d'acclamation, que la haine & l'envie ne peuvent jamais étouffer. Je ne citerai que quelques Auteurs estimés dans la République des Lettres, Strada, Aubert Lemire, & de Thou : sous leur pinceau le portrait de Granvelle ne sera pas suspect.

Strada dit, *que ce Ministre ne céda à personne pour l'éloquence, & qu'on ne pouvoit résister au talent qu'il avoit de persuader. Son travail étoit sans relâche, aux dépens même de son sommeil & de sa nourriture. Son attachement à ses Maîtres fut constant, & bien au-dessus de la fidélité qu'on affecte communément dans les Cours. Il n'étoit point ardent à acquérir des honneurs, quoiqu'il fût digne de tous ceux qu'on pouvoit lui offrir..... les Seigneurs Flamans le méprisèrent d'abord, pour l'obscurité de sa naissance ; bientôt ils reconnurent que Granvelle étoit leur égal, & lorsqu'il fut revêtu de la Pourpre Romaine, ils le redoutèrent, par la confiance entière que le Roi & la Gouvernante avoient en lui* (a).

(a) *Facundiâ nemini concessit..... audire eum, capi erat.... diurna nocturnaque laborum tolerantia, sine somno, sine cibo... Constans ac suprà aulicum obsequium fides... animus nec importunus honoribus accersendis, nec impar oblatis.... à principio non magnoperè ejus potentiam metuebant*

Aubert Lemire dit, que *dans le même temps on vit deux Cardinaux, qui se rendirent célèbres par les mêmes talens; le Cardinal Charles de Lorraine en France, & le Cardinal Antoine Perrenot aux Pays-Bas, & en Espagne.* Il les met en parallèle, & il leur donne également *une figure distinguée & assez majestueuse, pour être digne du commandement, un grand courage dans les adversités, un génie vif & excellent, des vertus opposées en apparence, sans se détruire mutuellement, de la douceur, de la gayeté, avec des mœurs graves & décentes, un accès facile, un desir insatiable d'apprendre, un attachement constant à l'étude, quoiqu'il leur restât à peine quelque science à acquérir, & qu'ils fussent continuellement distraits par les soins du gouvernement, une protection déclarée pour les Sçavans, une éloquence si forte, & tant de graces à parler, qu'ils se rendoient facilement maîtres des cœurs, & que le Concile de Trente les entendit l'un & l'autre avec admiration* (a).

Orangius, Egmontius, ac præcipuus quisque Belgarum; contemnebant hominis novitatem: postea æmulum agnoverunt; deindè eum purpurâ indutum & Regi, ac Gubernatrici acceptum veriti sunt. De Bell. Belg. lib. 1.

(a) *Observarunt curiosi uno eodemque tem-*

De Thou peint ainſi le Cardinal de Granvelle. *Ce fut,* dit-il, *un homme célèbre par ſa profonde érudition, par ſon habileté dans pluſieurs langues, ſon éloquence mâle, & cette expérience conſommée qu'il avoit acquiſe dans l'adminiſtration de tant d'affaires importantes, qu'il eut*

pore *Cardinales duos, Carolum Lotharingium, apud Gallos, & Antonium Perrenotum Granvellanum apud Belgas atque Hiſpanos, paribus animi corporiſque dotibus effloruiſſe; fuit enim elegans utrique firma, corporiſque dignitas Imperio digna: membrorum itâ decens habitudo corpuſque compactum, majeſtatem utrique addebat... magnus in adverſis animus, ingenium acre, vividum, atque excellens, comitas & morum gravitas; virtutes ſpecie diſpares, itâ in illis copulabantur, ut neutrâ quidquam de alteriûs vi detrahente, iidem & graviſſimi eſſent, & ſuaviſſimi: mira in ore hilaritas, in congreſſu facilitas; legendi, diſcendique cupiditas expleri non poterat... ſic omnis doctrinæ ſcriptores ambo exhauſerant, ut quod diſcerent, penè deeſſe videretur, cum tamen ſummis Eccleſiæ ac Reipublicæ negotiis continenter interpellarentur; eloquentiâ autem dicendique gratiâ ſic valebant, ut omnium animos quòcumque liberet, facillimè impellerent. Tridenti, certè in illo ampliſſimo omnium Nationum theatro, uterque à Patribus ſummâ cum admiratione auditus fuit.* Aubert Miræus. Biblioth. Eccleſ. part. 2.

à *négocier* *. De Thou ne lui reproche que la prétendue tromperie faite
au Landgrave de Hesse-Cassel, & la
harangue impétueuse qu'il fit dans le
Conclave contre les Vénitiens; mais
je me flatte de l'en avoir justifié.

N'interrogeons plus les Historiens
sur ce qu'on doit penser du Cardinal
de Granvelle. Sa réputation est fon-
dée sur des faits qui parlent, sur ce
que l'envie même a fait contre lui,
sans pouvoir le décourager & l'abattre. Il a été vraiment Homme d'E-
tat; l'Espagne lui est redevable de
tout ce que le regne de Philippe II.
a eu de plus éclatant.

Fin du quatriéme Livre.

APPROBATION.

J'AI lû, par ordre de Monseigneur le Chancelier, un Manuscrit, intitulé : *Histoire du Cardinal de Granvelle*, &c. ; & j'ai cru que l'impression pouvoit en être permise. A Paris, le premier Septembre 1760.

TRUBLET.

PRIVILEGE DU ROI.

LOUIS, par la grace de Dieu, Roi de France & de Navarre : A nos amés & féaux Conseillers les Gens tenans nos Cours de Parlement, Maîtres des Requêtes Ordinaires de notre Hôtel, Grand-Conseil, Prevôt de Paris, Baillifs, Sénéchaux, leurs Lieutenans Civils & autres nos Justiciers, qu'il appartiendra ; SALUT. Notre amé NICOLAS-BONAVENTURE DUCHESNE, Libraire à Paris, Nous a fait exposer qu'il désireroit faire imprimer & donner au Public un Ouvrage qui a pour titre : *Histoire du Cardinal de Granvelle*, s'il Nous plaisoit lui accorder nos Lettres de Permission pour ce nécessaires. A CES CAUSES, voulant favorablement traiter l'Exposant, Nous lui avons permis & permettons par ces Présentes, de faire imprimer ledit Ouvrage autant de fois que bon lui semblera, & de le vendre faire vendre & débiter par tout notre Royaume pendant le tems de trois années consécutives, à compter du jour de la date des Présentes. Faisons défenses à tous Imprimeurs, Libraires, & autres personnes, de quelque qualité & condition qu'elles soient, d'en introduire d'impression étrangere dans aucun lieu de notre obéissance. A la charge que ces Présentes seront enregistrées tout au long sur le Registre de la Communauté des Imprimeurs & Libraires de Paris, dans trois mois de la date d'icelles ; que l'impression dudit Ouvrage sera faite dans notre Royaume, & non ailleurs, en bon papier & beaux caracteres, conformément à la feuille

imprimée

Imprimée attachée pour modele fous le contre-fcel des Préfentes ; que l'Impétrant fe conformera en tout aux Réglemens de la Librairie, & notamment à celui du 10 Avril 1725 ; qu'avant de l'expofer en vente, le Manufcrit qui aura fervi de copie à l'impreffion dudit Ouvrage, fera remis dans le même état où l'Approbation y aura été donnée ès mains de notre très-cher & féal Chevalier, Chancelier de France, le Sieur de Lamoignon, & qu'il en fera enfuite remis deux Exemplaires dans notre Bibliothéque publique, un dans celle de notre Château du Louvre, & un dans celle de notredit très-cher & féal Chevalier Chancelier de France le Sr. de Lamoignon ; le tout à peine de nullité des Préfentes ; Du contenu defquelles vous mandons & enjoignons de faire jouir ledit Expofant & fes ayans caufe pleinement & paifiblement, fans fouffrir qu'il leur foit fait aucun trouble ou empêchement ; Voulons qu'à la copie des Préfentes, qui fera imprimée tout au long au commencement ou à la fin dudit Ouvrage, foi foit ajoutée comme à l'Original : Commandons au premier notre Huiffier ou Sergent fur ce requis, de faire pour l'exécution d'icelles tous actes requis & néceffaires, fans demander autre permiffion, & nonobftant clameur de Haro, charte Normande & Lettres à ce contraire : Car tel eft notre plaifir. DONNÉ à Verfailles le premier jour du mois de Mai l'an de grace mil fept cent foixante-un, & de notre Regne le quarante-fixieme. Par le Roi en fon Confeil. *Signé*, LE BEGUE.

Régiftré fur le Régiftre XV de la Chambre Royale & Syndicale des Libraires & Imprimeurs de Paris, N°. 3293 fol. 171, conformément au Réglement de 1723. A Paris, le 8 Mai 1761. Signé, VINCENT, Adjoint.

Dd

ERRATA.

PAGE 104, ligne 5, *aſſiieger*, liſez, aſſièger.

Page 175, ligne 4, *les repréſentations*,
liſez, ces repréſentations.

Page 176, ligne 16, *dans les manifeſtes*,
liſez, dans ces manifeſtes.

Page 180, ligne 14, *on pourroit*, liſez,
on pouvoit.

Page 191, ligne 21, *que les Soldats*, liſez, que ces Soldats.

Page 237, ligne 10, *ſes ſœurs Marie Reine de Boheme*, liſez, ſes ſœurs; Marie
Reine, &c.

Page 244, ligne 13, *des Sçavans du temps
la*, liſez, de ce temps-là.

Page 249, ligne 16, *ſur la médiation*, liſez, par la médiation.

Page 321, ligne 5, *ils attendirent à la
fin*, liſez, ils attendirent la fin.

Page 335, ligne 16, *à leur preſcription*,
liſez, à leur proſcription.

Page 365, ligne 16, *ce prétendu projet
avoit été*, liſez, auroit été.

Page 394, ligne 6, *ſes mœurs n'étoit pas
aſſez exemplaires*, liſez, n'étoient pas.

Page 423, ligne 8, *quelques Hiſtoriens
on dit*, liſez, ont dit.

Page 324, ligne 11, *n'écoutoient pas*, lisez, *n'écoutèrent pas*.

Page 433, ligne 11, *que le Prélat fit à Rome*, lisez, ce Prélat.

Page 451, ligne 21, *de pleins pouvoirs*, lisez, des pleins pouvoirs.

Page 485, ligne 17, *& de les sacrifier*, lisez, & de sacrifier ce qui paroissoit...

Page 586, ligne 7, *Philippe Emmanuel, Duc de Savoye*, lisez, Philibert Emmanuel.

Page 593, ligne 17, *præsui Regis, à contemnebat*, lisez, *gratiâ*.

Lightning Source UK Ltd.
Milton Keynes UK
UKHW021201021218
333216UK00009B/494/P